华北抗日根据地救国公粮研究

周祖文 著

社会科学文献出版社
SOCIAL SCIENCES ACADEMIC PRESS (CHINA)

目　录

从苏区到华北抗日根据地：
筹集粮款方式的演进

　　抗战时期①，中国共产党在华北开辟的敌后抗日根据地采用累进税的方式征收救国公粮，筹集抗日军队和政府的粮食，为抗战胜利奠定了物质基础。历史是有延续性的，中共抗战时期在华北征收公粮的做法其来有自，与其土地革命时期在南方苏维埃地区征收土地税的方法类似。"抗日救国公粮的征收办法，仍和土地革命时期征收的土地税办法相似，以每户人口平均收获细粮之多寡为标准分级累进（扣除最低生活需要的免征点）。主要征收对象是地主、富农，其次是中农。陕甘宁边区从抗日战争后期起，一直按土地的常年产量计算，常年产量是按土地的一般自然条件和当地一般经营水平，经过民主评定的标准产量，一般比正常年景的实际产量低，且规定若干年不变。"② 有鉴于此，本书在讨论抗战时期华北抗日根据地的公粮征收之前，有必要先回溯中共在土地革命时期是如何筹集粮款的。

　　中国共产党在 1921 年成立之后，着力于工农的解放事业，1924年第一次国共合作开始，中共把工作重心转向南方，同时也开始转向

---

　　① 为行文简便，本书中所涉及的"抗战时期"均指 1937—1945 年全面抗战时期。
　　② 冯田夫、李炜光：《中国财政通史·革命根据地卷》，中国财政经济出版社 2006 年版，第 96 页。

发动农民运动。在农民运动中，中共开始组织农会和农民武装。农民武装需要粮款支撑，如何筹措粮款，是革命的一件大事。1927 年 3 月，在《湖南农民运动考察报告》中，毛泽东坦承："革命军的军费负担，还是没有法子解除的。"[①] 随后不久由于国民党的"清党"，第一次国共合作破裂，大革命失败。同年 8 月 1 日，中共率领军队举行南昌起义，开始了独立领导武装斗争的历程。随着中共武装斗争的不断开展，以及革命根据地的建立，亟待解决的首要问题是筹集粮款，以支持武装斗争。

一　井冈山时期的粮款筹集方式

1927 年 8 月 1 日，周恩来、贺龙等人组织了南昌起义，打响了中国共产党武装反抗南京政府的第一枪，随后的 8 月 7 日，中共中央在汉口召开了八七会议，确定了中共领导土地革命和武装反抗国民党统治的总方针。

南昌起义后，起义部队在俄国顾问和周恩来的主张下，取道赣东经寻乌到东江。由南昌到瑞金一路损失颇大，"在南昌时，我们得到七十万纸票，十万现洋，可是纸票不好用，积极方面无所表现，消极方面因行军不易得到伕子及粮"，"故亦不能说是很有纪律的军队"。[②] 二十军"沿途也没有做农民运动，加以反动派的宣传"，"沿途农民闻风而逃"。[③] "及到瑞金、会昌，幸而战胜钱大钧"，"到瑞金时政治意识始

---

① 《湖南农民运动考察报告》，《毛泽东选集》，东北书店 1948 年版，第 48 页。

② 《张国焘报告》（1927 年 10 月 9 日），中央档案馆编《中共中央文件选集》第三册（1927），中共中央党校出版社 1989 年版，第 428 页。

③ 《李立三报告——八一革命之经过与教训》，《中共中央文件选集》第三册（1927），第 408、409 页。

稍明显"。①

部队转向潮汕地区，一路上都面临供给的财政问题。当时的主流意见是要"将财政的负担从贫苦的工农身上转移到富有阶级，并决定即时废除厘金（这一点当时已有反对的意见）"。部队到了临川以后，"军饷一天天困难起来（因纸币不能用），急须设法筹办现金"，因此，有了关于财政政策的大讨论，"总括起来有两种意见：一主张沿用旧的政策，就是每到一城，即行提款、派款、借款等，实际上就是利用一般劣绅土豪来筹款。这种政策的结果，自然是剥削到一般贫苦的工农小商人身上，大商劣绅反可从中渔利；一主张应完全抛弃旧的方法，目前的政策，应该以征发（如征发地主的粮食）没收（没收劣绅反动派等的财产），和对土豪劣绅的罚款等"，讨论决定采用新的财政政策。"但是到了实行的时候，却又发生问题了。因为在赣东一带全无农民运动，谁是大地主和土豪劣绅很难于调查，而旧的方法确可以筹到少数的现金。"因此，"从临川至瑞金筹款方法极为混乱"，"汀州商会承认三天内缴款六万元，遂放商会在城乡大派款，连十亩以内的自耕农及很小的杂货店都派他们十元八元不等，到是十万元以上家产的仅出三五百元。这样搜索的结果，三日仅得二万余元，并且闹得满城风雨"。于是又决定，"完全取消旧的方法，采用新的政策。遂在汀州大捉豪绅，实行没收与罚款，并发还许多贫苦工农的已出的派款，仅二日，即得四万余元"。因这一办法较好地平衡了财政政策与政策效果两方面的问题，遂决定"到广东后全用新的政策，并组织一战时经济委员会来管理一切。但是到了潮汕，竟又完全放弃了"。②上述记述，生动地展现了中国共产党初次为部队筹集钱款时在新旧两种方式上左右摇摆的复杂情态。

相较而言，1927年的八七会议决定在农民运动基础较好的湘、鄂、

① 《张国焘报告》（1927年10月9日），《中共中央文件选集》第三册（1927），第428页。
② 《李立三报告——八一革命之经过与教训》，《中共中央文件选集》第三册（1927），第414—416页。

3

赣、粤四省举行秋收武装起义。1927 年 9 月，毛泽东领导农民武装举
行了湘赣边界秋收起义，并于 10 月进入井冈山地区，建立了中国共产
党的第一个农村革命根据地和第一个工农武装割据的红色政权。由此，
筹集粮款方式也有了改进。

1928 年 4 月 28 日，朱德、陈毅率领南昌起义余部、湘南起义农军
与毛泽东率领的工农革命军第一师在井冈山的宁冈会师，朱、毛两部合
编为工农革命军第四军。红四军在井冈山时期，全军约为 5000 人，给
养非常困难，筹粮筹款是一个问题。"红军每月至少需要五万元左右"，
这笔款项此一时期"大部出在豪绅身上，小部分出在城市商人，有时
可以叼光敌人输送一部分来"。[①] 具体说来，除了有时夺取国民党军队
的粮饷军装以外，主要有以下几种方式。

第一是没收乡村地主豪绅的财产。"在农村中没收豪绅财物分给贫
苦工农，勒款以供给红军给养"，[②] "没收地主豪绅财产是红军给养的主
要来源"。[③] 但是打土豪并不能解决长期的经费问题，"一则打过的地
方，没有打了；二则敌人围得紧紧的，往往非候击溃敌人之一面，打土
豪也不许你打远；三则敌情之严重，单独一两营兵简直不能出去筹款，
要筹款须得多兵，问题就不是简单的了"。[④] 这一时期打土豪也不同于
南昌起义之时，特别强调要经过群众来做筹粮筹款工作："筹款工作亦
要经过群众路线，不要由红军单独去干，此时固然做不到由群众组织来
担负红军给养，但在筹款时要用群众组织去执行才有意义。"[⑤] 由于处

---

① 《陈毅关于朱毛军的历史及其状况的报告（一）》（1929 年 9 月 1 日），《中共中央文
件选集》第五册（1929），第 764 页。
② 《陈毅关于朱毛军的历史及其状况的报告（二）》（1929 年 9 月 1 日），《中共中央文
件选集》第五册（1929），第 785 页。
③ 《中央给红军第四军前委的指示信——关于军阀混战的形势与红军的任务》（1929 年
9 月 28 日），《中共中央文件选集》第五册（1929），第 485 页。
④ 《井冈山前委对中央的报告》（1928 年 11 月 5 日），《毛泽东选集》，东北书店 1948
年版，第 525 页。
⑤ 《中央给红军第四军前委的指示信——关于军阀混战的形势与红军的任务》（1929 年
9 月 28 日），《中共中央文件选集》第五册（1929），第 481—482 页。

于作战环境中，有时筹款筹粮工作时间会很短，但就是"在最短促时间中也要注意这一工作方式的运用"。①

第二是在城市对商人的筹款。在城市与在乡村不同，基本不采用没收的方式。"红军在城市在扶助工商业发展之条件下不举行经济的没收，只是召集商人代表（拒绝与商会接头）参加当地革命同志或机关的意见，提出最低额款项限三日交齐。此款项由商人代表自行摊派，但需依照累进的办法，对于千元以上〔下〕商店不筹款，如发现包办或强迫或不公平等事，得由被损害人用书面及当面告发，再去查明处罚，这个办法十分得着商人拥护，商人每每出很少而红军的购买力超过了许多，于他们是没有什么大的损失，同时红军买卖公平是任何军队及不上的，所以商人十分欢迎，每每红军写信到邻县去要款，不必派兵都可以送来。"②

这时值得注意的是，在乡村中粮款负担主要压在地主豪绅身上，通过没收财产来勒款，中农以下是不需要承担粮款的；而在城市中，在不采取没收方式的前提下，用的是累进式的征收粮款的方法。因此，此一时期，已经开始运用类似累进税的征税方式，"保护城市乡镇中小商人对之筹款，公买公卖"，"对城市大商店举行累进法的筹款，不没收他们的东西"。③

没收乡村地主豪绅的财产，以及依照累进制向城市商人筹款，使得红四军主要是向有产者筹款，减轻了工农小有产者的负担。对此中共中央表示赞赏："筹款标准，主要的是不要侵犯工农及小有产者的一般利益，这一点四军执行得很好。"④

---

① 《中央给红军第四军前委的指示信——关于军阀混战的形势与红军的任务》（1929年9月28日），《中共中央文件选集》第五册（1929），第485页。

② 《陈毅关于朱毛军的历史及其状况的报告（一）》（1929年9月1日），《中共中央文件选集》第五册（1929），第764—765页。

③ 《陈毅关于朱毛军的历史及其状况的报告（二）》（1929年9月1日），《中共中央文件选集》第五册（1929），第785页。

④ 《中央给红军第四军前委的指示信——关于军阀混战的形势与红军的任务》（1929年9月28日），《中共中央文件选集》第五册（1929），第485页。

第三是募捐。这一方法此一时期在实际中运用得相对较少，但中共中央认为，应该加大募捐的力度，"募捐亦是红军筹款的一个办法，四军要应用这个办法，可以在群众中组织募捐委员会，特别要向富农及中小商人募捐"，"党与红军有时可斟酌情形在群众中募捐，尤其红军的给养，更应在群众中举行盛大的募集以扩大红军影响"。① 因此，在苏维埃时期，募捐的筹款方式有了一定的扩展。

第四是免除苛捐杂税，开征土地税。随着平分土地政策的推行，能打的土豪越来越少，于是中共通过土地税来筹集粮食。1928 年 12 月，中共第一个土地法《井冈山土地法》明确提出了土地税。该土地法很简单，全文只有三小条，123 字，土地税的纳税人是分到土地的所有农民，税率分三种情形："（一）15%；（二）10%；（三）5%。以上三种方法，以第一种为主体，遇特别情形，经高级苏维埃批准，得分别适用二、三两种。"② 1930 年，中国革命军事委员会颁布的《苏维埃土地法》规定："暴动推翻豪绅地主政权后，须立即没收一切私人的或团体的——豪绅、地主、祠堂、庙宇、会社、富农——田地、山林、池塘、房屋，归苏维埃政府公有，分配给无地、少地的农民及其他需要的贫民使用"，"分田以乡为单位"，"依乡村总合数目，男女老幼平均分配，不采以劳动力为标准的分配方法"，"分田后，由苏维埃制定木牌插于田中，载明此田生产数量，现归某人耕种"。分田之后，"苏维埃得向农民征收土地税"，土地税"以保护贫农、联络中农、打击富农为原则"，按照农民分田后"每年收谷数量，分等征税"，③ 有着较为明显的累进税制色彩。

---

① 《中央给红军第四军前委的指示信——关于军阀混战的形势与红军的任务》（1929 年 9 月 28 日），《中共中央文件选集》第五册（1929），第 485、482 页。

② 《井冈山的斗争》（1928 年 11 月 25 日），《毛泽东选集》第一卷，人民出版社 1966 年版，第 70 页。

③ 《苏维埃土地法》（1930 年中国革命军事委员会颁布），中央档案馆编《中共中央文件选集》第六册（1930），中共中央党校出版社 1989 年版，第 656—657、659 页。

二　中央苏区的粮款筹集方式

1931 年 11 月，中华苏维埃共和国在中央苏区成立。在此之后，由于苏区扩大，财政开支大量增加，因此必须广开财源。而此时相对稳定的军事形势以及土地革命后农民生产积极性的提高，也为筹集粮款模式的转型提供了外部条件。

筹集粮款方式的转型，与此时苏区内外的经济形势变化有关。如前所述，苏区此前筹款，"主要来源，第一，是没收地主、军阀、官僚、绅士等方面的财产及储藏品；第二，占领新区域和新县城市；第三，夺取国民党军队底粮饷军装；第四，苏维埃政权在苏区内征收赋税"。但是，上述方法的效果越来越难以让人满意，"现在这些方法，其中很多都比较少了成效"。因为"在旧苏区内，地主、绅士、军阀已经没有了"，"再没有什么可以没收了"；进攻新的县城的机会也不多了，"在江西，许多县城都早已操在苏维埃政权手内，反动派手内暂时剩下的只是南昌、抚州、赣州等等这一类比较大的城市以及那些他们筑有强固工事的县城"，"要占领它们，不是容易和简单的一回事"。更重要的是，"在苏维埃邻近的城乡里的地主、官僚、豪绅等，早已将金银细软及一切动产移到上海等大的中心城市里去了，所以近来我们占领了县城，时常多半得不到很多财物和粮饷"。夺取国民党军队的粮械也是相当困难，"因为国民党的军事指挥机关在长期内战过程中，学到了一些教训。就是如果以前国民党军队总是不预先经过仔细侦察，便带着粮饷军械等等深入苏区；那末，现在国民党军队在进攻苏区时，已开始采取更谨慎的方法了。例如：还在去年蒋介石就发下了命令说：任何国民党军队，不得到南昌司令部或者武汉总司令部底相当指示和命令，不得擅自单独向苏区进攻。先要派出飞机侦察，以察明红军底布置、兵力、地势等等，然后才可以开始进攻"，"国民党司令部现在多半把粮饷军需留

7

在后方，这不能不影响到红军底相当战利品底数量"。① 在此前屡试不爽的筹集粮款方式都已经渐渐失效的情形下，苏区不得不转向新的筹集粮款方式，土地税等方式逐渐进入了考虑的范畴。由于第五次反"围剿"日渐逼近，粮食成为重中之重，"收集粮食保障红军给养，同时调剂粮食市价，发展苏区经济，是澈底粉碎敌人五次'围剿'的主要条件之一，这一粮食的来源，最大的是建设公债，其次是土地税与红军公谷"。② 实际上，除了这里提到的三种，还有一种借粮，因此，此一时期，苏区获得粮食的途径主要有四种：建设公债、土地税、红军公谷，以及借粮和募捐。以下分别叙述。

其一是建设公债。为筹集粮款，中央苏区在 1932 年曾发行两期革命战争公债，第一期发行 60 万元，第二期发行 120 万元。随着反"围剿"战争的进行，南京政府对革命根据地的经济封锁日益严重，根据地的军需供应逐渐困难。为解决财政压力，1933 年，中华苏维埃共和国临时中央政府人民委员会于 7 月 11 日召开第 45 次会议，决定发行经济建设公债 300 万元。考虑到苏区现金较少，同时反"围剿"也需要粮食，所以建设公债可以用粮食购买。"各地从现在起，应该立刻开始推销三百万元苏维埃经济建设公债，因为这一公债可以用粮食来购买，所以公债的推销，同时尽可以尽调济粮食价格的作用。"③ 对于建设公债，苏区下了大力来推销，其效果也较土地税稍好。

1933 年 11 月，兴国县长冈乡"乡主席到县到区开会认销五〇〇〇元，后又加认四五六元，共五四五六元。乡主席回来召集代表会议，由

---

① 王明：《中国苏维埃政权底经济政策》（1933 年），中央档案馆编《中共中央文件选集》第九册（1933），中共中央党校出版社 1991 年版，第 640—641 页。
② 《第二次全苏代表大会主席团中国共产党中央委员会关于完成推销公债征收土地税收集粮食保障红军给养的突击运动的决定》（1934 年 1 月 23 日），中央档案馆编《中共中央文件选集》第十册（1934—1935），中共中央党校出版社 1991 年版，第 82 页。
③ 《中央组织局关于收集粮食运动中的任务与动员工作的决定》（1933 年 7 月 18 日），《中共中央文件选集》第九册（1933），第 263 页。

各村代表承认本村的销数。各村值日代表召集本村群众开大会，事先各代表及宣传队向群众做个别的宣传，届时领导群众来开会，讲明购买公债的意义。当场各代表及各团体的负责人首先认购，群众跟着认购，席上登记起来"。但是，这一次"没有销完"，然后，"各代表及宣传队，对那些未买的及买得太少的，按家按户作宣传。'今年这样多'，有些群众不了解，把去年谷价（买两元公债要拿出谷子两石半），今年公债（买十元公债还只要拿出两石）比给他们听，把合作社利益（集了股的分两次红就过了股金的头，不曾集股的无份）讲给他们听，把敌人封锁与经济建设的意义讲给他们听"，再"开全村大会。加销一部，尚未销完"，苏维埃政府不气馁，接着"再做宣传。开第三次全村大会。又加销一部，仍未销完，但所余不多了"。苏维埃政府仍不放弃，"再做宣传。开第四次全村大会"，"收到了谷子八二二担，值四一一〇元，又收到现洋一二七元，共收了四二三七元，尚差一二一九元没有收齐，决定要各代表'拿出精神来'做宣传，限十一月二十五日收齐"。经第四次全村大会后，长冈乡终于销完全部建设公债，"此数对于全乡一四六四人平均每人买了三元七角多。最多的买了四十五元（一家），买三十元的五六家，二十元的很多。一二元的极少，只十家左右。五角的无。'孤老'等不买的也有十几家。'群众完全满意'。从开始至销完为时十五天"。①

福建上杭县才溪区八个乡，共"承销公债 13600 元"，"人均 1.55元"。② 才溪区公债的承销方法及经过如下：

　　1. 党团员大会动员。

　　2. 各团体各自开会动员。

　　3. 乡苏代表会议动员。

---

① 《长冈乡调查》，《毛泽东选集》，东北书店 1948 年版，第 136、112、137 页。
② 《才溪乡调查》，《毛泽东选集》，东北书店 1948 年版，第 169 页。

4. 村为单位开群众大会一次，专门宣传，不销。

5. 乡为单位开群众大会一次，销债。两乡各销了一五〇〇多元。未完。

6. 乡代表推销委员会（每村三人），宣传队（乡组织的，每村五人），挨户宣传。

7. 选民大会上，上才溪销六〇〇多元，下才溪销一六〇〇元，至此，上才溪销了二〇〇〇多元，尚余一〇〇〇多元，下才溪销了三〇〇〇多元，尚余约九〇〇元。

8. 嗣后由代表、推销委员、宣传队，按户鼓动，概销完了，承认了数目。但公债还没有完全领到。

完全自动买，没有强迫。没有一次会不讲经济建设，因为县贸易局建立，有了盐布买，群众更加认识经济公债的重要了。①

以上是较成功的案例。就总体来说，由于在推销建设公债和征收土地税时基本上是用强迫命令和摊派的方式，因此建设公债的推销遇到诸多困难。例如，会昌县"推销公债和收土地税，大部是忽视政治动员工作，而强迫命令、摊派的方式，则很普遍"。②中共江西省委认为："许多地方新战士集中了要米食或前方要粮食时就手忙脚乱一筹莫展，从没想过怎样去在加紧推销公债中解决这一问题"，甚至"把公债票牢牢关在箱子里等群众来买"，"由上面分派到乡代表，而转分摊到群众身上的强迫命令摊派脱离群众的严重现象，各县或多或少都流行着"。③公略县公债在虽然"全部完成，就是对推销方式还有许多地方，表现

---

① 《才溪乡调查》，《毛泽东选集》，东北书店1948年版，第169—170页。
② 《中共会昌县委两个月（十月二十日至十二月二十一日）冲锋工作报告》（1932年12月21日），《江西革命历史文件汇集（1932）》（二），第428页。
③ 《中共江西省委关于全省推销经济建设公债的初步总结》（1933年11月），《江西革命历史文件汇集（1933—1934年及补遗部分）》，第307页。

摊派、强迫命令"，"全县动员的公债票，已死了两个富农"。① 石城县公债"还有三分之一"没完成，推销方式是"指派命令"。② 乐安中心县公债有的区完成不好，因为"没有用很好的动员方式，表现了强迫摊派"。③ 永丰县公债推销只收三分之二，"一般的按人口摊派是没有，只是宣传工作的缺乏"。④ 对于公债，安远县"群众推销的热情不大好"。⑤ 中共江西省委在反思 1933 年筹集粮款时也指出："红五月在经济动员上最大的缺点是偏重于筹措战费，而没有积极方面去改善群众生活。"⑥

公债的推销情况，从江西苏区来看并不乐观："江西全省领去的公债与收到的数目比，实款未达到百分之二十，而杨殷、南丰、太雷、长胜、崇仁等县则尚未收到分文。"⑦

从整个中央苏区来看，情况更不容乐观。到 1934 年 1 月，"根据中央财政部报告，建设公债的发行，至今五个多月，交到金库的谷款还不及半数，其中最严重的为雩都，赤水，广昌，宁化，宜黄，汀东等县集中谷子，还不及十分之一，博生，胜利，赣县，万太，长汀等县也还不及百分之卅"，苏区中央政府要求，"特别抓住承认推销公债较多或工作最落后的区域为中心（如江西的广昌，赤水，博生，胜利，公略，

---

① 《中共公略县委两个月（十月二十日至十二月二十日）冲锋工作报告》（1932 年 12 月 23 日），《江西革命历史文件汇集（1932）》（二），第 436 页。

② 《中共石城县委两个月（十月二十日至十二月二十日）冲锋工作报告》（1932 年 12 月 23 日），《江西革命历史文件汇集（1932）》（二），第 444 页。

③ 《中共乐安中心县委两个月（十月二十日至十二月二十日）冲锋工作报告》（1932 年 12 月 24 日），《江西革命历史文件汇集（1932）》（二），第 492 页。

④ 《中共永丰县委两个月（十月二十日至十二月二十日）冲锋工作报告》（1932 年 12 月 23 日），《江西革命历史文件汇集（1932）》（二），第 454 页。

⑤ 《中共安远县委两个月（十月二十日至十二月二十日）冲锋工作报告》（1932 年 12 月 28 日），《江西革命历史文件汇集（1932）》（二），第 522 页。

⑥ 《中共江西省委红五月工作总报告》（1933 年 6 月 17 日），《江西革命历史文件汇集（1933—1934 年及补遗部分）》，第 152 页。

⑦ 《中共江西省委关于全省推销经济建设公债的初步总结》（1933 年 11 月），《江西革命历史文件汇集（1933—1934 年及补遗部分）》，第 306 页。

万太，杨殷，洛口，龙岗，福建的长汀，宁化，汀东，粤赣的雩都，门岭，会昌），首先集中力量组织很健全的突击队分发到这些县份，去协同县区两级的干部共同进行这一突击工作。上面这些县份中如雩都，长汀，胜利，由中财部与中央国民经济部直接派人前去，但亦应在省委指导之下，进行突击工作……各县必须从二月一号起在各地开始进行分期完成。最落后的县份如雩都，赤水，广昌等县，亦必须于二月底完成突击计划"。同时苏区政府特别强调，为筹措红军粮食，"公债也须以收谷子为原则，使能充分保障红军给养"，"公债谷子也照中财部规定价格扣算，全县一律，直到全数销完为止，不再变更，更不得跟着市面上特殊情形的谷价而自由增加，这是保证红军给养"。①

其二是土地税。在苏区成立之前，已经开始筹征累进的土地税，但是对此并不太重视。苏区财税工作人员一开始对于税收不习惯，忽视税收，"不了解税收方法"。② 1932 年 7 月 14 日，苏区临时中央政府公布《土地税征收细则》，并于 1933 年 12 月在各县普遍起征，土地税逐渐成为苏区最主要和基本的收入。对于土地税的意义和作用，当时给予很高评价："土地税在革命以前原是农民底很痛苦的负担，现在苏区的国税完全是另外一种性质，以前农民把自己百分之五十到六十的收获缴给地主和军阀、绅士们。现在苏维埃政权只要农民缴平均百分之五到在百分之六的税额。土地税很可以保证红军底给养。"③ 在土地税之下，中央苏区中农、贫农土地税的起征点为人均收获量 3 担者，起征率为 4%，最高一级人均收获量 15 担以上者，税率为 18%；而富农的起征点为人均收获量 1 担者，税率为 4%，最高一级人均收获量 15 担以上者，税率为 22%。相对来说，一般农民的负担较轻，而富农的负担较重。同时，

---

① 《第二次全苏代表大会主席团、中国共产党中央委员会关于完成推销公债征收土地税收集粮食保障红军给养的突击运动的决定》（1934 年 1 月 23 日），《中共中央文件选集》第十册（1934—1935），第 82—84 页。

② 《红色中华》第 33 期，1932 年 9 月 13 日。

③ 王明：《中国苏维埃政权底经济政策》（1933 年），《中共中央文件选集》第九册（1933），第 658—659 页。

一般农民的人均是按人口数来计算，而富农的人均是以劳动力来计算，因此富农的负担更形沉重。① 此一时期，其他革命根据地农业税税率相对要比中央苏区稍低，"在湘鄂西苏区及鄂豫皖苏区，大约按以下的定额征收土地税：富农缴出收获底百分之十五，中农百分之五，贫农或完全免缴，或只缴百分之三"。② 到 1933 年，中央苏区复把土地税起征点下调到人均收获量 2 担，即便如此，对于中农和贫农来说，土地税也是比较重的。以负担最轻的一人分田来看，最低税率为 3.8%（300 斤缴税 11.5 斤），最高税率为 10%（900 斤缴税 90 斤）。③ 而对于富农，"因有劳动多分田与不劳动少分田之别，不能扣算，要税委于收税时临时扣算"，④ 苏区富农的税率一向是要高于中农贫农的，"临时扣算"，究竟高多少才合适，因无明文，更多要看征收土地税时收税者的个人裁量。因为土地税过重，所以实际征收的效果并不理想，到 1934 年 1 月，"征收总数还不及十分之一，而且各县多数将钱折谷"，对此，苏区政府严厉指出，"土地税完全收谷子，不准折谷收钱"，"土地税收成，要照中财部核定成数征收，不得自由减少"，"一切认为群众无谷子不能交谷，认为市面谷子涨价，群众不愿交谷子的机会主义观点，必须给以无情的打击"。⑤ 相比来说，整体推销量不到 20% 的建设公债的效果还是比土地税征收要好一些。

其三是红军公谷。为确保红军和苏区政府的粮食供给，苏区同时征收红军公谷。1934 年 1 月 23 日，第五次反"围剿"前，战争形势紧

---

① 冯田夫、李炜光：《中国财政通史·革命根据地卷》，第 35 页。

② 王明：《中国苏维埃政权底经济政策》（1933 年），《中共中央文件选集》第九册（1933），第 640—641 页。

③ 《中农贫农各家应交土地税税谷表解释及中农贫农土地税谷扣算表》（1933 年 10 月 28 日），《江西革命历史文件汇集（1933—1934 年及补遗部分）》，第 261、275 页。

④ 《中农贫农各家应交土地税税谷表解释及中农贫农土地税谷扣算表》（1933 年 10 月 28 日），《江西革命历史文件汇集（1933—1934 年及补遗部分）》，第 257 页。

⑤ 《第二次全苏代表大会主席团、中国共产党中央委员会关于完成推销公债征收土地税收集粮食保障红军给养的突击运动的决定》（1934 年 1 月 23 日），《中共中央文件选集》第十册（1934—1935），第 82、84 页。

张，但"红军公谷也大部分未交到仓库，以致红军部队及政府机关食米不够供给"，为此，第二次全苏代表大会主席团发出命令："目前是冬尽春初，米价日益腾贵，如公债及土地税谷子，再不迅速收集，直接便影响红军及政府机关粮食的供给，间接更将便利于富农奸商的操纵，引起米价飞涨，而影响到工人贫民及一般贫苦群众的生活。党中央与中央政府着重的指出去年粮食恐慌的现象，现在又威胁着我们。"面对严峻形势，第二次全苏大会主席团"特责成各级党部与政府按照下列指示，迅速进行收集粮食的突击运动"，"调集最好干部组织推销公债与征收土地税集中红军公谷的突击队"，"实行严格的检查及报告制度，乡的突击每天检阅一次，向区报告一次，区三天检阅工作一次，向县报告一次，县须五天检阅一次，向省及中央报告一次"，限令在1934年"二月底前各县公债须照以前承认的数目，完全推销，土地税全部征收完毕，红军公谷，完全集中到仓库，将仓库收条送到县财部报账为准。一切消极怠工，或只推销债票而不收集谷子，或收到谷子不送交仓库，不将仓库收条送县财部转账者，概作为违反命令，应给以苏维埃纪律的制裁"。①

在征收红军公谷的过程中，苏区积累了一些经验，兴国永丰区、瑞金云集区、长汀红坊区和兴国长冈乡都形成了一套动员方式。以兴国长冈乡、博生七里乡的经验为例。这两个乡主要是通过"事先组织积极分子，在群众中起领导作用，带头先买先交"的方式进行动员。但是，在保管红军公谷、土地税谷和建设公债谷子上都有问题，因此第二次全苏代表大会主席团和中央委员会提出，"由于以前公债谷价时常变更及谷子未及时送交仓库，给贪污分子以极大的舞弊的可能，土地税谷及红军公谷久不交库，更多舞弊机会。在突击中必须注意公债土地税红军公谷及退还公债谷票的数目与单据，谷子与金额的对照，要从严格的检查

---

① 《第二次全苏代表大会主席团、中国共产党中央委员会关于完成推销公债征收土地税收集粮食保障红军给养的突击运动的决定》（1934年1月23日），《中共中央文件选集》第十册（1934—1935），第82、83页。

中抓住每一个舞弊分子来开展反贪污的斗争"。①

　　1934 年 6 月底 7 月初，稻谷成熟，秋收在即，苏区为了应对反"围剿"战争对粮食的需求，组织地方武装直接到农民田里抢收稻谷，就地征收红军公谷。抢收和就地征收的具体安排是"由地方部队及赤少队负责抢收农民稻谷，在抢收的同时即就地征收红军公谷"，同时，在各级苏维埃政府下组织"武装保护秋收委员会"，其分工是："党特别注意于发动群众参加运动与整个运动的领导，军事部军分区以及军区特别注意于地方独立部队，游击队，赤少队，模范赤少队等的动员，苏维埃则特别注意于谷子成熟时间与收集的先后，劳动力的调剂，运输的管理，收藏的地点，土地税谷的征收与保管以及收买新谷等工作。"武装保护秋收委员会必须在各地秋收以前两周内组织起来，在"谷子成熟最早的区域如福建的上杭、新泉、汀南，粤赣的会昌、门岭，赣南之登贤、雩南以及赣县之南部"，"立即开始秋收的准备"，"地方独立部队，游击队小组，保卫队在秋收区域之外积极活动"，"所有参加割禾的模范赤少队员都须随身拿着武装。在高山应设立了望哨，设置炮位，在一声号炮之下，所有模范赤少队都应该立即集中起来，拿着自己的武器，配合地方基干部队同进攻的敌人作战。其他赤少队队员以及群众即在自己武装掩护之下，迅速随割随运"，同时，"必须注意我们所帮助收割的谷子，除红军公谷外，是群众的私有财产，因此帮助收割时，要将各家群众的谷子分别清楚。收藏的地点，要依据战争的寰境和参照群众自己的意见来规定，不应强迫。但苏维埃政府的公谷，则须依照粮食部决定的计划，运输到豫先建立的仓库保存。苏维埃政府的财政部与粮食部，必须在收割时，征收土地税谷并进行收买新谷与借谷运动"。②

---

① 《第二次全苏代表大会主席团、中国共产党中央委员会关于完成推销公债征收土地税收集粮食保障红军给养的突击运动的决定》（1934 年 1 月 23 日），《中共中央文件选集》第十册（1934—1935），第 84、85 页。

② 《中共中央委员会、人民委员会、革命军事委员会关于武装保护秋收的决定》（1934 年 6 月 29 日），《中共中央文件选集》第十册（1934—1935），第 324—326 页。

抢收和就地征收红军公谷是战争环境下的紧急措施，显然有其不适宜之处，但也确实解决了一部分红军食粮问题。

其四是向农民借粮和向富农筹捐。当时苏区各县日常任务之一是向富农筹捐。1933年4月，安远县苏维埃政府训令："向富农捐款工作前次规定三月底完成，现在未知各区成绩如何。"同时也发起向群众借谷运动，并强调："向富农捐款和向群众借谷运动，只准超过原定数目不能减少，特别要指出反对那种帮助富农说话的不注意筹款工作及阻碍群众多借谷的那种坏现象。"① 在向富农筹捐中，中共江西省委批评各地"没有发动成为群众运动，只凭着苏维埃去要，在下层还有部分的党员和群众，对富农调和与姑息"，"有些支部说富农苦了无钱"，经过各种努力，据中共江西省委的统计，江西苏区除"会寻安"三县外，1933年5月一个月即"向富农捐款十二万六千四百二十元"。②

除了向富农筹捐，苏区还向农民开展借粮运动。1933年夏季，苏区政府已经动员24万担稻谷，确保了当年夏天红军和中央苏区政府的供给。在中央苏区之内，"为了红军的给养，几乎每家每人都节省了借出了许多的粮食"，但是，到1934年夏季，第五次反"围剿"战争形势不断加剧，来不及征收土地税，为了支撑反"围剿"战争，"粮食的继续不断的供给，是极端重要的条件"，因此中央苏区政府决定展开大规模的借粮，"中央特批准各地苏维埃与工农群众的请求：举行秋收六十万石借谷运动，并决定立即征收今年的土地税"，以供给反"围剿"战线上的红军部队。因为这次借粮数量达到60万担，对于中央苏区来说是空前的，因此中央苏区政府要求各地动员"乡村的组织与得力的干部，向着每村每乡的广大群众进行普遍有力的宣传动员。向每个男女老幼群众指出：要保护自己的土地，自由，与苏维埃"，要"直捷地向

① 《安远县苏维埃政府训令（第八号）——加紧执行目前紧急的经济动员工作》（1933年4月1日），《江西革命历史文件汇集（1933—1934年及补遗部分）》，第81页。
② 《中共江西省委红五月工作总报告》（1933年6月17日），《江西革命历史文件汇集（1933—1934年及补遗部分）》，第143页。

群众指出：如果反革命的'围剿'不打破"，"群众的身家性命是保不住的"。为维护土地革命成果，农民应该"铁一般的团结起来，积极拥护中央的号召，自愿地借出谷子交纳土地税为着红军"。中央苏区政府同时要求各地注意动员借粮的方式，"用强迫的办法收土地税，那是完全不对的"，并且承诺，"今年夏季二十四万担动员中的借谷部分，在今年土地税中归还。秋收六十万担借谷现定由一九三五年与三六年土地税归还。今年土地税税率照去年办法不变"。①

三　从苏区到敌后抗日根据地

土地革命时期的筹粮筹款方式对于华北敌后抗日根据地的筹粮筹款方式有着深刻的影响。实际上，打土豪的筹款方式导致华北敌后抗日根据地在最初的一段时间里基本上把公粮任务放到地主和富农身上，建设公债等形式在敌后抗日根据地都大力推行过，红军公谷与日后的公粮也有一定的联系，尤其累进制的征税原则在敌后抗日根据地中真正实行了。在某种程度上，华北敌后抗日根据地的很多措施和施行原则可以在土地革命时期找到源头，在 1941 年和 1942 年之前的敌后抗日根据地中，一些筹粮筹款的方法与土地革命时期有很多相似之处。

以摊派为例。如前所述，土地革命时期的土地税和建设公债，很多地方都缺乏动员而直接摊派，而在 1941 年前的华北敌后抗日根据地也面临同样的问题。

最初，华北敌后抗日根据地在筹集粮款时，相当多的地方也流于摊派。虽然普遍在 1938—1940 年前后实行了合理负担，但在方式上也还是摊派，没有做到累进制征收："抗战开始到 1939 年，我军供给上极紧

---

① 《中共中央委员会、中央人民委员会关于在今年秋收中借谷六十万担及征收土地税的决定》（1934 年 7 月 22 日），《中共中央文件选集》第十册（1934—1935），第 351—354 页。

乱，山地实行阎锡山定的合理负担，也开始设立税局，但所得很少。军队供给主要是法币外援，粮食就是取给或代购。在冀南依靠各县供给，一部分为商会摊派，一部分为乡村摊派，还搞了一部分富户捐，军队到那里由那里借给。"① 最为严重的是包围村庄，直接要粮。比如晋冀鲁豫边区的太岳区在反思 1941 年征粮方式时曾指出："个别地区（以二分区之晋北、晋沁、长子、高平等县为最严重）不依据政策法令，不按合理负担原则分配，又无一定征收方法，只是包围村庄，不论谁家有粮即拿这种混乱现象。"②

1941 年之后，华北敌后抗日根据地开始克服上述缺点，强调团结各阶级的统一战线，保障根据地内的财权和人权，尤其是 1942 年 1 月中共中央颁布《关于抗日根据地土地政策的决定》之后，扩大负担面到全人口的 80%、累进税的征收原则得到进一步的强调，华北各抗日根据地逐渐走上了强调各阶层平衡公粮负担的统一累进税之路。

① 《晋冀鲁豫的财政经济工作（选录）》（1947 年 5 月），晋冀鲁豫边区财政经济史编辑组，山西、河北、山东、河南省档案馆编《抗日战争时期晋冀鲁豫边区财政经济史资料选编》第一辑，中国财政经济出版社 1990 年版，第 314—315 页。
② 《太岳区党委关于全区财粮工作的指示》（1942 年 9 月 15 日），中共山西省委党史研究室、山西省档案馆、太岳革命根据地财经史料委员会编《太岳革命根据地财经史料选编》（上），山西经济出版社 1991 年版，第 111 页。

第一章

陕甘宁边区救国公粮的征收实态与逻辑

抗日根据地的敌后抗战虽以军事为重，然其基础性的支撑则来源于财政。在财政收入方面，由于抗日根据地几乎完全依托于传统的农村地区，农业收益因此成为抗日根据地财政的大端。救国公粮是根据地汲取农业收益的主要方式。对于救国公粮的研究，早期一般与对农业税的研究或者对农民负担的研究相勾连，[①] 近十多年来，则进一步扩展到救国公粮所关联的诸多方面。就本章所关注的陕甘宁边区的救国公粮来看，一些研究仍然关注其作为农业税税收制度的承继，[②] 一些研究将救国公粮纳入区域经济范围加以观照。[③] 有研究倾向于将其作为中共克服 20 世纪 40 年代初期经济困境的财政政策来考量；也有人关注中共早期财政的结构问题；[④] 有的研究注意到征收公粮中的政治

①　代表性的成果，参见李成瑞《抗日战争时期几个人民革命根据地的农业税收制度与农民负担》，《经济研究》1956 年第 2 期；中华人民共和国财政部《中国农民负担史》编辑委员会编著《中国农民负担史》第三卷，中国财政经济出版社 1990 年版。

②　例如，章蓬、齐矿铸《陕甘宁边区农业税收的特点与作用》，《人文杂志》1998 年第 4 期；王明前《陕甘宁抗日根据地正规化与科学化税收制度的建立》，《中国社会经济史研究》2013 年第 2 期。

③　星光、张扬主编《抗日战争时期陕甘宁边区财政经济史稿》，西北大学出版社 1988 年版；黄正林：《陕甘宁边区社会经济史》，人民出版社 2006 年版。

④　黄正林：《抗日战争时期陕甘宁边区的财政来源》，《固原师专学报》1998 年第 2 期；黄道炫：《抗战初期中共武装在华北的进入与发展——兼谈抗战初期的中共财政》，《近代史研究》2014 年第 3 期。

动员问题；① 有的研究则强调救国公粮征收与边区治理方式演进的关系；② 还有的研究则侧重于陕甘宁边区财政结构与贸易体制、金融系统的互动关系。③ 总之，已有研究在不同的方向上多有拓展，但对于陕甘宁边区救国公粮的实际运作形态和逻辑鲜有涉及，本章试就此做一申论，庶几可与已有研究互为补充。

一 财政结构转捩下的公粮征收

陕甘宁边区是中共从土地革命时期存续下来的唯一一块革命根据地，抗战时期成为中共中央的所在地，也是中共整个敌后抗战的指挥中心。因为处于抗战的后方，所以整体上陕甘宁边区是比较安定的，中共的政治和经济政策在陕甘宁边区都得到了较早和较好的推行。就救国公粮来说，陕甘宁边区在所有抗日根据地中最先征收救国公粮，"救国公粮的办法，边区倡之于始，华北、华中各根据地都在照办"；④ 同时，由于较少受战事的直接影响，陕甘宁边区有条件较为充分地完善救国公粮的各项制度。而作为中共敌后抗战的指挥中心，陕甘宁边区的财政乃至救国公粮既有"地方性"，也有"国家性"，"这里是党中央所在地，是解放区的总后方，因而脱离生产人员特别多，自1941年以来，边区每百人至少养活4个脱离生产人

---

① 〔美〕马克·赛尔登：《革命中的中国：延安道路》，魏晓明、冯崇义译，社会科学文献出版社2002年版；黄正林、文月琴：《抗战时期陕甘宁边区的农业税》，《抗日战争研究》2005年第2期；黄正林：《抗战时期陕甘宁边区粮食问题研究》，《抗日战争研究》2015年第1期。
② 李蕉：《征粮、哗变与民主建政：抗战初期陕甘宁边区治理方式的变革》，《党史研究与教学》2014年第5期。
③ 陈耀煌：《统筹与自给之间：中共陕甘宁边区的财政经济与金融、贸易体系》，台北《中央研究院近代史研究所集刊》第72期，2011年6月，第137—192页。
④ 陕西省档案馆、陕西省社会科学院合编《陕甘宁边区政府文件选编》第三辑，档案出版社1987年版，第201页。

20

员，1944 年最多时，每百人养活将近 9 个脱离生产人员"。[①] 因此，要考察抗日战争时期根据地的救国公粮，陕甘宁边区是首先应考虑的。

陕甘宁边区地处黄土高原，其经济在土地革命时期即遭受严重破坏，"边区人民纳税的能力，可说是没有的，那时什么税也没有，政府收支全靠特种收入"，包括"没收、战争缴获、银行贸易局的营业等"，[②] 这些非常规的收入虽然能解决一时的财政困难，但非长久之策。在此背景下，1937 年，陕甘宁边区开始试征救国公粮，以解决边区财政收入和军队食粮的问题，一直到 1945 年抗战结束，陕甘宁边区都是通过救国公粮解决了军食和相当一部分的财政问题。总体来说，抗日战争时期，陕甘宁边区的救国公粮征收可以分为三个阶段。第一个阶段是1937—1940 年，属于初创时期；第二个阶段是 1941—1942 年，是不断完善的时期；第三个阶段是 1943—1945 年，救国公粮制度在一些地方改为农业统一累进税。各个时期征收公粮数量见表 1-1。

表 1-1　1937—1940 年陕甘宁边区公粮及人均负担情况

年份	实征公粮（石）	购粮（石）	合计（石）	人均负担（斗）	占收获量的比例（%）	备注
1937	13895	—	13895	0.1	1.28	机关部队脱离生产人员最多不过 3 万人
1938	15972	16700	32672	0.12	1.32	大后方学生大批涌入
1939	52250	24400	76650	0.4	2.92	调前线部队回防,学生继续涌入,脱离生产人员增至 4 万人
1940	97354	18751	116105	0.7	6.38	粮食征、购不足,与实际需粮尚差34000 石

注：陕甘宁边区政府规定以十八桶斗每斗 30 斤为标准，1 石为 300 斤。

资料来源：西北财经办事处《抗战以来的陕甘宁边区财政概况》（1948 年 2 月 18 日），《抗日战争时期陕甘宁边区财政经济史料摘编》第六编《财政》，第 8 页；《陕甘宁边区政府工作报告》（1941 年 1 月 4 日），《陕甘宁边区政府文件选编》第三辑，第 202 页。"备注"一栏数据来源于《抗日战争时期陕甘宁边区财政经济史料摘编》第六编《财政》，第 91—93 页。人均负担及占收获量的比例见同书第 13 页。

---

① 西北财经办事处：《抗战以来陕甘宁边区财政概况》（1948 年 2 月 18 日），陕甘宁边区财政经济史编写组、陕西省档案馆编《抗日战争时期陕甘宁边区财政经济史料摘编》第六编《财政》，陕西人民出版社 1981 年版，第 8 页。

② 《陕甘宁边区政府工作报告》（1941 年 1 月 4 日），见《陕甘宁边区政府文件选编》第三辑，第 202 页。

表 1-1 中，1937 年采购粮食的数额是缺失的，其应该高于 1938 年，因为 1937 年的购粮款达到了 81505 元，占当年财政支出的 16.2%，1938 年购粮款只用了 68000 元，占当年财政支出的 8.3%。[①] 因此，1937 年和 1938 年两年，陕甘宁边区的购粮数是超过所征收的救国公粮数的。购粮的大量存在，在一定程度上减轻了边区人民的负担。从表 1-1 中看，1937—1940 年公粮负担是轻的，此时期边区人口约 130 万人，人均负担在 0.1—0.7 斗，占其收获量的 1.28%—6.38%。购粮多于救国公粮的这一结构与 1937—1940 年陕甘宁边区的财政收入结构有关。这一时期，陕甘宁边区财政收入中大部分为"中央协款，八路军军饷和国外华侨、后方进步人士捐款，总之是依靠外援"，其中八路军军饷是每月 60 万元，此项加上华侨和进步人士的捐款占到了 1940 年边区当年"岁入的 70.5%"。[②] 在 1937—1940 年中，外援占当年财政收入的 51.69%—85.79%，具体数据见表 1-2。

表 1-2　1937—1940 年陕甘宁边区财政收入中外援占比

单位：%

项目	1937 年	1938 年	1939 年	1940 年	合计
全部岁入	100	100	100	100	100
外援	77.2	51.69	85.79	70.50	82.42
其他	22.8	48.31	14.21	29.50	17.58

资料来源：西北财经办事处《抗战以来陕甘宁边区财政概况》（1948 年 2 月 18 日），《抗日战争时期陕甘宁边区财政经济史资料摘编》第六编《财政》，第 13 页。

---

① 西北财经办事处：《抗战以来陕甘宁边区财政概况》（1948 年 2 月 18 日），《抗日战争时期陕甘宁边区财政经济史料摘编》第六编《财政》，第 14 页。

② 西北财经办事处：《抗战以来陕甘宁边区财政概况》（1948 年 2 月 18 日），《抗日战争时期陕甘宁边区财政经济史料摘编》第六编《财政》，第 13 页。外援之中，此一材料未提及苏俄的援助，但据黄道炫在《抗战初期中共武装在华北的进入与发展——兼谈抗战初期的中共财政》（《近代史研究》2014 年第 3 期）一文的研究，苏俄的援助为数不少。

从表 1-2 看，外援基本上占到了陕甘宁边区财政收入的七八成。外援是一把双刃剑，这种严重仰赖于外援的财政结构虽然有利于减轻民众负担，却潜藏着巨大的危机。倘若抗战初期以来形成的较好的国共关系得以维系，外援得以延续，也许救国公粮在陕甘宁边区整个财政体系中的重要性就不容易得到凸显。但 1939 年之后国共之间摩擦不断，过分仰赖于外援的财政结构，使抗战最初几年救国公粮征收少、负担轻的局面走到尽头。1940 年 9 月，国民党一度停发每月 60 万元的军饷，1941 年 1 月皖南事变后，这笔军饷彻底停发，海外华侨及后方进步人士捐款也停止汇兑了。一下子失去了占财政收入七成的外援，陕甘宁边区的财政顿时陷入难以为继之境地。虽然这一后果早有端倪，中共也有未雨绸缪的准备，如 1940 年陕甘宁边区已开始加强税收，增收羊税，但也只解决了财政收入的 22.9%，而后不得不以银行垫款 3587099 元解决赤字，占财政收入的 36%，① 最后又不得不停发经费 5 个月，"除粮食仍由公粮供给外，其余一切费用（冬夏衣被毯费亦在内）统统自给，自一月一日起不再发给经费"。② 正如毛泽东所说的那样："最大的一次困难，是在一九四〇年及一九四一年，国民党两次反共磨擦，都在这一时期。我们曾经弄到几乎没有衣穿，没有油吃，没有纸，没有菜，战士没有鞋袜，工作人员在冬天没有被窝。国民党用停发经费与封锁经济来对待我们，企图把我们困死，我们的困难真是大极了。"③

外援断绝之后，陕甘宁边区全力转向从内部开掘财源，除了开征新的税种之外，现成的救国公粮成为重要的财源。由于大后方学生涌入和

---

① 西北财经办事处：《抗战以来陕甘宁边区财政概况》（1948 年 2 月 18 日），《抗日战争时期陕甘宁边区财政经济史料摘编》第六编《财政》，第 15 页。早在 1939 年，随着国共摩擦的增加，中共已经预计到外援的不可靠，毛泽东曾提出自己动手，生产开荒，但在外援仍然源源不断进入边区的环境下，生产开荒未能形成热潮。

② 《陕甘宁边区政府训令——关于生产自给问题》（1940 年 12 月 9 日），陕西省档案馆、陕西省社会科学院合编《陕甘宁边区政府文件选编》第二辑，档案出版社 1987 年版，第 518 页。

③ 《经济问题和财政问题——一九四二年十二月陕甘宁边区高干会上的报告》，《毛泽东选集》，东北书店 1948 年版，第 748 页。

部分军队回防边区，粮食需求上升，1940 年征收的公粮已经比 1939 年的增加了将近 1.8 倍。即便如此，依然还有 3.4 万石的缺口。因为当时粮食实际需求量是 12.4 万石，而出于仰赖外援财政的惯性，只征收了 9 万余石，这使原本难以为继的财政雪上加霜。从 1940 年 11 月下半月起，由于公粮不足，边区政府停发公粮，各机关学校一律食用生产自给粮。[①] 到 1941 年 3 月，边区政府粮食告罄，经过两次借粮 42700 多石，一次买粮 24660 多石，苦苦支撑到 12 月，到 12 月后新吃当年征收的公粮 13200 多石，[②] 才算熬过去。粮食奇缺的现实，使 1941 年的公粮征收数额不得不提高到 20 万石（见表 1-3）。

表 1-3　1941—1945 年陕甘宁边区实征公粮及购粮数额

年份	实征公粮（石）	购粮（石）	人均负担（斗）	实征占收获量的比例（%）	备注
1941	201617	24664	—	13.85	春季出现粮食恐慌，借粮两次共 49705 石，以补上年征收不足
1942	165369	—	1.22	11.14	党政军脱离生产人员达 82619 人，机关部队开展开荒生产
1943	184123	6978	1.30	10.16	机关部队粮食自给 4.6 万石，自给占公粮达 28.75%
1944	160000	—	1.10	8.63	自给 8.6 万石，自给占公粮 43.12%
1945	124000	14000	0.77	7.75	自给 21140 石，占公粮 17%。日本投降时党政军脱离生产人员 12 万人，后减为 7 万人

资料来源：西北财经办事处《抗战以来的陕甘宁边区财政概况》（1948 年 2 月 18 日），《抗日战争时期陕甘宁边区财政经济史料摘编》第六编《财政》，第 90、98—99、152 页。

1941 年是整个抗战时期公粮负担最重的一年，实征已占总收获量的 13.85%。因为当年借粮达到了将近 5 万石，所以边区政府为了兑现

---

① 《陕甘宁边区政府训令——关于征收公粮事》（1940 年 11 月 18 日），《陕甘宁边区政府文件选编》第二辑，第 497 页。
② 《抗日战争时期陕甘宁边区财政经济史料摘编》第六编《财政》，第 96 页。

归还借粮的承诺，多征了 5 万石。1942 年 16 万石的公粮任务也基本上是按照 1941 年的水平确定的。为了不增加边区农民负担，毛泽东"提议从 1943 年起，每年征收公粮 18 万石，以后若干年内即固定在这一数目上，不仅在目前全边区粮食总产量约 150 万石时是收这个数目，就是由于生产发展，总产量增至更大的数目时（据很多同志估计，就现有劳动力加以调剂，能使边区粮食总产量达到 200 万石），我们也只收这个数目"。[①] 不仅如此，在此后条件改善之后，边区开始降低农民负担，1943 年公粮确定为 18 万石，1944 年为进一步减轻农民负担降到 16 万石，1945 年更降到了 12.4 万石。

公粮的减少与 1942 年中共中央西北局高干会之后部队机关大生产蓬勃开展、部队机关粮食自给率提高有关，也与"发展生产"之后边区土地数量的增加有关，同时还与 1943 年后陕甘宁边区与晋绥边区晋西北打通了一条贸易道路改善财政收入有关。陕甘宁边区的耕地 1937 年约为 862 万亩，到 1941 年增加到 1213 万亩，1943 年再增加到 1338 万亩的高点，与之相应，边区粮食总产量从 1937 年的 111.6 万石，增加到 1941 年的 145.5 万石和 1943 年的 181.2 万石。[②] 耕地和产量的增加，使公粮负担得到相对减轻。同时，陕甘宁边区财政也得到了晋绥边区的强有力支持，终于渡过难关。陕甘宁边区"从晋西北开辟了一条贸易的道路，解决边区人民必需品困难，边区人民永远不能忘掉他们的功绩"。[③] 陕甘宁边区成立由贺龙、陈云等人领头的西北财经办事处，负责边区与晋西北的贸易，抽取贸易特产的 20% 税收补充财政收入，使边区财政得到了充实。而在财政改善有能力进行购粮后，1945 年的公粮任务才出现了较大幅度的下降。

---

① 《经济问题和财政问题——一九四二年十二月陕甘宁边区高干会上的报告》，《毛泽东选集》，东北书店 1948 年版，第 873 页。
② 《抗日战争时期陕甘宁边区财政经济史料摘编》第六编《财政》，第 152 页。
③ 边区财政厅：《抗战八年财政工作检讨》，《抗日战争时期陕甘宁边区财政经济史料摘编》第六编《财政》，第 86 页。

陕甘宁边区财政结构从最初的仰赖外援转向开掘自身财源的过程，既是边区财政的特点，也是其公粮征收的特点。如何开掘自身的能量，动员边区内部的经济和粮食供给潜力，是陕甘宁边区公粮面对的一个重要问题。

二 动员与政治动员

"动员"是十多年来抗日根据地及解放区研究的一个热门术语。在土地改革、军队征兵等研究领域，学术界频繁使用的主要是"政治动员"一词。该词在学术界的流行乃至泛滥，某种程度上遮蔽了"动员"一词在抗战时期的含义。虽然当时陕甘宁边区的材料中也多有"政治动员"的提法与活动，但"动员"一词最本原的所指乃是与人力、物力和负担有关，其次才是与宣传相关的政治动员。

首先看人力、物力。边区财政厅厅长南汉宸在 1944 年对中外记者的书面回答中，把动员的对象分为"公粮的运输""公盐的运输"以及"临时动员的担架、运伤兵，修路，帮助军队建筑"中使用的人力、畜力。[1] 在《解放日报》上，"动员"一词也用于人力、物力方面：延安川口区四乡赵家窑村"公盐头一次 16 驮完成了，这次 16 驮半，刚布置下去，先前说动员牲口去盐池驮，老百姓说天冻，不好行动，听说上面叫改交代金，都愿意"。[2]

除了人力、物力，动员最主要的对象是负担动员。比如：

由于仁政观点，怕群众负担重了，而不顾革命与战争需要，造

---

[1] 《边区政府、边区参议会各负责同志回答中国记者书面问题谈话》，《抗日战争时期陕甘宁边区财政经济史料摘编》第六编《财政》，第 440 页。
[2] 《延安川口区四乡赵家窑村调查记》，《解放日报》1942 年 1 月 13 日，第 4 版。

成一九四一年的粮荒，向群众借两次征一次，动员频仍，不胜其烦。[①]

在这里，借粮和征粮都属于动员。因为公粮的征收是对农民[②]的实际收获量进行的，同时征收条例和细则一般每年都会变动，公粮任务每年都是不同的，农民事先不知道该交多少，所以每次征收之前都进行一次动员。事实上，公粮是陕甘宁边区各种临时或正规动员中最重要的一种负担动员。动员不仅是借粮和征粮，还包括其他许多种类。从下面对动员进行反思的材料中，我们可以看到各种各样的动员项目：

> 动员工作的不正规表现在什么地方？（一）项目太多，除公粮公草外，时间、次数无定。番［翻］开石泰乡一年来动员账本一看，可以数出今年财物动员项目共 31 项（另外动员毛驴送远差七次不在内），其中大部分是临时动员。内除主要的负担动员，尚也包括有关慰劳的动员五次，乡学校教员未与办公费各两次，冬学公费一次，欢迎剧团费用三次，乡参议会开会费用一次，鞋子三次——这些临时动员，数是很小的，如冬学公费 12 元，每一行政村只分得 3 元，慰劳抗工属麦子 8 斗，每行政村分到 2 斗多——数量虽小，可是却被作为一次动员工作，要召开一次乡干部会议，要分工下农村动员，这家收几毛，那家收几毛，使得干部与群众，都感到麻烦。[③]

从上述引文可以看出，动员的范围很广，一个乡的动员项目就有

---

① 西北财经办事处：《抗战以来的陕甘宁边区财政概况》（1948 年 2 月 18 日），《抗日战争时期陕甘宁边区财政经济史料摘编》第六编《财政》，第 15 页。
② 虽然不从事农业的市民也要交纳公粮，但考虑到从事农业的农民占到了陕甘宁边区人口的 90%，为方便起见，还是将公粮主要作为农民的负担。
③ 洪彦霖：《动员工作与群众负担问题》，《解放日报》1942 年 8 月 24 日，第 2 版。

31 项之多，包括粮、钱、草、公盐、畜力、冬学公费、乡参议会费用、鞋子、乡学米等，甚至合作社股金、有奖储蓄券也是一种动员项目。而在一些材料中，买粮、木料、柴、菜等也是动员项目。① 在这些名目繁多的动员中，公粮征收是一种"正规动员"。因为公粮征收有征收条例和细则，一年只征收一至两次，不是次数不固定的征收，所以不是"不正规动员"。

我们也可以在当时边区领导人的材料中找到关于公粮是一种动员的佐证。譬如谢觉哉认为，"救国公粮就是农业税，也即是田赋，并不是另外一件事，因为同是向耕地的人要东西。但我们对这问题的认识，好像不是一样。农业税、田赋方是正规的，救国公粮只是临时性质"。② 这里所说的"临时性质"，就是指救国公粮是一种动员，只不过在动员中，救国公粮又是一种正规动员而已。

那么，动员为什么成为陕甘宁边区政府分派负担、筹集钱粮的办法，救国公粮又何以成为政府筹集粮草的最主要负担动员方法呢？

这主要是由于传统的田赋征税办法不足以支撑陕甘宁边区政府应对战时的庞大开支。一方面，陕甘宁边区"历来是经济落后，生产不发展，出入口不平衡的地区"。③ 经济落后，又不能自给，导致边区历史上财政收入很少，"抗战前陕北旧治二十三县中，有不少县份的收入尚不足本身每月仅 360 元的政费开支，其贫穷即可想见"。④ 另一方面，明代遗留下来的按田亩册征收田赋的办法，以及国民党时期"以烟土

---

① 边区政府秘书处统计室：《边区民众负担统计资料》，《抗日战争时期陕甘宁边区财政经济史料摘编》第六编《财政》，第 440 页。
② 谢觉哉：《征收救国公粮的研究》，《抗日战争时期陕甘宁边区财政经济史料摘编》第六编《财政》，第 121 页。
③ 南汉宸：《陕甘宁边区的财政工作》（1944 年 8 月），《抗日战争时期陕甘宁边区财政经济史料摘编》第六编《财政》，第 390 页。
④ 西北财经办事处：《抗战以来的陕甘宁边区财政概况》（1948 年 2 月 18 日），《抗日战争时期陕甘宁边区财政经济史料摘编》第六编《财政》，第 8 页。

来弥补"的做法都不再适用,① 而要实行新的如谢觉哉等人期望中的"非临时的""正规的"农业税,尚缺乏条件。因为在抗战的最初几年,边区政府对于边区的人口、土地、粮食收获量等经济数据实际上都不甚了了。以边区政府直属的延安县为例,直到 1941 年前一直以为延安县的人口是 44.4 万人,后来因为要进行普选,对全县选民登记时进行了一次调查,才查出人口为 55.5 万人,② 实际相差了 11.1 万人,占实有人数的 20%之巨。在土地方面,1943 年延安川口区因试行农业统一累进税而进行土地调查时,发现土地数目相差很大。"试行的四个乡大部分是经过土地分配的。土地原有数目很不确实,原登记数只有 12454 垧,这次登记共计 28539 垧,为原登记数之 230%,增加数为原有数一倍以上。增加原因主要有:过去登记的不确实,人民对土地只有一个习惯上的数目,与实有数相差很远,如一乡一家农户他的一块山地只有 50 垧,众人都认为差的多,丈量之后,实有地 550 垧,为原数之 11倍。另有一户自报一块地只有一垧,打过后实有地 45 垧,为原数之 45倍。这样的例子,还可以举出不少。……因为大家对丈量土地尚不熟练,已登记土地的确实程度,估计只有 80%左右,如土地登记的彻底,其增加数目当为更大。"③ 在产量上,农民隐瞒产量的行为普遍存在,虽然中共投入很大的力量,④ 但调查所得到的材料,大多是"粗枝大叶",⑤ 甚至在进行了五年公粮征收后的 1942 年,虽然边区一再强调调查的必要性,但还是发现调查的效果难以让人满意,"很多农村的调查

---

① 南汉宸:《在边区专员县长联席会议报告纪录》(1941 年 10 月),《抗日战争时期陕甘宁边区财政经济史料摘编》第六编《财政》,第 53 页。

② 延安县县长刘秉温:《三年来我们怎样建设延安县?》,《解放日报》1941 年 9 月 11日,第 2 版。

③ 吕克白:《延安川口区试行农业统一累进税的成果》,《解放日报》1943 年 12 月 30日,第 2 版。

④ 公粮调查是县、区、乡、村各级政府相当长时间内的中心工作,同时还是各级党组织某个时期的主要工作。一般来说夏收的 5—7 月,秋收前后的 10 月直至来年的 2月,公粮征收都是政府和党组织的主要工作或重要工作。

⑤ 王治邦:《延长县一区一乡夏征事件》,《解放日报》1942 年 10 月 11 日,第 2 版。

材料，比较实在收获量还相差很远"。①

在人口、土地、产量的数据都不确实的情况下，公粮动员就成为边区政府的一个不得已而为之的选择。也出于同样的原因，公粮动员不得不更多地依靠政治动员来完成。1938 年 11 月，边区政府代主席高自立在给关中专员霍维德的指示信中，强调征收公粮，"不要认为只有先经过调查统计之后，才再按照百分之几的比例去征收，若此，则二千担之数目将无法完成之。因为农民究竟收多少，难于调查统计清楚，因此必须主要依靠政治动员"。②

政治动员采用的形式多种多样。一是组织宣传组。比如关中分区"进行了三四天深刻的宣传工作"，宣传的内容包括"抗战形势，保卫边区与保卫家乡生命土地财产的办法意义，并与群众的日常生活与迫切要求联系起来，借集市的机会给以广泛宣传解释"。在清楚解释之后，"人民都这样说：边区政府和八路军一定能把日本挡住，使日本不能踏入咱们边区等话。所以人民对之特别拥护，自动的报缴"。③ 二是召集群众大会。延安县通过大会解释公粮作为军食保卫边区的意义，一般群众经过解释后都说"日机经常来轰炸延安，这样惨无人道，我们甘心出救国公粮使前线打日本"。三是利用各种群众组织进行动员。延安县中区在区召开了活动分子会议后，又召开各乡干事会议及活动分子会议，最后召集党小组会议，"估计了各群众收获粮食之多寡及应征收之数目字"。④ 四是组织小学校的教员和学生进行宣传，张贴标语。固临县"完校编了九个大队，每队又分三组，分发各村宣传……小子说话

---

① 《财政厅指示信》，《解放日报》1942 年 12 月 6 日，第 4 版。
② 《高自立代主席关于征收救国公粮问题给关中专员霍维德的指示信》（1938 年 11 月 7 日），陕西省档案馆、陕西省社会科学院合编《陕甘宁边区政府文件选编》第一辑，档案出版社 1986 年版，第 96 页。
③ 《关中专署霍专员维德的报告》（1938 年 12 月 6 日），《陕甘宁边区政府文件选编》第一辑，第 106 页。
④ 《延安县政府报告》（1939 年 11 月 4 日），《陕甘宁边区政府文件选编》第一辑，第 428 页。

群众还喜欢听，收效很大"。五是会议宣传和个别谈话。固临县安太区白天召集妇女宣传，晚上召集男子分开进行；① 延川县永坪区"利用社会关系，干部深入农家，向亲友宣传解释，倾听群众意见，借以调查了解群众的家庭经济状况和他们的情绪"。②

在宣传的同时，也开展对人口、土地和产量的调查。但是由于"人力不足"，"宣传解释工作不够深入"，调查"多欠正确"。③ 许多地方调查结果令人失望，"靖边县一共有九个区，但这次的调查结果，没有一个区能了解到确切的情形"。④ 在宣传、调查之后，就让群众自报产量和公粮。比如，1939 年征收公粮时，安塞县"三区曹士花自愿提出交纳 1 石 2 斗，五乡曹怀高自动交纳 5 斗，四行政村代表主任陈廷祥自动交纳 5 斗"，这是在 1937—1940 年的公粮征收时自报的常态。⑤ 在公粮征收中，"登记时大部分是自愿的报粮"。⑥ 但是自报常常是不可靠的，隐瞒土地和产量的情况无处不在。虽然边区政府一再强调，"凡我边区人民，务须自动如期缴纳，不得隐瞒拖延，以多报少"，⑦ 但这一强硬语气的背后实则充满了边区政府的无力感。

不过，政府还有各级农村干部可依靠，以应对瞒报。实际上，此一时期，陕甘宁边区的政治动员更多地放在了动员干部带头实报，甚至表演性、示范性的自报之上。陕甘宁边区的一个响亮口号是"干部决定

---

① 《固临县征粮征草报告》（1941 年 11 月 30 日），《陕甘宁边区政府文件选编》第一辑，第 340 页。
② 《延川县征收救国公粮报告》（1940 年 1 月 23 日），《陕甘宁边区政府文件选编》第二辑，第 49 页。
③ 《征粮运动延川总结调查》，《解放日报》1941 年 12 月 13 日，第 4 版。
④ 李焕时：《征粮中的二三事》，《解放日报》1942 年 2 月 8 日，第 4 版。
⑤ 《安塞县为征收救国公粮的报告》（1939 年 11 月 4 日），《陕甘宁边区政府文件选编》第一辑，第 430 页。
⑥ 《关中专署霍专员维德的报告》（1938 年 12 月 6 日），《陕甘宁边区政府文件选编》第一辑，第 109 页。
⑦ 《陕甘宁边区政府布告（第一号）——为征收救国公粮事》（1937 年 10 月），《陕甘宁边区政府文件选编》第一辑，第 18 页。

一切"，[①] 政府利用干部和党员的模范作用，引导群众实报粮食。延安县西区四乡在自报时，"发动打粮多的干部，自己报告自己的收获量与应交公粮数目"（见表1-4）。

表1-4 延安县西区四乡1939年征收公粮时干部自报粮情况

干部	人口	年收获粮食	人均收获粮食	上次公粮数	自报公粮数	动员后提出数	两次合计	公粮占年收获量比例（%）
农会主任	4	25 石	6.3 石	7 斗 3 升	3 石	—	3 石 7 斗 3 升	14.9
前任乡长高生桂	11	50 多石	4.6 石	1 石 5 斗	4 石	—	5 石 5 斗	11.0
支部书记姬凤祥	8	32 石	4 石	7 斗 7 升	1 石 5 斗	4 石	4 石 7 斗 7 升	14.9
乡俱乐部组织干部	5	15 石	3 石	3 斗	1 石 5 斗	—	1 石 8 斗	12.0
乡长李树才	5	15 石	3 石	3 斗	8 斗	—	1 石 1 斗	7.3
党小组长古白	6	5 石	0.8 石	2 斗 1 升	2 斗 2 升	—	2 斗 1 升	4.2

资料来源：《延安县征粮与扩军工作第二次报告书》（1940 年 1 月 15 日），《陕甘宁边区政府文件选编》第二辑，第 12 页。

从表1-4中看，支部书记和农会主任在政治动员后两次所报公粮已经占到收获量的 14.9%，5 倍于 1939 年全边区的 2.92%，较之于陕甘宁边区公粮负担最重的 1941 年平均的 13.85% 还要高出 1 个百分点。虽然延安县的公粮负担一直比较重，但这一比例仍然偏高，不排除带有某种表演性的示范成分。因为按照当时的一般估计，陕甘宁边区农民"负担力之饱和点是 15%—20%"，边区农民除了公粮负担，还有公盐

---

① 《延川县征收救国公粮报告》（1940 年 1 月 23 日），《陕甘宁边区政府文件选编》第二辑，第 49 页。

代金、教育附加粮等，仅公粮负担就已经达到 14.9%，加上其他负担，确实已经很重。支部书记和农会主任的公粮负担实际上已经到了可以承受的极限，而其他干部也有两人达到了 12.0% 和 11.0%，最低的也有 4.2%。可以说，这几个干部的确堪称模范。

在报粮的过程中，"党的一个小组长古白，这次他也要再交 2 斗 2 升，大家认为他不够征收的条件，但他执意不肯，他说边区形势既然紧张，前方部队要粮才能打仗，我的粮虽不多，但我应稠吃吃稀一些，可以交一些公粮，经再三解释，他好像不高兴。总的说，这样一来，首先保证了干部中能够按规定征收，群众再不会感觉不公平，提高了对政府的信仰"。① 干部和党员该交粮的都报得畸高，没资格交粮的一定要交，不让交公粮则"好像不高兴"，在这样表演性质的政治动员之下，群众既不好意思报低，同时由于高报之后水涨船高，也无法报低，"群众说：'今年不同了，区长，乡长都实报，我们须得实报。'"② 无怪乎延安县政府坦言，"党员起了极大的模范推动作用，影响一般群众自动提出征收数目字"。③

类似的还有安定县中区二乡开全乡大会的时候，"计共有出粮的家户 32 家，内有党员应出粮者 10 名，因此这 10 个党员在大会很热烈的以打冲锋的精神报名，引导着群众也流水般的报名他们自己应出的公粮数目"。④ 这里，值得注意的是"打冲锋"一词，显然是 10 名党员先报，群众后报。从延安西区四乡的例子来看，先报者产量报得一般都要高，以党员之高带群众之高。当时，动员党员先报粮是一种流行做法，

---

① 《延安县征粮与扩军工作第二次报告书》（1940 年 1 月 15 日），《陕甘宁边区政府文件选编》第二辑，第 12 页。
② 《陕甘宁边区政府为完成征收九万石公粮致各专员县长第二次指示信》（1940 年 12 月 16 日），《陕甘宁边区政府文件选编》第二辑，第 533 页。
③ 《延安县政府报告》（1939 年 11 月 4 日），《陕甘宁边区政府文件选编》第一辑，第 427 页。
④ 《（安定县）一月十九日函两件》（1940 年），《陕甘宁边区政府文件选编》第二辑，第 32 页。

固临县林镇区在公粮征收中，也是把"统计产量从行政村以上的干部作起，然后再普及群众"。①

如上所述，由于庞大外援的存在，公粮在1937—1940年的陕甘宁边区财政结构中并不太重要，所以此一时期各级政府在公粮征收中投入的人力、物力并不会太多。这实际上是此一时期对于调查并不太重视的根本原因，其政治动员在多姿多彩乃至极富表演意味的外表之下，公粮的负担已经重重地压在了地主和富农身上。1940年"已有了公粮征收条例，且派少数工作团下乡协助，实际上仍是一种劝募性质的民主摊派，负担重点绝大部分是地主、富农，县与县、区与区、乡与乡、村与村，以至户与户轻重悬殊，普遍流行'抓大斗、瞅目标'"。② 1940年，公粮的"起征点为450斤，即每人每年收获量（副业收入均不计入）达1石5斗者始缴纳公粮，亦即五人之家收获量不及7石5斗者概予免征，结果50%以上的人民未能负担战时公粮，征收对象只集中在少数大户身上"。③

调查不实的情况下，经过政治动员后虽然可以完成公粮任务，但是公粮负担不公平也产生了严重的后果。一些富有者逃匿，迁移出边区，影响了边区的经济发展。同时，对于政治动员本身，农民也会觉得厌烦，当征收公粮进行宣传时，农民直接回答："讲什么，反正是要粮。"④

当政治动员遭遇其限度时，就需要有别的办法来加以调剂补充。

---

① 《固林粮开始征收》，《解放日报》1941年12月16日，第4版。当然在此必须指出的是，并不是每个干部和党员都愿意高报，相当多的干部也隐瞒不报，以多报少。在各地的材料中，这种例子屡见不鲜。比如延川县辛县长总结经验时说："干部的模范作用也不够，如永远区三乡乡长李登期打粮29石，只报4石。"参见《征粮运动延川总结调查》，《解放日报》1941年12月13日，第4版。
② 《抗日战争时期陕甘宁边区财政经济史料摘编》第六编《财政》，第93页。
③ 《财政厅长南汉宸谈公粮公草全部完成》，《解放日报》1942年2月14日，第4版。
④ 《陕甘宁边区政府为完成征收九万石公粮致各专员县长第二次指示信》（1940年12月16日），《陕甘宁边区政府文件选编》第二辑，第530页。

三　民主评议成为利器

　　1941 年的公粮任务是 20 万石，为 1940 年 9 万石的 2.2 倍，是陕甘宁边区公粮负担最重的一年。为了完成史无前例的公粮任务，边区政府也颇费思量。首先，降低起征点。由于公粮任务畸重，显然仅仅像以前那样"瞅目标"把公粮负担压在地主富农身上不足以顺利征收到足够的粮食，必须扩大公粮负担面，让此前没有负担公粮的人也来负担。于是，起征点从 1940 年的每人 450 斤，降到每人 150 斤，落差足足有 300 斤之多。其次，引入民主评议。考虑到 20 万石公粮畸重无比，要完成任务，必须有征收方法上的创新。这时有人提出"征收公粮不仅是政府的事，也是人民的事，政府可以根据调查提出数目，然而，还必须民众自己讨论民主的决定"。[①] 引入民主评议的好处是，公粮任务由原来的政府向农民征收的问题，变成农民自己民主评议决定谁该来交公粮、该交多少的问题。质言之，在引入民主评议之后，公粮从原初的政府与农民的问题，变为农民与农民的问题；而公粮畸重的问题，已变为公粮公平不公平的问题。

　　引入民主评议是通过一系列组织来进行的，这些组织包括县、乡参议会，以及村民大会、家长会议。陕甘宁边区原来就有边区参议会，但1937 年 12 月成立之后一直不受重视，三年都未开过会。1940 年边区参议会异常隆重地重开之后，1941 年，边区公粮都是经过边区参议会来分配各县数目的，各县、区、乡参议会同样承担了各个层级的公粮数目的分配。在延安县各村，征粮在组织上"以参议会为主，征粮委员会

---

　　① 海稜：《延安市征粮工作是怎样进行的？》，《解放日报》1941 年 12 月 9 日，第 4 版。

和村长直接帮助政府工作同志从旁指导"。[①] 除了参议会，各县普遍地在各村召开村民大会和家长会议，并主要由家长会议民主讨论各户的公粮数目。一篇记述延安县龙湾征粮情形的通讯《家长会议》，生动地描述了家长会议是如何进行民主讨论的：

> 山洼的积雪还没有消融……全自然村的家长都到齐了，二十六个人挤在一个狭长形的窑洞里。区长坐在炕沿上，其余的人有的站着、有的蹲着、有的坐在柜上、有的坐在炕上，乱七八糟的，嘈杂在一起。
>
> ……
>
> 区长开始一个一个地宣读着各家的调查情况，和计算公粮公草的数字。
>
> "武秀芳，村长，开磨坊……按条例应征收公粮七斗，草三十斤，大家说对不对？"
>
> "咱没意见，同意政府提的数字"，村长首先响应。
>
> "李志中，八口人，雇短工三人，全劳动力四人，磨两盘，驴四头，马二匹，牛两条，……实收小米十七石九斗，除去工资三石四斗，实收小米十四石五斗，每人平均一石八斗，应以百分之十八征收，合征米两石六斗一升，草二百斤，大家有没意见？"
>
> 区长念着一长串冗赘的调查情况，但是听的人，注意力都放在最后两句。
>
> "区长，我说老李应该减一些，因为他出公债，运盐……凡是政府的号召，他都打先锋，……这样的人应该鼓励，看大伙儿怎样言传"。一个吸着旱烟的老头这样解说，李志中还没有开口，大家附议老头的话，并提议减去二斗一升，一致赞成。

---

① 《延安县府征粮工作报告（节录）》（1941 年 12 月 19 日），陕西省档案馆、陕西省社会科学院合编《陕甘宁边区政府文件选编》第四辑，档案出版社 1988 年版，第430 页。

区长继续往下念，很顺利的已经通过十七个了。现在念着："张黑虎，全劳动力，平常做泥工，每月可挣得三斗，全年按十月计算，共合三石，应按百分之十五征收，征粮四斗五，草三十斤，因为他情形特殊，实征粮一斗，草三十斤。"

"区长，我说我只能出二升。"

"什么理由？"

"挣不下，没人请。"张黑虎这样简单的辩解，想马马虎虎搪塞过去，瘦削的脸颊，在菜油灯下，显得格外灰黯一些，大家的目光射着他。人们早会料到他会不承认政府计算的数目，还在两三月以前，他就悄悄的对人说："今年公家要大征粮，挣下的也白挣。"他鼓动别人少开荒："够吃就行了。"村里人都知道他游手好闲，区长也知道。

角落里那个青年农民起来讲话："我提议像他这样的，应该出的多一些……"。"他不服，咱们民主决定。"坐在炕上的老头把旱烟管递给区长，装上一袋烟。

接着抗后会主任发表了一通理论："出公粮是为的抗日救国保家乡……要知道没有八路军，也没有边区啦"……讨论的结果，没有减，也没有加，大家同意要他出一斗，并警告他明年这样子就不行。

……

第二天，龙儿湾家长会议的情形，差不多第一行政村全都知道了，别的村也采取同样的办法："先调查清楚，再召开家长会议，民主决定，好的要鼓励，坏的要斗争。"①

在这篇《解放日报》的报道中，我们可以看到：负担者的公粮数额都经过民主评议，有的村民觉得征得重了，经过民主评议就决定减

① 海稜：《家长会议——龙儿湾征粮剪影》，《解放日报》1941 年 11 月 30 日，第 4 版。

轻，有的不肯负担公粮，村民就要民主评议决定其负担，在通过各家各户的公粮负担数额后，又推举出评议员组成评议会，再一次对公粮负担进行评议。

1941年，民主评议决定公粮负担的做法处于起步阶段，因此也存在很多不足。其一，县参议会作用得到体现，但乡参议会作用很小。1941年靖边征粮中，"乡参议员并不能起很大的作用。……镇区二乡，十八个参议员有十六个是党员（两个非党员是女的，常不到会）……干部包办，对全乡公粮公草分配数目，先开秘密会议——干部会——决定，再拿到参议会去通过，这种只有形式没有内容的民主评议，引起参议员们很大的不满，因此他们也不积极讨论了"。干部也不理解参议会的作用，如靖边县龙州区有些乡的干部说："还不是和从前一样，仍是由我们讨论，就是改了名称罢了！"因此对参议会的尊重也不够。然而，县的参议员就有些不同。许多县参议员都能踊跃地交纳公粮公草，给群众很好的影响。县参议员说，县和乡"两个办事不一样，有啥事政府和我们一道商量！"① 其二，一些评议会的构成和议员质量都有问题，不少不公平的评议员混迹其中。马岑区一乡四村的谬殿臣是征粮评议委员，在九个征粮委员中，谬殿臣和他的亲族占了五人，结果谬就把自己的负担减轻，把别人的负担加重，村民不服，开了两次群众大会，重新提出评议委员名单，重新评议公粮数目，"民主把自私自利的评议员推翻了"。② 其三，很多地方举行全乡的家长会议，结果由于互相不相识，没有气氛，如延安南区第一行政村"召开了全乡的家长会议，到会者70余户，秩序紊乱，发言不能深入，因此只匆匆地进行了宣传解释，报告了调查情况，宣布了核算数字，决定另行召集各自然村的家长会议"。③ 第四，公粮征收程序上先分配数目再调查的多，先调查再分配数目的少。这就使公粮征收更多的仍然延续1940年层层摊派的做法。

---

① 李焕时：《征粮中的二三事》，《解放日报》1942年2月8日，第4版。
② 《征粮小故事》，《解放日报》1942年2月11日，第4版。
③ 《延市征粮办法好，预计年底完成任务》，《解放日报》1941年12月26日，第4版。

1941 年边区公粮奇缺，在征收之前已经借了近 5 万石粮和买过一次粮，因此完成公粮是当务之急。同时调查工作一直困扰着公粮征收，"不能得到十分精确材料"，因此无法按公粮条例规定的累进率进行征收，在实际操作时，正如我们在《家长会议》报道中看到的那样，在"民主决定"的形式之下，公粮征收基本上是实行了一种"完全的民主摊派"。"这一种办法的优点，在于简单迅速，不经过精确调查，就进行征收，它的好处是在战时环境下，迅速完成任务"，虽然公粮负担很重，[1] 但群众说"今年咱出粮虽重，但大家都是一样"。[2]

公平的另一层含义是边区绝大部分人都承担了公粮任务，"百分之九十的人民公平合理的负担了征粮任务"，[3] 有些地方甚至高达95%以上，连按照条例免征三年公粮的很多难民都承担了公粮。在1940 年之前，公粮负担主要在地主和富农身上，1941 年的公粮虽然重，但是几乎所有人都承担了公粮。也许在这个意义上，延安中区的高区长说："去年征了粮老百姓天天来打官司，嫌不公平，今年的粮已经征后一周了，连一个人也没有来区政府打官司，虽然比去年重了一些，但群众感觉到是服气了，'不怕重，只怕不公平'，这是群众的老实话。"[4] 看来，中国的政府和农民共享着"不患寡而患不均"的思想，在公粮负担上就共享着"不怕重，只怕不公平"的思想。

从表 1-5 中也可以看到，虽然公粮征收率已经很高，但农民的意见似乎还是满意的居多。

---

[1] 延安县有许多老百姓与个别干部都在讲："今年公粮征收完，明年连米汤也喝不上了。"参见王丕年《救国公粮征收以后，对农民的生活影响怎样?》，《解放日报》1941 年 12 月 21 日，第 4 版。

[2] 赵艺文：《介绍去年征收公粮的几种方式》，《解放日报》1942 年 9 月 12 日，第 2 版。

[3] 《财政厅长南汉宸谈公粮公草全部完成》，《解放日报》1942 年 2 月 14 日，第 4 版。

[4] 海稜：《延安市征粮工作是怎样进行的?》，《解放日报》1941 年 12 月 9 日，第 4 版。

表1-5　延安川口四乡公粮征收评议及本人意见

姓名	成分	家口	雇工	每口细粮（石）	应征百分比（%）	应征粮数（石）	评议应征数（石）	评议百分比（%）	本人意见
谢福舟	富农	5	2	3.8	30	8.1	9.0	33	满意
谢万成	富农	4	2	3.8	30	6.9	8.0	35	满意
代会富	富农	7	2	3.2	22	4.5	7.5	38	重了一些
方大贞	富农	5	无	3.9	30	5.8	7.0	36	差不多
方大祥	中农	5	无	2.0	20	2.0	2.2	22	满意
阎克元	中农	—	—	1.6	16	1.3	1.4	17	没意见
苗尚海	中农	6	1	1.7	17	2.1	2.7	26	本人自报
曹怀才	贫农	3	0.5	2.0	20	1.4	1.1	15	评得好，照顾没地、没牲口的穷人
朱继明	贫农	4	无	1.0	10	0.4	0.5	12	没意见
贾城山	贫农	3	无	1.3	13	0.5	0.6	15	没意见

资料来源：工作组长张世杰《延安川口四乡试征工作报告》，《解放日报》1942年12月6日，第4版。

"不怕重，只怕不公平。"在民主评议的形式之下，沉重的公粮负担在一定程度上被公平消解。

四　土地调查与农业累进税

民主评议的上位，其原因还在于调查的缺位。调查数据的缺乏使公粮的分配与征收都因缺少支撑而很难做到公平，不得不求诸农民"民主决定"的形式来弥补。面对1941年沉重的公粮负担，边区政府并无给各县公平分配的确实数据材料，各县县长也没有确切调查数据，"县长联席会议上的讨论，各县县长有的只注意了讨价还价的争论，有的则毅然决然的应承了分配定的数量，而无论推辞的应承的都很少客观调查

40

材料的提出，以致分配结果发生了轻重不均的毛病"。各县分配的数字已轻重不均，民主评议的形式也只能是在小范围内寻求一点公平。1941年征粮，"最大的一个弱点，就是县与县之间的负担不均"，比如延安县"占边区人口百分之三，而公粮负担则占全边区百分之十三"。① 在这种境况下，延安县内各级参议会、村民大会、家长会议、评议会等一切民主评议机构所能做的其实非常有限。

毕竟，救国公粮是一种动员，是在传统的田赋征税办法无法汲取财源支撑现代政府财政开支和战时军政人员粮食下的一种临时性措施。当战局稳定下来之后，中共中央和陕甘宁边区政府都开始考虑在救国公粮的基础之上试行农业累进税（以下简称"农累税"）。毛泽东意识到救国公粮是"一种不完善的税收办法，做得好，只能达到人民负担公平合理的目的，对于农民生产情绪，不能予以有力的刺激"。② 谢觉哉也承认，"农业税、田赋方是正规的，救国公粮只是临时性质"。③

虽然在民主评议的形式之下，陕甘宁边区完成了1941年和1942年公粮征收的艰巨任务，但救国公粮存在的问题越来越凸显。第一，救国公粮的累进率一直没有被较好地执行，摊派性质明显。每年公粮数目由上而下从边区政府逐级分配到各县、区、乡，这种办法不容易做到全边区真正的户与户间的公平合理，因此征粮过后时常发生两县接壤区乡农民的负担有很大差别的现象。第二，单纯按收获量计算征粮数额，而不顾及农民原有家产的多寡，家产多的大户占便宜，家产少的小户吃亏。在未经分配土地的绥德分区及富县、庆阳等县，公粮负担问题较多。比如，富县"有些光身汉贫农或伙种地的农民每人收细粮四、五石，如果按条例累进税征收百分之三十的粮，群众和评议会认为是不公平，因

① 《确定今年征粮总额以后》，《解放日报》1942年3月31日，第1版。
② 《经济问题与财政问题——一九四二年十二月陕甘宁边区高干会上的报告》，《毛泽东选集》，东北书店1948年版，第886页。
③ 谢觉哉：《征收救国公粮的研究》，《抗日战争时期陕甘宁边区财政经济史料摘编》第六编《财政》，第121页。

为他们虽打得几石粮，但是家庭生活不好，没有婆姨和娃娃"。^① 第三，公粮动员只针对收入征税，不对土地征收财产税，是不合理的。土地作为农民最大宗的财产却不纳税，对政府的扩大税基也是不利的。第四，单纯按收获量计算征粮数额，影响农民改良生产提高产量，更影响农民的生产积极性。土地分配过的地区的农民对此有反映，他们的产量提得越高，要负担的公粮就越多，影响了农民的生产积极性。同时每年税额都不固定，也影响生产情绪。

经过了多年公粮动员之后，边区政府多少掌握了一些边区的人口、土地和产量数据，实行农业税的条件日渐成熟，因此毛泽东提议边区政府"于一九四三年进行人民土地的调查与登记，依此制定一种简明的农业累进税则，依一定土地量按质分等计算税率，使农民能够按照自己耕地的量与质计算交税数目……而增加生产积极性"。^② 随后陕甘宁边区政府开始于 1943 年在延安、绥德、庆阳三县试行农累税，1944 年试行的地区进一步扩大。

陕甘宁边区农累税对土地和收入分开征收，"土地财产税以土地常年产量为计税标准，农业收益以常年产量计税"。^③ 按常年产量征收的好处有二：一是避免了救国公粮按实际产量征收所带来的问题；二是简化了对于农业收益产量的调查，使调查可以集中在土地数量上。^④ 同时为了简化土地常年产量，对土地分了三等九级，"水地为一等地上中下等（一、二、三级），川原地为二等地上中下等（四、五、六级），山

① 《征粮工作》（1944 年 5 月），陕西省档案馆、陕西省社会科学院合编《陕甘宁边区政府文件选编》第八辑，档案出版社 1988 年版，第 198 页。

② 《经济问题与财政问题——一九四二年十二月陕甘宁边区高干会上的报告》，《毛泽东选集》，东北书店 1948 年版，第 777 页。

③ 《陕甘宁边区农业统一累进税试行条例》（1944 年 6 月），《陕甘宁边区政府文件选编》第八辑，第 220 页。

④ 累进税的调查与人口、土地和产量有关。人口调查是相对容易的。1941 年陕甘宁边区就基本完成了对各县的人口调查，而且调查数据较为准确。延安县在调查前一般认为是 44.4 万人，但调查后发现有 55.5 万人。

地为三等地上中下等（七、八、九级）"，① 按照等级估定了产量（见表1-6）。

表1-6 警备区土地常年产量评估情况

单位：石

土地类型	水地			川原地			山地		
土地等级	上	中	下	上	中	下	上	中	下
产量	3	2	1.5	2	1.5	0.8	0.7	0.5	0.2

资料来源：《陕甘宁边区土地登记办法说明》，《陕甘宁边区政府文件选编》第七辑，第349页。

有了土地常年产量评估表，按图索骥就可以求得常年产量，原来在实行救国公粮时耗时费日孜孜以求的数据，变得举手易得。

农民对于按常年产量征收也非常欢迎。在安塞试验时，四区三乡的吴光才说："按常年产量征税是个好办法，这样征收，不但公平合理，就是二流子也得动弹起来了！"庆阳的一个农民说："丈地征粮实在公道，地分三等九级，更是合理，这样算粮，我就知道明年该出多少了，以后一定要好好务营庄稼，多收下粮都是自己的。"绥德新一区二乡马鸡冠也说："农累税按常年产量计税真公道，做务好的打粮多，负担少，以后多锄两次草，多上两筐肥，就够交粮了。"②

农累税的最主要前提和依据是"丈量土地、清查土地面积与评定其常年产量，解决土地纠纷，确定土地所有权，办理土地登记等工作"。③ 在解决常年产量之后，调查土地就剩下土地登记和土地清丈两

---

① 《陕甘宁边区农业累进税试行细则》（1943年9月），陕西省档案馆、陕西省社会科学院合编《陕甘宁边区政府文件选编》第七辑，档案出版社1988年版，第340页。

② 《边区农业统一累进税试行简况》（1944年4月），《陕甘宁边区政府文件选编》第八辑，第154页。

③ 《边区农业统一累进税试行简况》（1944年4月），《陕甘宁边区政府文件选编》第八辑，第148页。

个工作了。土地登记是农累税试行中的一项主要工作。农民对于政府为征税而进行的土地登记和清丈总是心有抵触，多有瞒报情事，而且瞒报的数量很大。一般来说，"中贫农的地，靠村边的地，路边的地，经过买卖的地，川地，水地，以及小块地，在丈量之后，增加不甚多，而地主富农及富裕中农的地，远山上的地，公地，未经过买卖的祖传地，及土地革命时分配了的土地，其实有数与原有数相差非常大，丈量之后，往往涨出几倍到十几倍"。① 对于瞒报土地，政府采取了多种措施。延安川口区六乡"在登记土地时曾对群众说：'大家都要按实报，如果有人地太多种不了，可调剂给地不够或者没有地的人种'，这样把群众的积极性激起来了，有的竟在月夜里偷偷给大户去打地，看看他们报的实不实，把报少了的户，报告给政府"。② 庆阳的办法是在登记土地时同时确定地权，农民害怕瞒报会丧失土地权利，因此很少瞒报。政府对农民说明："确确实实的登记土地，公平合理，谁也不占便宜，谁也不吃亏，这次登记土地，并且确定了地权，谁少报，谁就吃亏"，在丈量登记时很少有人隐瞒，"该区一乡居民徐兰祥，有土地二十四亩，只报了十一亩，事后他想隐瞒到底不对"，怕因此失去地权，"第二天便又自动去乡政府承认错误，要求重新如实登记"。通过这种办法，总体上，"土地丈量均能做到95%以上的确实"。③

农累税试行所得到的成果，其最大者有二，一是土地数量的增加（见表1-7），二是各阶层负担的公平合理（见表1-8）。可以说，农累税的主要目的都已经达到。

---

① 吕克白：《延安县川口区试行农业统一累进税的成果》，《解放日报》1943年12月30日，第2版。

② 吕克白：《延安县川口区试行农业统一累进税的成果》，《解放日报》1943年12月30日，第2版。

③ 《陇东开始征收粮草》，《解放日报》1943年11月29日，第3版。

表1-7　1943年陕甘宁边区农业统一累进税试行后统计土地数量

地区	原统计土地（垧）	农累税后统计土地（垧）	增加土地（垧）	增加土地占原统计土地的比例（%）
绥德县11个区	298931.5	348274.1	49342.6	16.5
庆阳县	346442	486457.4	14015.4	40.4
延安县5个乡	11213	26300	15087	134

表1-8　1943年陕甘宁边区农业统一累进税试行后征收额增加情况

地区	农累税应征额（石）	实征额（石）	公粮额（石）	农累税超出公粮额（石）	超出额占公粮比例（%）	负担户占总户数比例（%）
庆阳县	15690.06	14663.99	13500	1163.99	8.6	78.85
绥德县11个区	—	9889.36	9300	589.36	6.3	59.4

资料来源：《边区农业统一累进税试行简况》（1944年4月），《陕甘宁边区政府文件选编》第八辑，第151页。

在各阶层负担上，农累税也较好地体现了各阶层的累进征收（见表1-9），各阶层的负担相对比较公平，纠正了以前"民主摊派"的问题。

表1-9　1943年绥德两个乡各阶层负担额占总收益百分比

单位：%

阶层	平均	最高	最低
地主	43	46	23
富农	20	23	17
中农	11	15	7
贫农	6	8.4	3.8

资料来源：《农业统一累进税试行工作总结报告》（1943年11月24日），《陕甘宁边区政府文件选编》第七辑，第386页。

总体来说，陕甘宁边区的农业统一累进税通过常年产量的方法，简化了公粮征收中费时费力的调查工作，既增加了政府的公粮收入，又增加了征税的土地，同时真正实现了中共意识形态上追求的累进税。作为动员的救国公粮终于演化为正规税收制度的农累税。

陕甘宁边区虽然地处西北，但实际上与华北各根据地连为一体，同时陕甘宁边区也是华北各抗日根据地的指挥中枢和大后方，有鉴于此，我们将陕甘宁边区视为华北抗日根据地的一部分。

陕甘宁边区是华北抗日根据地中最早征收救国公粮的根据地，同时，作为中共中央驻在的根据地，其在救国公粮征收中的很多做法具有示范性。首先，陕甘宁边区的救国公粮在各个阶段的演进，基本上是华北抗日根据地救国公粮征收的缩影。陕甘宁边区在1937—1940年公粮负担较轻，而在1941年和1942年负担沉重，1943年在部分区域实行农业统一累进税，公粮征收走上累进税的道路，可以说代表了华北抗日根据地救国公粮征收的一个基本历程。其次，陕甘宁边区在征收救国公粮时所采用的动员方式、所引入的民主评议的做法，以后被华北各抗日根据地广泛采用，从根本上奠定了救国公粮征收的基本面相。最后，陕甘宁边区首先按照常年产量征收公粮的办法，对华北各抗日根据地产生了深远的影响。常年产量的提出，不仅消除了农民怕增产会增加公粮负担的顾虑，从而增加了粮食产量，也使政府征收部门从烦琐而复杂的调查、评议产量的事务和计算中摆脱出来。此后，华北各根据地如晋察冀边区、晋冀鲁豫边区和晋绥边区都采用了按常年产量，而不再按实际产量征收公粮的办法。

第二章

晋察冀边区救国公粮之征收

抗日战争爆发以后，中国共产党为促进根据地内部的团结抗战，将原来没收地主土地的土地政策，改为地主减租减息、农民交租交息的政策，因此在抗战之初，华北各根据地即实行减租减息，同时在财政政策上实行了具有首创意义的统一累进税（以下简称"统累税"）。战前的华北，国家对于乡村的税收主要是田赋，只有土地所有者需要承担田赋，无地者实际上并不承担税收，但在统累税下，包括无地的佃农在内的约80%的乡村民众都要承担国家税收，这是华北乡村社会中的新因素。[①] 因此，在整个抗战时期，统累税与减租减息构成了华北抗日根据地新的社会与经济背景，华北不仅经历了战火的洗礼，也经历了一场减租减息与统累税的"静悄悄的革命"。[②] 在这场"静悄悄的革命"中，

[①] 关于华北地主与农民的研究可谓汗牛充栋，但相关研究主要集中于抗战之前，抗战之后的研究虽然也不少，但似乎较少注意到统一累进税这一新因素之下的地主与农民关系。对于抗日根据地统一累进税的研究相对较少，值得参考的是魏宏运主编《晋察冀抗日根据地财政经济史稿》，档案出版社1990年版。而对于根据地减租减息的研究，值得参考的有黄正林《地权、佃权、民众动员与减租运动——以陕甘宁边区减租减息运动为中心》，《抗日战争研究》2010年第2期；肖一平、郭德宏《抗日战争时期的减租减息》，《近代史研究》1981年第4期；汪玉凯《陕甘宁边区实行减租减息政策的历史考察》，《党史研究》1983年第3期。

[②] 〔美〕弗里曼、毕克伟、赛尔登：《中国乡村，社会主义国家》，陶鹤山译，社会科学文献出版社2002年版；〔美〕马克·赛尔登：《革命中的中国：延安道路》。赛尔登和弗里曼等把1936—1946年的10年称为"静悄悄的革命"，包括土地政策、减租减息、累进税制等社会经济政策。赛尔登的"延安道路"则是一种更为宽泛的解释，是指中共在抗战时期形成的关于经济发展、社会改造和人民战争的别具一格的方式，其特点包括民众参与、简政放权、社区自治等。

华北抗日根据地的地主和农民①处于怎样的境遇之中？他们对此又做出了怎样的反应？或者说，无声之处是否孕育着惊雷呢？本章尝试以中共在敌后建立的第一个抗日根据地晋察冀边区为例，来考察地主与农民在新环境下的境遇。需要指出的是，本章着重于分析统累税这一新因素对抗日根据地地主与农民关系的影响。同时，考虑到晋察冀边区统累税与减租的特殊关系，本章将减租置于统累税的框架下进行分析，也许这一新角度可以让我们发现一些不同的面相。

一　成为新因素的统一累进税

1937 年 9 月，八路军一一五师平型关大捷，因随后不久日军攻陷娘子关和太原，中共中央调整八路军战略部署，将一一五师一分为二，政委兼副师长聂荣臻率 3000 余人留在晋东北，以五台山为基地向察南、冀西、冀中发展，创建晋察冀抗日根据地。1938 年 1 月 10 日，在河北阜平成立了晋察冀边区。边区创立前后，解决军队给养成为最紧迫的财政问题。最初实行的是县合理负担。所谓县合理负担，就是粮饷由各县自筹，办法各县自定，没有统一的财政计划和统一的税收制度，"筹集的对象主要是汉奸、土豪和资本家，农民出钱出粮的户较少，贫苦农民基本上不出负担，负担面不到 30%，一般只占总户数 20% 左右"。② 由于各自为政，筹粮筹款的机构杂乱，引起社会上巨大的不安，边区政府成立后，停止了县合理负担，试行村合理负担。村合理负担是以旧村为单位，评议出纳税户的应纳税分数，然后按照各村分数多少分配粮款征

---

① 根据 1942 年 1 月通过的《中共中央关于抗日根据地土地政策的决定》的相关表述，当时中共将地主之外的其他阶层如富农、中农、贫农、雇农都视为农民，用资本主义方式经营土地的经营地主地位等同于富农。本书对于地主与农民的定义采用这一分野。

② 《中国农民负担史》第三卷，第 285 页。

收任务，并按各户应纳税分数落实到各户。村合理负担主要有三种类型。晋东北实行第二战区《抗战期内县村合理负担办法》，按财产情况把村分为 12 等，户分为 19 级，按等定分，然后评议负担。这种方法虽然带有累进性质，但不以人为单位计分，实行中问题很多。冀西各地实行边区政府的《晋察冀边区村合理负担实施方法》，以户为单位，民户据实自填合理负担比例分数调查简表，村中一切负担皆按分数分担，未得分者概不负担，得分者按村中所需每年实行合理负担两次。该方法的特点是将资产和收入合并计算：资产方面，每人平均不及 50 元者不计分，50 元以上者每 50 元做 1 厘，500 元做 1 分，依此类推；收入方面，专门制订了合理负担累进分数表，查照计算。① 该方法强调累进，但"对资产与收入同样看待"，"完全采取属人主义，使多数或完全为佃户的穷苦村庄，村款无法摊派"。② 冀中实行土地累进法，除免税点人均一亩半后，超出亩数按累进法计算，以五亩为一级，分六级累进，出租土地由地主负担，典当地由承典人负担，1940 年后又增加土地分等及动产合理负担两种办法。③ 这一办法在累进上有优点，但免税点过高，存在负担面过小的问题。

　　从 1938 年 4 月起，晋察冀边区按照村合理负担办法解决军粮问题，最初采用购粮的办法，但由于战争环境下采买购粮难以保证军食，1938 年秋季反"扫荡"中，"粮食难以买到"，"部队挨饿"，同时，"农民卖粮纳税，卖出时粮价低，纳税额就得高"，④ 农民吃亏。在这种情况下，1938 年 9 月，晋察冀开始实行救国公粮制度筹集军食。⑤ 按照救国

① 《晋察冀边区村合理负担实施方法》，魏宏运主编《抗日战争时期晋察冀边区财政经济史资料选编》第四编《财政金融》，南开大学出版社 1984 年版，第 152 页。
② 刘澜涛：《论晋察冀边区财政建设的新阶段——统一累进税》，魏宏运主编《抗日战争时期晋察冀边区财政经济史资料选编》第四编《财政金融》，第 294 页。
③ 《冀中村合理负担办法》，魏宏运主编《抗日战争时期晋察冀边区财政经济史资料选编》第四编《财政金融》，第 157—159 页。
④ 《中国农民负担史》第三卷，第 293 页。
⑤ 晋东北和冀西一带在 1938 年 11 月开始征收救国公粮，冀中则更早一些，在 1938 年 6 月已开始征收救国公粮。

公粮条例，"人均小米一石四斗以下为免征点，一石五斗以至二石者收百分之三，二石一斗至三石者收百分之五，以上每增加一石递增百分之一，增至百分之二十为止"。① 这一条例在累进征收和以人为计算单位这两点上与村合理负担办法类似，条例的主要内容也参照了村合理负担办法，实质上是村合理负担在解决军食方面的进一步扩展。在救国公粮制度实施之后，村合理负担的主要作用就是筹集村款。

与救国公粮基本上同时实行的还有恢复田赋的征收。1938 年 3 月，鉴于财政收入的极度匮乏，边区政府恢复了此前一度停止征收的田赋。如果说公粮制度主要是解决战争时期的军食问题，那么恢复田赋的征收就是解决财政收入的临时性措施。在中共看来，田赋是应该废除的，因为它是一种比例税，是不合理的，田赋的缺点是"无免征点""不累进"，② 但它又是旧税制里相对合理的，③ 田赋也是千百年来国家政权与农民习以为常的纳税关系，已经成为农民一种根深蒂固的观念，这对于甫经成立、百废待举的边区政府来说是可资利用的便利税种，因此田赋成为边区政府财政收入的一个重要部分。如 1938 年"仅冀中区上下忙田赋就征收了 60 万元，占全区财政收入（钱的部分）的 20%"。④

到 1940 年，晋察冀边区征收的税种，除了村合理负担、救国公粮、田赋之外，还有工商营业税、烟酒税、烟酒牌照税、印花税，以及田房契税、出入口税等。这些税种中，最主要的是村合理负担、救国公粮和田赋。"在边区，农业生产是主要的，农民占全人口的绝对多数——约百分之九十以上。"⑤ 1938—1940 年政府收入的增加，主要通过救国公

---

① 《晋察冀边区征收救国公粮条例》，魏宏运主编《抗日战争时期晋察冀边区财政经济史资料选编》第四编《财政金融》，第 180 页。
② 彭真：《关于财政经济政策的实施》（1940 年 7 月），魏宏运主编《抗日战争时期晋察冀边区财政经济史资料选编》第四编《财政金融》，第 112 页。
③ 比如田赋的纳税单位是两，而不是亩，这就充分考虑了各地土地肥沃与贫瘠的差别，是相对合理的。
④ 《中国农民负担史》第三卷，第 292 页。
⑤ 渐愚：《关于统一累进税工作的一些经验》，《晋察冀日报》1941 年 7 月 20 日，第 4 版。

粮的形式，据北岳区统计，"1938 年征粮 104450 大石米，1939 年征粮 117156 大石米，1940 年征粮 180478 大石米"。[①] 救国公粮等三种税种虽然各有优点，但也都有缺点，需要进一步改进，更为重要的是，它们都是按收入计征的税收，而农业收入的增长是相当困难的，因此立基于农业收入增长之上的税收难以满足战争形势下财政需求急速扩大的需要。同时，村合理负担、救国公粮和田赋在实行中也遇到很多困难，村合理负担事实上只适用于村款，救国公粮进一步拓展的空间有限，田赋原本就是权宜之计，因此需要一种新的税种将三者统一起来。此外，工商业税的种类虽然多，但此时在财政收入中占比并不大。总之，到1940 年，随着国内外战争形势的变化，晋察冀边区有必要将边区所有财产和收入都纳入征税范围，以满足财政支出不断扩大的需要。在这种背景之下，1941 年，晋察冀边区开始推行统累税。[②]

统累税的特点是整齐不乱，"统一累进税，统一是什么意思？即除此以外，别无其它捐税（关税，契税在外），同时税收统一于边区政府，只有边区政府有权运用"。[③] 除了以上两个统一之外，还有一个统一，原来救国公粮主要征粮，附征马草、马料，田赋主要征钱，村合理负担既征粮也征钱，其他工商业税等则全征钱，[④] 改行统累税后，以钱、粮、秣三种形式征收，一年只征收一或两次。在统累税之下，边区政府只保留具有关税性质的出入口税，以及保护私有财产所有权的契税，包括救国公粮在内的其他税收都被纳入统累税之下，仍沿用村合理负担办法的分数累进税制。

统累税的征税单位是富力，富力按一定的累进率折成分数进行征

---

① 《中国农民负担史》第三卷，第 297 页。北岳区（即晋东北和冀西）的一大石为 270斤，冀中为 300 斤。
② 当时有一种观点认为，晋察冀实行统一累进税是因为边币发行太多，统一累进税是为了收缩发行过多的边币而采取的措施，限于篇幅，本章对此不予讨论。
③ 刘澜涛：《财政经济政策》，魏宏运主编《抗日战争时期晋察冀边区财政经济史资料选编》第四编《财政金融》，第 116 页。
④ 《中国农民负担史》第三卷，第 309 页。

收。按照 1941 年 3 月 20 日修正公布的《晋察冀边区统一累进税暂行办法》，"统累税之土地财产收入之计算单位，定名为富力"。土地以标准亩来计算，以年产谷 1 石 2 斗之土地为一标准亩；自营地一个标准亩折合一个富力；出租地一个半标准亩，折合为一个富力；佃耕地 3 个标准亩，折合一个富力。除土地外，各种资产以 200 元为一富力，收入以 40 元为一富力。以每人 1.5 富力为免税点，负担面要求达到 80%，每人超过 1.5 富力的土地、财产和收入，按照不同的税等税率折算成分数（见表 2-1）。[①] 每人的分数折算出来之后，根据边区当年财政预算确定每分所要承担的统累税负担。

表 2-1　晋察冀边区 1941 年统累税富力分数对数

税等	一	二		三			四				五				
税率	1.0	1.1		1.2			1.3				1.4				
纳税富力	1	2	3	4	5	6	7	8	9	10	11	12	13	14	15
分数　单计	1.0	1.1	1.1	1.2	1.2	1.2	1.3	1.3	1.3	1.3	1.4	1.4	1.4	1.4	1.4
累计	1.0	2.1	3.2	4.4	5.6	6.8	8.1	9.5	10.7	12.0	13.4	14.8	16.2	17.6	19.0
税等	六					七									
税率	1.5					1.6									
纳税富力	16	17	18	19	20	21	22	23	24	25	26	27	28	29	30
分数　单计	1.5	1.5	1.5	1.5	1.5	1.6	1.6	1.6	1.6	1.6	1.6	1.6	1.6	1.6	1.6
累计	20.5	22.0	23.5	25.0	26.5	28.1	29.7	31.3	32.9	34.5	36.1	37.7	39.3	40.9	42.5

资料来源：根据《晋察冀日报》1941 年 3 月 26 日第 2 版刊发的《晋察冀统一累进税暂行办法》整理。

对于"粮食是主要收入，最主要财富"[②]"征税主要是公粮"[③]的农业社会来说，统累税的主要征税对象是乡村社会中的两个阶层——地

① 《晋察冀统一累进税暂行办法》，《晋察冀日报》1941 年 3 月 26 日，第 2 版。
② 徐达本：《冀中一年来的政权工作（节录）》，中共河北省委党史研究室编《冀中历史文献选编》（上），中共党史出版社 1994 年版，第 469 页。
③ 宋劭文：《关于边区财政经济政策若干问题的答复》，魏宏运主编《抗日战争时期晋察冀边区财政经济史资料选编》第四编《财政金融》，第 446 页。

主和农民，因此边区的统累税税则以及实行中的一些考量大多围绕如何平衡地主与农民各个阶层的负担水平。

1941 年统累税的特点是在"一方面顾及到百分之八十以上人口负担，另一方面还要顾及到不致影响贫苦工农的最低生活资料"的前提下比较倾向于减轻地主的负担，主要体现在标准亩的降低与负担面要求达到 80%。负担面上，边区内要求 1941 年只要达到 60%，以后再提高到 80%，以减轻贫苦农民的负担，不过最后还是坚持了中共中央要求的 80% 负担面。对负担面的坚持，实质上是要求统累税由更多的阶层来承担，从来不纳税的贫农、中农也要纳税，"工农群众过去三年没有负担国税的，现在大多数都要负担"，① 而不是像此前那样大多由地主、富农承担。要达到 80% 的负担面，有两个选择，一是降低免征点，二是降低标准亩，当时普遍认为降标准亩比降免征点更合理，前者对地主更有利，后者对农民更有利，标准亩有 1 石 6 斗、1 石 4 斗、1 石 2 斗三种意见，最后确定为最低的 1 石 2 斗，而免征点仍维持在 1.5 富力的水平。

"统一累进税是首创，缺乏经验。"② 1942 年的统累税对 1941 年税则做了较大的修改。一是标准亩适当做了下调，"平均每年产谷 10 市斗之耕地为一标准亩"。"改变了标准亩，使得负担面比去年稍稍扩大，使更多人民负担国税"，"进一步缓和了累进率，使大地主的分数适当降低"。③ 二是财产和收入分开计算，主要是为了解决"自营地以每一标准亩为一富力""出租地以每一亩半标准亩为一富力""佃耕地以二标准亩为一富力"④ 的三种土地折合的不合理，这三种折合是以地租为"千分之三百七十五"为假设进行的，但实际上，高于或低于"千分之

---

① 《关于标准亩和免征点的问题》，《晋察冀日报》1941 年 4 月 8 日，第 1 版。
② 宋劭文：《统一累进税税则的修正公布》，《晋察冀日报》1942 年 5 月 10 日，第 1 版。
③ 《贯彻统累税新税则的精神》，《晋察冀日报》1942 年 5 月 17 日，第 1 版。
④ 《晋察冀边区统一累进税暂行办法》，魏宏运主编《抗日战争时期晋察冀边区财政经济史资料选编》第四编《财政金融》第 355 页。

三百七十五”租额的都不在少数。对于租额高于“千分之三百七十五”的，1941年税则有利于地主，地主的负担比较轻；而对于租额低于“千分之三百七十五”的，1941年税则则有利于佃农。财产和收入分开计算后，地主和自耕农都有土地的财产，要缴纳财产税，佃农没有土地的财产，只需缴纳收入税。三是考虑到1941年税则“纳税人口最大的富力层在第一、二税等，这两个税等的纳税人口占全部纳税众百分之七十以上，只分了两等，因而等距长，累进缓，贫苦吃亏，稍富者便宜”，[①] 为了减轻1941年开始缴纳统累税的贫农、中农的负担，1942年边区对最初几个富力缩短等距，除低累进率（表2-2）。

表 2-2 晋察冀边区 1942 年统累税富力分数对数

税等	一	二	三	四	五	六	七	八	九	十	十一	十二						
税率	0.8	0.85	0.9	0.95	1.0	1.1	1.2	1.3	1.4	1.5	1.6	1.7						
纳税富力	1	2		3	4	5	6	7	8	9	10	11	12	13	14	15		
分数 单计	0.8	0.85	0.9	0.95	1.0	1.1	1.2	1.3	1.4	1.5	1.6	1.7	1.7	1.7	1.7	1.7	1.7	1.7
分数 合计	0.8	1.65	2.55	3.5	4.5	5.6	6.8	8.1	9.5	11.0	12.6	14.3	16.0	18.7	20.4	22.1	23.8	25.5

税等	十三														
税率	1.8														
纳税富力	16	17	18	19	20	21	22	23	24	25	26	27	28	29	30
分数 单计	1.8	1.8	1.8	1.8	1.8	1.8	1.8	1.8	1.8	1.8	1.8	1.8	1.8	1.8	1.8
分数 合计	27.3	29.1	30.9	32.7	34.5	36.3	38.1	39.9	41.7	43.5	45.3	47.1	48.9	50.7	52.5

资料来源：根据《晋察冀边区统一累进税税则（修正草案）》，《晋察冀日报》1942年4月18日第4版的相关数据整理。

1943年的统累税税则进一步总结了1942年统累税实行中发现的问题，注意到了低租地与统累税负担之间倒挂的情形。“租额在耕地正产物百分之十五以下之土地，税额过重。逃亡户地、钱租地、公地、低租地（由小块开为大块的土地）等有税额达其租额百分之八十以上者”，

---

① 宋劭文：《统一累进税税则的修正公布》，《晋察冀日报》1942年5月10日，第1版。

地主的负担较重。同时，"出典（即一般所说的当）之土地，其土地税由出典人负担（另有约定者依其约定）。出典之土地其所有权未变，土地所有人纳土地税在理论上是妥当的，但与习惯不合，易滋纠纷"。[①]对于低租地的问题，解决方法"不外乎三种形式：或者是从租额上来解决，或者从统累税上来解决，或者同时从两方面来解决"。[②] "低租土地的负担问题在新税则中一般已获得解决。但如租额不及土地总收获物百分之十者，每人平均纳税富力到二十个，则须尽其收入纳税，或尽其收入亦不足纳税。因此在坚持人人收入够纳税，人人纳税后能够生活的原则下，就须打破土地税不与土地脱节及同一土地出租与佃耕富力之和应等于自营地富力之原则，否则问题就得不到解决。我们为了解决这一问题，因此确定：凡低租地其租额不及耕种地总收获物百分之十五者，其财产税（即土地税）以收租每六市斗谷之土地计一富力。这样造成低租的原因姑不置论，而低租地的负担问题即完全解决了。"[③] 边区政府在边区第一届参议会上对统累税税则与施行细则进行修正，规定："'低租地其租额在耕地总收获物百分之二十以下者，其财产税以收租每八市斗谷之土地计一富力'（税则第七条一项），以减轻低租地之土地税。""'出典之耕地其财产税由承典人负担之……但另有约定者，依其约定'；出典地之财产税一般均由承典人负担，约定由双方负担者，由双方负担；约定由出典人负担者，由出典人负担。约定之不同情形，各县当可按具体情形根据税则规定照顾双方适当解决。"[④] 1943 年修订后，统累税在各阶层之间的负担情形有了较大改观。

---

① 《贯彻统累税税则到人民中去》，《晋察冀日报》1943 年 2 月 17 日，第 1 版。

② 宋劭文：《关于边区财政经济政策若干问题的答复》，魏宏运主编《抗日战争时期晋察冀边区财政经济史资料选编》第一编《总论》，南开大学出版社 1984 年版，第 446 页。

③ 宋劭文：《统一累进税税则的修正公布》，《晋察冀日报》1942 年 5 月 10 日，第 1 版。

④ 《贯彻统累税税则到人民中去》，《晋察冀日报》1943 年 2 月 17 日，第 1 版。

二 减租新使命：对交统累税农民的补偿

1941 年统累税税则的制定，虽是在 1940 年统累税试验的基础上不断修改的结果，但其对于地主与农民土地的不同折合"都是根据一个假定——即地租为 375‰"，[1] 这种做法就把统累税的合理与否立基于对地租的假定合理与否之上。1942 年的统累税税则可能已经意识到地租的多样性和复杂性，不可能按照某一既定的比例进行土地的折合，因此完全抛弃了上述折合，而采用将土地税和收入税分开的办法，规定"自营地以耕地总生产物除四分之一消耗计，佃耕地以耕地总生产物除四分之一并除地租计"，[2] 统累税因此可以适应各地不同的地租情形，但这一税则的修改也使 1942 年之后的地租问题凸显，因为"除地租计"的规定，使地租问题直接成为影响统累税征收的一个重要因素。在这种背景下，减租问题开始受到晋察冀边区的重视。同时，战前并不交租的一些农民此时面临统累税的负担，也需要得到一定程度的补偿，于是减租问题在统累税的背景下更形突出。中共认为，在这种情况下，"很清楚，如果不实行一个正确的土地政策，不改善广大农民的政治、文化特别是物质生活，从经济上给以援助，农民便没有精力与心情参加抗日战争"。[3]

抗战前后，中共改变了原来的没收地主土地的政策，改为一方面地主减租减息，另一方面农民交租交息的土地政策。战前的 1937 年 2 月，中共在《中共中央给中国国民党三中全会电》中提出停止没收地主土

---

[1] 《中国农民负担史》第三卷，第 320 页。这一假定是否正确，这里姑且不论。

[2] 《晋察冀边区统一累进税税则》，魏宏运主编《抗日战争时期晋察冀边区财政经济史资料选编》第四编《财政金融》，第 363 页。

[3] 方草：《中共土地政策在晋察冀边区之实施》，《解放日报》1944 年 12 月 22 日，第 4 版。

地的政策。同年 4 月,陕甘宁边区宣布"在没有分配土地的区域,地主豪绅的土地,停止没收","以后交租的办法,可由地主与农民双方决定,但应比以前减轻些"。① 在同年 8 月的中共中央政治局洛川会议上,减租减息政策被列入《抗日救国十大纲领》。减租减息成为中共在抗战时期的基本土地政策。

当然,在抗日根据地纷纷创建之后,中共提出,"农民问题的中心是土地问题,解决土地问题最彻底的办法,是没收地主阶级土地,分配给无地或少地的农民……但彻底解决土地问题,不能是目前的工作"。② 中共追求的是彻底的解决办法,但在抗战环境之中,暂时采用了减租减息的政策,其重心仍然会侧重于地主减租减息。而随着减租减息的不断推进,抗日根据地的减租并不仅限于"二五"减租。"二五"减租是国民政府要求推行的,但中共的重心,显然要更进一步地实行租额不超过正产物收获量的"千分之三百七十五"的"三七五"减租。从"二五"减租到"三七五"减租,部分固然是中共意识形态的结果,但如果结合统累税中战前未交税农民的问题,似乎部分也来源于中共要补偿农民的想法。

晋察冀边区政府也实行了"二五"减租,但由于战事迁延,"真正开始实行还是民国三十年的事情"。③ 此后的 1942 年中共重申了统一战线的土地政策,要求各根据地实行"二五"减租,"一切尚未实行减租的地区,其租额以减低原租额百分之二十五(二五减租)为原则,即照抗战前租额减低百分之二十五,不论公地私地,佃租地,伙种地,也不论钱租制、物租制、活租制、定租制,均适用之"。④

"二五"减租之前,中共对晋察冀边区的估计是,"高额地租是普

---

① 《回苏区的豪绅地主要收租还债怎么办》,《新中华报》1937 年 4 月 23 日,第 3 版。
② 杨尚昆:《论华北抗日根据地的建立与巩固》,魏宏运主编《抗日战争时期晋察冀边区财政经济史资料选编》第一编《总论》,第 135 页。
③ 石更:《租佃问题在盂平》,《晋察冀日报》1944 年 2 月 24 日,第 2 版。
④ 《中共中央关于抗日根据地土地政策的决定附件》,《晋察冀日报》1942 年 2 月 13 日,第 1 版。

遍的现象"，① "地租一般的 50% 以上，有的多到 70% 以上"。② "二五"减租之后，很多地方的减租并未深入。盂平的"马庄、康庄、西下庄等村地主'明减暗不减'，还有的地主在减租时先把租额提高，结果减了等于不减。五区后东山等八个村庄中，有的租地，佃户收上架，地主收粮食，现在上架值钱少了，佃户大吃亏，有一亩地经二五减租后，纳租仍达一石者"。③

1943 年之后，减租开始进一步深入到要求租额只占正产物收获量的"千分之三百七十五"。关于平山县的一份材料指出，"过去的租额比较高，实行减租时，一般只注意了二五减租"，而没注意到"减租后仍超过三七五的要减到三七五"的规定，并承认"这是过去大家所忽视的现象"。④ 在盂平，"仅合河口、柏支会、前大地、杨家庄等 13 个村庄的统计，在 1417.4 亩租地中，经二五减租后租额仍超过三七五的数目共达 2820.681 斗（以小米为单位），全区统计则在 300 石左右。一、二、三区 67 个村中，已检查出来存在超额租的有 54 个村，三区西下庄租额普遍超过 40%，最高的到 75%。农民每年收成，根本就捞不到什么粮食"。⑤ "不能认为把二五减租执行了，就不再管租额是不是超过三七五。必须进一步检查各地贯彻程度，要了解各地或多或少的都存在着一些问题，根据平山的材料，大部地租超过三七五，即在群众充分发动的阜平，也同样大多数村庄都存在着一些问题。"⑥

在减租的同时，对于过去实在过重的租约进行了一定范围内的退

① 石更：《租佃问题在盂平》，《晋察冀日报》1944 年 2 月 24 日，第 2 版。
② 《抗战以前北岳区农村经济与阶级关系》（1943 年 5 月），魏宏运主编《抗日战争时期晋察冀边区财政经济史资料选编》第二编《农业》，南开大学出版社 1984 年版，第 10 页。
③ 石更：《租佃问题在盂平》，《晋察冀日报》1944 年 2 月 24 日，第 2 版。
④ 石更：《平山的土地问题》，《晋察冀日报》1943 年 7 月 21 日，第 4 版。
⑤ 石更：《租佃问题在盂平》，《晋察冀日报》1944 年 2 月 24 日，第 2 版。为行文方便，本书中部分引文数字改为阿拉伯数字，特此说明。
⑥ 《进一步贯彻减租政策成为开展大生产运动的必要条件》，《晋察冀日报》1944 年 2 月 24 日，第 1 版。

租。"对少数的顽固地主的非法收地和高租问题，给了必要的教育和斗争，部分的实行退租。"① 同时，发动妇女退租。盂平前家庄通过妇女做地主的媳妇的工作，地主媳妇代替地主清算退租，合河口农民"邢双狗和地主有点不愿提出减租，被他老婆骂了一顿，女人亲自去算。在杨家庄村的大街上男的女的象上会的一样来来往往，背着口袋去算的，有的背了粮食胜利的往回返"。②

减租之后，就是重新订立租约和换约。平山县的减租运动中，"农民都自动起来要求，仅四区四十多个村庄，在旧历初四到初十的六天内，佃户和地主换约的就有 3220 张，盘松地主霍崇仁，自动将 100 多亩地换成永佃新约，约上的租额，比前也减轻了 50%—60%。拿盘松、李台、沙坪、上下观音掌等降年村的统计来看，740 家就有 309 家是佃户，共租水旱地 1111.56 亩，旧的租额是 441.535 石，换约以后，减成 153.335 石，前后相比，佃户少缴租 247.22 石，按百分比计算就是少缴 56%。新约共609 张，只有 6 张写了年限，其余都成为农民永佃，元方有个地主，因不肯减租换约，他的佃户男女老少都自动集合在街上敲锣吆喝，这个地主因无理可说，农民的减租要求就得到了胜利"。③ "在旧历年后，平山四区农民们自动起来要求依法减租中，道老沟的佃户，也都依法换了新约，起先 38 担 8 斗 5 的租子，（原地 100 多亩，租额是 63 担，近几年来，地主将道老沟一部分土地或典当，或转租，或卖出，现在 18 家佃户种地是67 亩 2 分，租额是 38 担 8 斗 5，这里的租额是指换约前所说。不住在道老沟的佃户，这里也没有说到。）现在已经减成 4 担 9 斗 5 了，单以邢德三的 2 亩 2 分旱地说，租子现在也已经减成 2 斗 1。邢德三告诉我：'受人家剥削，现在还压得痛苦哩！这回可完全掀开了。'"④

① 《进一步贯彻减租政策成为开展大生产运动的必要条件》，《晋察冀日报》1944 年 2月 24 日，第 1 版。
② 一区抗联会：《盂平一区减租热烈展开》，《晋察冀日报》1944 年 2 月 8 日，第 2 版。
③ 洛灏：《平山四区减租运动深入开展》，《晋察冀日报》1944 年 3 月 8 日，第 2 版。
④ 本报特派记者洛灏：《道老沟的农民和土地》，《晋察冀日报》1944 年 3 月 16 日，第2 版。

三　统累税与减租之下的地主与农民

统累税牵涉的是国家与地主、国家与农民的关系，地租则牵涉了地主与农民的关系，因之在实践中，国家、地主与农民的关系由于统累税、地租的复杂形态而变得非常微妙。

减租是针对高租地的，边区政府估计晋察冀一带地租的"租额一般在 50%—70%"，[①] 但是，这一估计与现实有一定的差距，晋察冀也有很多低租地。譬如，盂县、繁峙和灵邱一带的庄产地，一般地租在15%；五台、盂县和阳曲山地中的推坡地，一般租额只有 10%；五台、阜平和繁峙的喇嘛地，一般租额也只有 15%；繁峙还有一些底租地，这些底租地是由于佃户扩大耕地，扩大部分为佃户所有，原租地很少，因此租额也很低。此外还有钱租地，租额不等，最低到 5%。低租地的大量存在，导致出现了地主所收地租无法承担统累税的问题，使统累税在处理国家与地主的问题时变得困难重重，"低租地租，缴纳赋税过重，影响到他们的生活；甚至个别地主的收入不敷缴纳赋税"。[②] 不过政府并不愿为低租地而改变统累税的原则，边区政府认为，"租额在百分之十五以上的，都够负担；租额如在百分之二十以上的，一般没有问题"，"问题是在租额一般在百分之十五以下的土地，不过这种土地的租额问题，从统累税当中解决，是不妥当的。就是说，不能为了这些个别情形，把统累税原则改变了"，还是要从"租额上解决，提高租

---

①　方草：《中共土地政策在晋察冀边区之实施》，《解放日报》1944 年 12 月 22 日，第4 版。

②　《中共中央北方分局关于一九四一年度统一累进税工作的总结》，河北省社会科学院历史研究所等编《晋察冀抗日根据地史料选编》下册，河北人民出版社 1983 年版，第 180 页。

额"。① 因此，在有些低租地上，减租已经成为增租，"在百分之十五以下的低租地，出租人如提高租额，不超过条例之规定，政府不应加以干涉"。② 但增租这一解决方法在大多数低租地上是无法实行的，解决的办法是"凡低租地其租额不及耕种地总收获物百分之十五者，其财产税（即土地税）以收租每6市斗谷之土地计1富力，这样造成低租的原因姑不置论，而低租地的负担问题即完全解决了"。③

低租地中有一种是钱租地，当时也称为洋租或现洋租，它不是凭收租6市斗谷计1富力所能解决的，因为它缴纳的不是谷，不是实物地租，而是货币地租。"有一种出租地，系现洋租，在事变前，每亩租价3元，当交租6斗，国币每斗5角，现今粮价涨到4元多一斗，而现洋租'二五'减，每亩只得洋2元2角5分，所得钱租折粮仅仅不过5升"，这种钱租地可能面临远高过地租的统累税，土地所有人因此"又不能收回地，或又涨租，真是无办法"。④

政府对于钱租地的态度也经历了一个过程。最初，政府更愿意看到钱租地对农民有利的情形得以维持，对于地主提出要把钱租改成粮租的要求，实际上持反对意见："要把'现洋租'改为'粮租'的问题，这是个租佃问题，政府的法令已有规定，要双方都自愿才能改，如果有一方不愿意，就只好等租佃期满后才能……这个道理也很明白。在以前约定'现洋租'的时候，认为那样对于自己有利，自愿的约定佃约，现在如果对自己不利了，要改变佃约，那自然要得对方的同意……如果佃户不愿意改变，也不能勉强。因为这是双方曾经自愿订立的契约，也正是为了避免中途发生这种纠纷的。"同时，在统累税和现洋租的国家与地主关系的问题上，政府也坚持国家的利益："地主要在这种'现洋

① 《关于统累税征收工作宣传解释要点——北岳区专员会议总结报告之一》，《晋察冀日报》1941年7月23日，第3版。
② 《晋察冀边区行政委员会给平山县政府关于执行租佃债息条例的指示》，《晋察冀日报》1943年7月21日，第4版。
③ 宋劭文：《统一累进税税则的修正公布》，《晋察冀日报》1942年5月10日，第1版。
④ 《统累税工作中"现洋租"如何计算》，《晋察冀日报》1941年6月13日，第2版。

租'的情形下征收统一累进税，还是要按地产来征收，不能依现款收入来征收，因为那从'现洋租'所收得的现款，就是土地里的出产。"① 可见，在钱租地的问题上，地主一度处于国家与农民的夹击之下，处境艰难。

但是，政府此后改变了对待钱租地的态度，开始允许并提倡钱租地改为粮租地。1942年，中共中央提出，"地租原约定以货币支付者，因纸币跌价而生争议时，政府应召集业佃双方协议调解，并得将货币地租之一部或全部改为实物地租"。② 随后，晋察冀边区规定"钱租一律改为半钱半粮租"，在定唐一带"过去的钱租二至三元最多四元，去年把地租按一元合米三斤交租，今年是将原钱租经过二五减租再按钱租的二分之一改为一元钱交六斤米"。③ 在政府的呼吁和干预之下，很多农民"自动的把钱租变为半实物租"，但也有地主拒绝这一"美意"，他们说"眼看着抗日两年就要胜利了，那时粮价必然跌落，现在如果改为半实物租，将来又是吃亏，反倒麻烦"。④ 在抗战境遇下，国家、地主与农民之间的复杂情态在此也可见一斑。

总体说来，地主在统累税与减租之下是被动的一方，不过，他们应对统累税和减租的方法也极尽其能事，主要是对土地的一去一收：一方面是去地，通过典、当、质、卖地等手段，把土地渐渐地转移出去，逃避统累税负担；另一方面是收地，通过从佃户那里收回土地自种等方式，把土地控制在自己手中，对抗国家对佃户佃权的保护。去地主要是转嫁统累税负担，平山北庄唯一的大地主的土地在"七七"抗战前有897.3亩，1940年减至659亩，减少的土地是地主以各种形式分化出去

---

① 《统累税工作中"现洋租"如何计算》，《晋察冀日报》1941年6月13日，第2版。
② 《中共中央关于抗日根据地土地政策决定的附件》，《晋察冀日报》1942年2月13日，第1版。
③ 兰进生：《定唐某村租佃债息问题的检查》，《晋察冀日报》1944年2月15日，第2版。
④ 陆望：《阜平租佃关系的今昔》，《晋察冀日报》1942年10月30日，第4版。

的，如当、卖、质等。① 除了去地，地主更多的是收地，他们借口根据法令收回土地。洪子店自 1942 年下半年到 1943 年上半年，共收回租地 200 亩，占租佃地总数的 14%，被收地的户数占租佃总户数的 52.6%；柏岭村地主共收回租地 100.628 亩，被收地的租户共 52 家；东黄泥村被抽回当地 67.785 亩、租地 49.84 亩，不少租佃户因此失去土地使用权，失去了生活保障。②

地主收地，起因于政府强力保护佃户佃权。地主收地的"理由"，主要是"契约期满"，"收回自耕"，或借口"欠租"。③ 欠租是地主收地的重要原因，政府于是对欠租做了最有利于农民的解释。晋察冀边委会认定，"所谓欠租，是指民国三十年三月三十一日本会民地字第一号布告以后积欠之地租而言"，即是说，只有 1941 年 3 月 31 日之后的欠租才能算是政府认定的欠租。"第一次公布之晋察冀边区减租减息单行条例以前的欠租，一律不得再行追交，自第一次条例公布后，至三十年三月三十一日所欠之租，按欠租三年只交一年清理，其因灾歉收，未能照原租额交租，或因未减租与减后仍超过三七五所欠之租，须按施行条例第九条、第十二条之规定清理。但在执行中，须依具体情况，以不引起过多纠纷，双方均不究既往，照顾双方生活加强团结为原则解决之。"④ 对于此前的欠租，不管多少，"多年欠租应予免交"。⑤

对于租约期限的问题，政府强调佃户的永佃权与优先权，鼓励长期租约。"在租佃契约上及习惯上有永佃权者，应保留之；无永佃权者，

---

① 沈重、姚书：《晋察冀一个村庄的成长——平山北庄》，《晋察冀日报》1941 年 6 月 24 日，第 4 版。
② 石更：《平山的土地问题》，《晋察冀日报》1943 年 7 月 21 日，第 4 版。
③ 石更：《平山的土地问题》，《晋察冀日报》1943 年 7 月 21 日，第 4 版。
④ 《晋察冀边区行政委员会给平山县政府关于执行租佃债息条例的指示》，《晋察冀日报》1943 年 7 月 21 日，第 4 版。
⑤ 《中共中央关于抗日根据地土地政策决定的附件》，《晋察冀日报》1942 年 2 月 13 日，第 1 版。

不应强行规定。但可奖励双方订立较长期的契约，例如五年以上，俾农民得安心发展生产。""出租人于契约期满招人承佃或出典、出卖时，原承租人依同等条件有承佃、承典、承买之优先权。"同时，强调地主收地应提前三个月到一年通知佃户。"无永佃权之地及契约期满之地，虽出租人有依约处置之自由，包括转让出典、出卖、自耕及雇人耕种等项在内，但在抗战期间，地主收地应顾及农民生活，并须于收获前三个月通知承佃人。原承佃人太穷苦者，应由政府召集双方加以调剂，或延长佃期，或只退佃一部。"①"未定期限之租佃地，出租人如需要收回自耕，应……于一年前通知佃户，佃户接到收地通知后，如因收地而无法生活，得按前项收地处理原则解决之。"②

地主对于佃户的永佃权和优先权，有各种方法加以逃避。有些地主"非正式的让一让原租佃户，还没有得到租佃户十分肯定的回答，马上即将土地转移了。有的则造假文契，故意把价格写得很高，让原租佃户不能承买或承租，实际上他并没有这样高的价格。目的只在从农民手中夺回土地"。有的契约未满，地主就要"收回自耕"，但实际上一手收回一手就转租出去了（有的则是收回一块地，租出另一块地，这样倒一倒手），这样一俟期满，就可"合法"地将地收回了。对于超过三七五的地租，有的佃户提出这部分超额地租要依法降租，而地主方面则提出要"伴种"，另订条件以相抵制。③在租约期满时，有的地主（柏岭村、段峪村）一个呈子控告三四十家佃户。1943年5月份一个月内平山县土地案件达106件。从1月至5月，仲裁的土地案件共163件，其中地主为原告者120件（约占74%），佃户为原告者43件（约占26%）。很明显，正在农忙时期，农民是误不起工的，地主就偏利用这

① 《中共中央关于抗日根据地土地政策决定的附件》，《晋察冀日报》1942年2月13日，第1版。
② 《晋察冀边区行政委员会给平山县政府关于执行租佃债息条例的指示》，《晋察冀日报》1943年7月21日，第4版。
③ 石更：《平山的土地问题》，《晋察冀日报》1943年7月21日，第4版。

个时间拖着农民打官司，有的甚至告了农民全家人。地主们有句话："爬糕沾蒜，慢慢就沾完啦。"农民吃不起这个亏，就只好让步了。[①]　在实际的演进态势之中，地主由于掌握乡村的经济权力，其对于国家与农民的夹击也不是毫无回手之力。

---

① 石更：《平山的土地问题》，《晋察冀日报》1943 年 7 月 21 日，第 4 版。

第三章

冀中救国公粮征收的统一累进税取径

冀中即河北省中部，是位于平汉、津浦、平津和沧石四大交通干线中间的一块不等边的方形区域，"长约三百公里，阔二百公里，面积约为六万平方公里左右"，[①] 为河北省经济与文化"最进步的地方"。[②] 抗战爆发后，作为中共最早创立的敌后抗日根据地晋察冀边区的重要组成部分，冀中因地处平原地区，土地肥沃，物产丰富，成为"晋察冀边区的衣粮库"，是中国共产党在敌后"领导首创的平原根据地，意义非常深远"；冀中同时被日军视为"大东亚战争的兵站基地"，因此也成为日军与抗日军队反复争夺最激烈的地区。在与日军作战过程中，冀中较早进行了救国公粮征收以解决军需供给，随后晋东北、冀西也开始征收救国公粮（以下简称公粮）。这在当时是一个创举。正如晋察冀边区主任宋劭文 1940 年时所称，"募集公粮的制度，今天已经成为一般民众习惯了的制度。在公粮的制度方面来讲，两年以来，一般的说，我们是成功的。这个制度的创造，在民国历史

---

① 吕正操：《冀中平原战争——吕正操在十八集团军总直属队干部会上的报告》，中共河北省委党史研究室编《冀中历史文献选编》（上），中共党史出版社 1994 年版，第99 页。

② 李梦龄：《冀中区的客观环境》，魏宏运主编《抗日战争时期晋察冀边区财政经济史资料选编》第一编《总论》，第 158 页。

上，财政的建设里边，没有这样一个制度"。① 冀中公粮征收从旧式摊派、村合理负担到统一累进税的过程，给我们提供了一个值得详细观察的样本。②

一　冀中财税与公粮中的乱象

1937 年 10 月 14 日，吕正操率领东北军六九一团的两个营在晋县小樵镇改编成人民自卫军，宣布脱离东北军，"向敌人的后方退却"，北上抗日，先后经过深泽、安平、安国等县，攻克高阳县城，初步在冀中站稳了脚跟，随后开创了冀中抗日根据地。在冀中根据地创建之初，军粮问题一直困扰着人民自卫军。最初，六九一团从石家庄开赴永定河阵地时就断了饷，到小樵镇就断了粮，团内财务结算时，仅剩下六角钱。部队到了安国县后，当地商会会长、药商大财主卜文朴正组织"维持会"，已筹款 3 万元，准备交给日本人，吕正操当即扣押了卜文朴，限三天解除"维持会"，交出 3 万元，保证驻军供给，否则，以汉奸论处。卜——照办。③

抗战之初，晋察冀一带的旧日政权大都瓦解崩塌，官吏席卷钱财逃亡，抗日军队所到之处，"在广大区域内，简直找不到行政负责人，社会秩序极端混乱……经过市镇，市镇是萧条的；走进县城，县城是空荡

---

① 宋劭文：《论合理负担、县地方款、预决算制度》，魏宏运主编《抗日战争时期晋察冀边区财政经济史资料选编》第四编《财政金融》，第 5 页。

② 关于晋察冀边区统一累进税，有一些著作和论文涉及。在此值得指出的有魏宏运主编《晋察冀抗日根据地财政经济史稿》，档案出版社 1990 年版；巨文辉《晋察冀边区实施的统一累进税述略》，《中共党史研究》 1996 年第 2 期。冀中统一累进税总体上是按照晋察冀边区统一累进税来实施的，但由于冀中平原处于抗战第一线，受战争影响较大，因此在某些时点和具体做法上又与晋察冀的北岳区等战略区不同，需要专门论述。而现有研究对于冀中统一累进税的探讨很少，有必要进一步深入研究。

③ 吕正操：《吕正操回忆录》，解放军出版社 2007 年版，第 65 页。

荡的。城镇上留下的，多是上了岁数的老年人，许多县城都笼罩着死气沉沉的气氛，呈现出兵燹之后的荒凉景象"。① 在这种情形下，像人民自卫军这样因没有粮草而就地找富户筹集的并非个案：

> 在混乱的局面下，新崛起的各色各样的抗日武装，对于军需供给的解决上是没有也不可能有正常的办法的，一般的情形是粮款草料就地征发，住那里，吃那里，开条子要东西，找对象"动员"一下是常有的事，数目没有限制范围，也没有标准，至于那些杂牌匪军，落后队伍，大都自立关卡滥行征税，巧立名目，随意捐派（有所谓抗日捐、救国捐、自动捐等不下数十种），甚至押人罚款，掠人勒赎，也是屡见屡出。给养供给则安锅立灶大吃大喝，有的索性指定饭食米面酒肉无所不要，"真是有饭大家吃的作法"。
>
> 一般村庄经常摆着大批办公人员，多的五六十人，少的二三十人吃着伙饭，专门侍候筹办粮秣、催差敛款，然而此来彼往接二连三，还是应接不暇。受着几千年封建压迫的人民，一向惧怕军队，固然无可奈何的拿不起也要拿，即富有的也感到负担无穷，发生忧虑。在爱国热忱与抗日要求之下，他们都是乐观捐输，但是他们"不怕拿就怕乱"。②

抗战初期，晋察冀根据地各县都成立了支应局，负责筹办驻军给养，但多为豪绅把持，往往以搪塞的态度敷衍了事。1937 年冬，半政权性质的战地动员委员会③在各县成立了动员委员会（简称动委会），

---

① 聂荣臻：《聂荣臻回忆录》，解放军出版社 2007 年版，第 291 页。
② 张佳等：《冀中五年来财政工作总结》，魏宏运主编《抗日战争时期晋察冀边区财政经济史资料选编》第一编《总论》，第 679 页。
③ 战地动员委员会全称为"第二战区民族革命战争战地总动员委员会"，1937 年 9 月，中共代表周恩来与第二战区司令长官阎锡山谈判后，成立于山西太原。战地动员委员会由中共、国民党、晋察绥各省代表和各地军政民部门代表组成，承担沦陷的绥远、山西等地的政权组织工作。晋察冀根据地开辟后，各县也相继成立了战地动员委员会。

动委会中的动员分配部接收并替代了支应局的工作。在冀西，类似动委会是自卫会，而在冀中，则是救国会。救国会承担冀中部队的筹粮筹款任务。[①] 起初，救国会等组织沿用旧的国民党地方政府实行的摊派和募捐方式，无偿地向人民要钱要粮，不按财产和收入的多少进行征税，而是按户口平均摊派。由于摊派方法与中共素来秉持的观念相左，因此不久即被废止，中共转而根据"有钱出钱，有粮出粮"的县合理负担，依靠政治动员的方式，筹集粮秣。县合理负担虽然也体现"有钱出钱，有粮出粮"的精神，但执行较粗，而且很乱。在工作条件较差的县，实质上仍沿用旧的摊派办法；在工作条件较好的县，才会实行合理负担和"救国捐"。此外，冀中还一度临时实行"富户捐"，"筹集对象主要是汉奸、土豪和资本家，农民出钱出粮的户较少，贫苦农民基本上不出负担，负担面不到30%，一般只到总户数的20%左右。部队的粮食供给是到那里吃那里，就地筹集，就地供应。部队多的县筹的多，部队少的县筹的少，部队来了就筹，没有什么计划，粮食来源为逃亡的大粮商、老财，每村亦多不超过三五户"。[②]

　　1938年4月，冀中主任公署成立，结束了救国会筹粮的阶段。新的政权首先要考虑的是如何解决军需供应问题，在反复考量之后，根据战争中的现实要求，冀中采用了直接征收粮食的救国公粮制度。当时，这主要是出于几方面考虑：一是敌后根据地地处农村，城市则被敌占领，"物质流通，商品买卖受到绝大限制，用货币购买军粮有时会行不通"，"且战时物价易趋高涨，大批采购更将刺激粮价，引起囤积居奇"；二是乡村人民最大收入是粮食，"如果征款购粮，军民买进卖出之间难免吃亏，或者发生流弊，采用实物征发，直接供给，既便于人民缴纳，又便于军队取给，最为简便省事直截了当"；三是有些

---

① 考察团从晋察冀边区考察回来后，冀中取消了救国会，成立动委会。见《冀中历史文献选编》（上），第114页。

② 南汉宸：《晋察冀边区的财经概况》，转引自《中国农民负担史》第三卷，第285页。

县已经做到了比较有计划的统筹，"一开始便是依靠群众直接供给来解决他们吃的问题"。① 直接征收粮食的方式，解决了冀中抗日军队的军粮供给。

公粮制度确立后，冀中区在 1938 年 6 月和 1939 年 5 月，"征收了第一、第二两次公粮，共计 4950 万斤"。此时尚无制定完善的征收标准和则例，所以只能根据"有粮出粮，粮多多出，粮少少出"的原则，按照各个地区的面积大小、人口多少与收成好坏，经过各级军政民多方面的民主讨论，以说服动员的方式进行分配征收，虽然相较前期在公平性上有所改进，"大体上是公平合理的"，但是，公粮总的分配数目与当时的需用数量不相符合，"多数县份在总的征收以外，还不免自行分配以及征存保管动支领用上缺乏周密的具体办法"，"最初政府征收，同时部队自己也征，团体也征，甚至不拘什么机关都可以派粮征款；开支方面则随便动支，任意挪借，成为普遍现象"，存在政出多门和多次征收的"乱"的弊病。② 冀中平原是华北主要产棉区和产粮地，相对于冀西、晋东北等地区来说是比较富庶的，面对日军的侵略，他们不怕出钱出粮，怕的是乱征乱要。

在公粮之外，冀中还征收田赋等经常性收入和公债等临时性收入，头绪同样杂乱（见表 3-1）。

表 3-1　1938 年 4 月至 1939 年 6 月冀中区财政收支状况

	收入（以总收入为 100）		支出（以总支出为 100）	
经常收入	田赋	19.5	军费	95
	各种税收	16	行政费	1.5
	其他	5	建设费	0.3（原文为 3，有误）
	小计	36	教育费	0.5（原文为 5，有误）

---

① 张佳等：《冀中五年来财政工作总结》，魏宏运主编《抗日战争时期晋察冀边区财政经济史资料选编》第一编《总论》，第 680—681 页。

② 张佳等：《冀中五年来财政工作总结》，魏宏运主编《抗日战争时期晋察冀边区财政经济史资料选编》第一编《总论》，第 684 页。

续表

收入（以总收入为100）			支出（以总支出为100）	
	公债	50	其他	2.7
临时收入	拍卖遗产	6		
	清理贷款	7.4		
	其他	6		
	小计	64		

注：以支出为100，则收入为53，即收入仅占支出的53%。表中数据"小计"中的36和64，为原表如此。

资料来源：魏宏运主编《抗日战争时期晋察冀边区财政经济史资料选编》第一编《总论》，第686页。

　　表3-1中，财政收入仅占支出的53%，其原因是公粮收入没有计入财政收入之中，"如果把最大部分的粮食计价加入，则收支相差并不太大"。[①] 这表明，公粮大约占了全部财政收入的47%以上。另外，从表3-1中也可以看到，当时财政收入中头绪繁多，而支出绝大部分都集中于抗日军费上，占了全部支出中的95%，亦可见用于军食的公粮的重要性。公粮征收中的乱象，是当时冀中面临的主要问题。

　　对于此一时期筹粮与公粮征收中的问题，晋察冀边区政府并不讳言，彭真认为，"在筹粮筹款过程中，曾与地主富户发生过极大的磨擦和矛盾，但这决不是由于筹款本身，决不是象某些人所说'地主富农是爱财如命的，要他们出钱出粮就要磨擦'，而是由于过去边区没正确的财政政策，规定正常的税收制度，财政的来源专靠向富有者征收或募捐"，"各级政权机关、各级党部和党员始终没有把动员各阶级各阶层人民踊跃出钱当作生死问题"。[②] 吕正操也承认："冀中初期财

① 张佳等：《冀中五年来财政工作总结》，魏宏运主编《抗日战争时期晋察冀边区财政经济史资料选编》第一编《总论》，第685页。
② 彭真：《广泛进行抗战的财政动员》，河北省税务局等编《华北革命根据地工商税收史料选编》第一辑，河北人民出版社1987年版，第65页。

71

政经济，专靠打汉奸及国家财产来解决。因此，曾发生一些严重的问题。"[1]

二　村合理负担的平衡与失衡

晋察冀边区所处第二战区的司令长官阎锡山在抗战爆发后不久提出了合理负担的主张，并提出合理负担的三原则：得利钱多多的人，重重负担；有财产的人，多多负担；赚钱多的人，多负担。[2] 为适应抗日游击战争的形势，中共也开始做一些转变。在土地政策上，开始执行减租减息和交租交息的政策；在财政政策上，则强调累进税，冀望既能减轻旧的摊派制度中贫苦农民过重的负担，又不会过分地增加富裕农民的负担，达到某种程度的负担平衡。1938 年 2 月初，中共北方局书记刘少奇指示："根据有钱出钱的原则，使有钱人的负担增加一点，贫苦人民的负担减少一些，对于团结全体人民坚持抗战是有利的。但是，无限制的增加富人的负担，也是不应该的。政府的财政，应该尽可能由经常的捐税征收中来取得，临时的捐款或派款，只有在十分必要与人民不反对时，才可实行，而且一次不能派款太多。抗日武装部队所需用的粮草，在有我地方政府的地方，应该要求政府筹办，部队不应直接向人民派粮派草。"[3]

在国共两党的合理负担税收方针影响之下，1938 年 3 月，晋察冀边区颁布了《晋察冀边区村合理负担实施方法》，主要实行于晋东北和

---

① 吕正操：《冀中平原游击战争——吕正操在十八集团军总直属队干部会上的报告》（1940 年 3 月），《冀中历史文献选编》（上），第 115 页。

② 宋劭文：《关于县村合理负担办法的商榷》，《抗敌报》1939 年 3 月 18 日，第 2 版。

③ 刘少奇：《关于抗日游击战争中的政策问题》，《华北革命根据地工商税收史料选编》第一辑，第 63 页。

冀西一带，直到 1940 年公粮征收之前才废止。① 《晋察冀边区村合理负担实施方法》以旧村为单位，民户据实自填合理负担比例分数调查简表，汇存村公所作为根据，并报县政会备案，村中一切负担皆按分数分担，未得分者概不负担，得分数者按村中所需每年分担合理负担两次。该方法的特点是将资产和收入合并计算：资产方面，每口平均资产不及 50 元者不计分，在 50 元以上者每 50 元做 1 厘，500 元做 1 分，依此类推；收入方面，专门制订了合理负担累进分数表，查照计算。此后 1938 年和 1939 年的公粮即照此方法征收。在具体实行过程中，"许多县份都认为这个办法太理论了"，而民户自行填报的结果，是"一般过于落后的群众，匿报地亩和多报债务"，其准确性和真实性难以保证。② 同时，该方法规定按当时小米 1 石 4 斗粮价折合的 30 元的免税点较高，实行过程中发现负担户数占总户数的 30%—40%，负担面明显过小；实施方法也缺乏执行细则，致使各地实行时有很多出入，如土地分类、折价、工商业收入、资金计算等，各村之间民户负担产生不公平现象。③ 为了改正这些缺点，边区政府又颁布了《晋察冀边区村合理负担评议会简章》，试图通过完善评议会的组成和权限来弥补不足。简章规定，村庄中的各个闾推代表 1—2 人，农工商会推代表 1 人，与村长一起组成评议会。④ 由于村政权改造不足，评议会的效果并不明显，合理负担实施办法"除过唐县、平山两县试办还略有成绩外（困难的问题也还是非常多），边区的其余县份没有能够执行通的"。⑤

---

① 《晋察冀边区村合理负担实施方法》，魏宏运主编《抗日战争时期晋察冀边区财政经济史资料选编》第四编《财政金融》，第 152 页。除"实施方法"外，尚有《村合理负担评议会简章》《民户合理负担比例分数调查表》《合理负担累进分数表》等。

② 《村合理负担累进税的困难，唐县是怎样的？》，《抗敌报》1938 年 8 月 19 日，第 3 版。

③ 《晋察冀边区村合理负担实施方法》，《华北革命根据地工商税收史料选编》第一辑，第 5 页。

④ 《晋察冀边区村合理负担评议会简章》，魏宏运主编《抗日战争时期晋察冀边区财政经济史资料选编》第四编《财政金融》，第 156 页。

⑤ 宋劭文：《关于县村合理负担办法的商榷》，《抗敌报》1939 年 3 月 18 日，第 2 版。

1939 年 10 月颁布的《冀中村合理负担办法》相当程度上来源于《晋察冀边区村合理负担实施方法》，但结合冀中的具体情况，并针对后者的问题做了某种程度的改进。其一，北岳区将资产和收入一起计入，涉及很多复杂而难以估算的项目，不易操作，且"对各种资产收入同等看待，与改善民生和奖励生产的原则不符，完全采取属人主义，使多数或完全为佃户的穷苦村庄，村款无法摊派，将工、商户和农户合并计算，因工商户不易调查易逃负担，而使农户吃亏，在免征点以上就全部资产收入计分负担，以致有时靠近免征的户，在纳税后所遗财产，反比不纳税的一些人的财产更少"。① 而《冀中村合理负担办法》避免了这一不足，"合理负担以地亩为标准"，免征点为小亩一亩半，"每人除去一亩半不纳摊派外，其超过地数，即按累进法计算收派"，且"地亩计算以所有权为标准，不得以出租出佃或其他办法避免负担，但关于典当地之计算，须列入承典人（典地人）名下"。② 可见，《冀中村合理负担办法》极力避免了《晋察冀边区村合理负担实施方法》的缺点，为避免属人主义而采取了属地主义，以适应冀中作为产粮区的特点，同时为了矫正属地主义所加于土地所有者之上的较重负担，作为一种平衡，又规定了一亩半这一比较高的免征点。这个偏高的免征点，被认为是《冀中村合理负担办法》的一种缺点，③ 但如果将这一缺点视为某种平衡方法，似乎会有助于理解《冀中村合理负担办法》的苦衷。其二，人口计算上，晋察冀以 12 岁以上为一口，以下者按半口计，而冀中儿童亦按成人计算。在规定了较高的免征点后，在人口计算上仍采严格方法，可能是考虑到冀中较高的生活水平而做的某种平衡。

按照《冀中村合理负担办法》，冀中分别在 1939 年 6 月和 1940 年

---

① 刘澜涛：《论晋察冀边区财政建设的新阶段——统一累进税》，魏宏运主编《抗日战争时期晋察冀边区财政经济史资料选编》第四编《财政金融》，第 294 页。

② 《冀中村合理负担办法》，魏宏运主编《抗日战争时期晋察冀边区财政经济史资料选编》第四编《财政金融》，第 157 页。

③ 刘澜涛：《论晋察冀边区财政建设的新阶段——统一累进税》，魏宏运主编《抗日战争时期晋察冀边区财政经济史资料选编》第一编《总论》，第 294 页。

1 月征集了第三次、第四次公粮，两次分配的总数是 2647 万斤，[①] 主要是根据各专区、各县的大小，人口的多少，富力的大小，政治基础的好坏，丰歉情况以及灾情的轻重等条件分配公粮任务。因为受水灾影响，第四次公粮只分配了 87 万斤，主要分配于受灾较轻的县。由于动员的深入，政治影响扩大，人民觉悟提高，一般群众宁愿忍饥挨饿，踊跃交纳。征收动员开展到敌占区，冀中各大小据点有半数以上都给冀中根据地交纳公粮。两次公粮征集，只能供九个月食用，一直到 1940 的麦收。[②] 1940 年麦收，"是抗战以来最好的麦收。因为 1939 年发大水，土质变肥，种的麦子多，一到四月，田野一处麦海，无边无际"，[③] 冀中行署于是利用村合理负担又征收了第五次、第六次救国公粮，第五次为 5600 万斤，第六次为 5710 万斤，合计 11310 万斤。[④] 由于麦秋丰收，两次公粮征收在"不到一个月的功夫均都完成，尤其第五次征收还超过百分之二强"。[⑤] 这样，在 1940 年一年之内，冀中征收了三次公粮，合计征收公粮 11397 万斤，其数量不可谓不巨。

冀中作为晋察冀边区重要的产粮区，还肩负着向北岳区山地输粮的重任。彭真认为，1940 年"麦收后已由冀中输粮调剂冀西，以后仍须大量运输，经常调节山地平原人民之负担，以蓄积山地持久的物力和财力"；[⑥] 冀中行署的徐达本也认为，"山地是平原的后方，是平原最可靠的屏障，但山地的物质资源远不如平原富庶，因此以物资调剂山地，是

---

① 张佳等：《冀中五年来财政工作总结》，魏宏运主编《抗日战争时期晋察冀边区财政经济史资料选编》第一编《总论》，第 700 页。

② 张佳等：《冀中五年来财政工作总结》，魏宏运主编《抗日战争时期晋察冀边区财政经济史资料选编》第一编《总论》，第 700 页。

③ 吕正操：《吕正操回忆录》，第 179 页。

④ 张佳等：《冀中五年来财政工作总结》，魏宏运主编《抗日战争时期晋察冀边区财政经济史资料选编》第一编《总论》，第 700 页。

⑤ 张佳等：《冀中五年来财政工作总结》，魏宏运主编《抗日战争时期晋察冀边区财政经济史资料选编》第一编《总论》，第 700 页。

⑥ 彭真：《关于财政经济政策的实施》（1940 年 7 月），魏宏运主编《抗日战争时期晋察冀边区财政经济史资料选编》第四编《财政金融》，第 113 页。

平原应尽的义务，而粮食的调剂，是最为重要"。[1]

在这一双重压力之下，冀中村合理负担所承担的公粮任务之繁重可想而知。公粮的巨大压力最终使合理负担之下的土地与人口、平原与山地、阶层负担面之间原本脆弱的平衡面临崩塌。

鉴于村合理负担在实践中的一些不平衡现象，冀中在1940年1月又颁布了《土地分等》与《动产合理负担》两种办法：土地分上、中、下三等，以年收两季、每亩产粮在20市斗以上者为上等地，只收一季、产量在12斗至20斗者为中等地，产量在12斗以下者为下等地，上等地每亩折合中等地1.5亩，下等地1.5亩折合中等地一亩。但是，这些办法并没有收到好的效果。首先是土地分等草率，一些中农利用这一点联合贫农把中等地改为下等地，上等地降为中等地，无形中把免税点提高到2.5亩，这样负担面缩小。有些地区负担更加集中，全村只有十几户甚至三五户承担负担。其次，《动产合理负担》的实行，本来是为了发掘隐匿资金为抗战救灾服务，但办法规定债权资金一律登记纳税，这意味着谁要拿出钱来就向谁要负担，实行的结果，反而使资金逃匿，农村经济更加紧缩。

以地亩为征税标准，使土地承担了过重的负担。再加上村财政严重的混乱与浪费及长期战争的消耗，"造成村里负担重，地主大量当地，甚至赔钱送地的现象。因为土地分散太快，没地的或地少的得了一部分土地，依然够不上负担，或负担很少。这样就使负担面更加缩小，负担越发集中，而土地分散就越快，一般人只看见地主去地影响村里拿负担，因而限制当地，致使地主进退两难，被迫逃亡"。[2] 村合理负担虽然在政府财政收入与农民负担的平衡上有了起色，也在一定程度上拓宽了负担面，实行村合负担的三年中，纳税的人口达到了40%—50%，[3]

---

[1] 徐达本：《冀中一年来的政权工作（节录）》（1941年5月），《冀中历史文献选编》（上），第471页。

[2] 张佳等：《冀中五年来财政工作总结》，魏宏运主编《抗日战争时期晋察冀边区财政经济史资料选编》第一编《总论》，第697页。

[3] 《关于我们的统一累进税》，河北省税务局等编《华北革命根据地工商税收史料选编》第二辑（上），河北人民出版社1987年版，第15页。

但是这一负担比例依然不能满足抗日政权出于统一战线考虑而要求的更大的负担面。

同时，村合理负担实行后，田赋和其他间接税依然存在。"征收上也很紊乱，救国公粮、优抗粮、县公粮和村款都按合理负担办法征收，而边区款、县款则征以田赋附加，甚至有的县份县款不够，也用合理负担筹补……此外村合理负担没有提高到县，上级对下级的分配多凭估计，因此造成村与村、区与区、县与县负担不平衡的现象。如在十一专区有每亩产量 140 斤，而负担只 19 斤，负担占产得的 14%，有的产量 83 斤，而负担竟达 43 斤，负担占产量的 50%。"此外，由于筹粮的极端困难，特别是在 1939 年冬到 1940 年初青黄不接的时期，部队在战斗中和游击中因军需迫切，"一些供给人员往往只顾给养的取得，不择手段，发生联户搜取、查粮、封粮、倒瓦罐的现象。甚至个别部队为了给养而打骂和扣压村级干部，同时部队自己囤粮打埋伏的现象普遍存在，以致后来因敌人扫荡烧抢，而遭到很大的损失，如六分区有 30 余万斤部队埋伏的公粮被敌烧毁"。①

三　整齐"不乱"的统累税产量地图

在村合理负担之下，冀中征收的税种杂多且乱，有田赋、村合理负担、救国公粮、工商业税、烟酒税、烟酒牌照税、印花费、契税、出入口税等。有些税是累进的，如村合理负担和救国公粮；而很多还是比例税，比如田赋，"田赋的缺点是无免征点，不累进"。② 比例税不仅不符合边区政府的价值取向，也不利于在战争环境下尽可能地获取最多的财

---

① 张佳等：《冀中五年来财政工作总结》，魏宏运主编《抗日战争时期晋察冀边区财政经济史资料选编》第一编《总论》，第 697、700 页。
② 彭真：《关于财政经济政策的实施》（1940 年 9 月），魏宏运主编《抗日战争时期晋察冀边区财政经济史资料选编》第四编《财政金融》，第 112 页。

政收入。同时，日益严峻的战争形势客观上要求能有更简易而不杂乱的财政税收体系。公粮作为一种按收入计征的税，难以满足战时迅速增长的财政需求，而多种税同时征收的混乱情形，也不便考核纳税户的综合负担能力。[①]

在这种背景下，1940 年 9 月，中共中央北方局提出了《中共晋察冀边委目前施政纲领》，要求在边区"实行有免征点和累进最高率的统一累进税，整理出入口税，停征田赋，废除其他一切捐税。非经边区参议会通过，政府不得增加任何捐税"。[②] 在统一累进税之下，边区政府只保留具有关税性质的出入口税，以及保护私有财产所有权的契税，包括救国公粮在内的其他税收都被纳入统一累进税之下，仍沿用村合理负担办法的分数累进税制。统一累进税的特点是整齐不乱。"统一累进税，统一是什么意思？即除此以外，别无其它捐税（关税、契税在外），同时税收统一于边区政府，只有边区政府有权运用。"[③] 除了以上两个统一之外，还有一个统一。原来救国公粮主要征粮，附征马草、马料，田赋主要征钱，村合理负担既征粮也征钱，其他工商业税等则全征钱。[④] 改行统一累进税后，在征收方面以粮、秣、钱三种形式征收，一年只征收一或两次。

统一累进税的征税单位是富力，富力按一定的累进率折成分数进行征收。按照 1941 年 3 月 26 日修正公布的《晋察冀边区统一累进税暂行办法》，"统累税之土地财产收入之计算单位，定名为富力"。土地以标准亩来计算，以年产谷 1 石 2 斗之土地为一标准亩；自营地 1 个标准亩折合一个富力；出租地一个半标准亩，折合为一个富力；佃耕地 3 个标准亩，折合一个富力。除土地外，各种资产以 200 元为一个富力，收入

---

① 《中国农民负担史》第三卷，第 310 页。
② 《中共晋察冀边委目前施政纲领》，《新中华报》1940 年 9 月 29 日，第 4 版。
③ 刘澜涛：《财政经济政策》，魏宏运主编《抗日战争时期晋察冀边区财政经济史资料选编》第四编《财政金融》，第 116 页。
④ 《中国农民负担史》第三卷，第 309 页。

以 40 元为一富力。以每人 1.5 富力为免税点，每人超过 1.5 富力以上的土地、财产和收入，按照不同的税等税率折算成分数（见表 3-2）。[1]每人的分数折算出来之后，根据边区当年财政预算确定每分所要承担的粮食。

表 3-2　冀中 1941 年统一累进税富力分数对数

税等	一	二		三			四				五				
税率	1	1.1		1.2			1.3				1.4				
纳税富力	1	2	3	4	5	6	7	8	9	10	11	12	13	14	15
分数 单计	1	1.1	1.1	1.2	1.2	1.2	1.3	1.3	1.3	1.3	1.4	1.4	1.4	1.4	1.4
分数 累计	1	2.1	3.2	4.4	5.6	6.8	8.1	9.4	10.7	12.0	13.4	14.8	16.2	17.6	19

税等	六					七									
税率	1.5					1.6									
纳税富力	16	17	18	19	20	21	22	23	24	25	26	27	28	29	30
分数 单计	1.5	1.5	1.5	1.5	1.5	1.6	1.6	1.6	1.6	1.6	1.6	1.6	1.6	1.6	1.6
分数 累计	20.5	22	23.5	25	26.5	28.1	29.7	31.3	32.9	34.5	36.1	37.7	39.3	40.9	42.5

注：因冀中第 30 富力以上的人较少，第 31 至第 150 富力的分数对照部分省略。

资料来源：根据《晋察冀日报》1941 年 3 月 26 日第 2—4 版刊发的《晋察冀边区统一累进税暂行办法》整理。

表 3-2 有四项变量：税等、税率、纳税富力和分数。在四项变量中，税等和税率是人为规定的，分数在确定每人纳税富力后可以按图索骥，因此，关键在于如何获得每人的纳税富力数目。统一累进税的核心就是通过调查，获得每人的纳税富力数目。与主要凭估计而不凭调查的村合理负担相比，统一累进税的最大特点在于它"是凭调查，不凭估计的"。[2]如何通过调查获得每人的真实纳税富力数目，成为统一累进税首先要解决的问题。

---

[1] 《晋察冀边区统一累进税暂行办法》，《晋察冀日报》1941 年 3 月 26 日，第 2—4 版。

[2] 宋劭文：《关于统一累进税调查工作的商榷——六个实验村的比较的研究》，《晋察冀日报》1941 年 2 月 18 日，第 4 版。

调查真实富力的中心是反假报，冀中充分利用其地处平原的地理特性，创造了一种地图调查法。不像冀西山地那样，相连的土地的产量会有较大差距，冀中平原上的土地是连片的，相邻土地质量也大都类似，产量比较接近，"在地图上把每段地的产量都写出来"，"绘图时，要把地质、地界等等都一一列明，并在地图上作据点"，这样，整个村庄的土地产量就一目了然。但是，在产量地图上，重要的是要先确定一个真实的产量点。这个真实的产量点，来自精心塑造的"模范户主"。

这个"模范户主"是如何塑造的呢？"我们要根据实际的材料，和真正好的群众所报告的结果，找出土地的可能产量，最高是多少，最低是多少，以后在模范户主填报土地产量时，最好不要超过土地最高产量太多，要超过一点，但也不要低于最高产量，因为他报的产量虽然超过一些实际产量，假如地能种得好的话，确是可以达到那个标准的。例如有一地主，报了 1.8 石，实际打了 1.6 石，问他为什么多报 2 斗，他说：我这块地只要多锄两遍打 1 石 8 斗是没有问题的。这样靠了他生产与报产的积极性，就很容易发挥模范作用。"通过"模范户主"，产量地图"首先使模范户主确实报告土地产量，即在地图上标明，根据这个点向外扩张，一一登记产量，逐渐由点扩展成面，成绩自然会好"，"结果所报产量，必能普遍提高，这样就可以解决了大部分的问题"。[1]

可见，产量地图利用了冀中平原的地理特点，把一个个村的反假报调查富力问题简化为一个个"模范户主"的产量调查问题。这对于处于战火纷飞的抗日前线、调查工作常常无法从容开展的抗日根据地来说不失为一个创举。

在调查富力反假报上，还有一个问题是村本位问题。产量地图绘制的好坏，严重受制于村本位问题。

村本位问题内在于冀中乃至晋察冀边区统累税的征收逻辑之中。这

---

[1] 以上两段引文均出自徐达本《关于统一累进税工作中的几个问题——冀中经验介绍》（1941 年 5 月），《冀中历史文献选编》（上），第 479—480 页。

一逻辑困境由一位叫刘壬午的读者在《晋察冀日报》的读者来信中提出来："统累税以村为单位来调查财产和收入，评定分数，而缴纳的时候，却是按照分数，全边区一样的。这很容易使一个村的人，互相包涵，互相隐瞒，因为一个村子里的人，大家都互相认识，谁也不愿意'得罪'谁，再有的村子，整个就是远近一家，不是伯伯叔叔，就是堂兄弟，大家更容易'串通'……'反正大家互相包涵最好，不这样，大家都吃亏'。"①

冀中行署认为，"在统累税中，村本位的现象是最易发生的。我们认为村本位的发生主要是干部的问题。因为有些村干部恐怕本村的分数调查高了，负担要重，所以才发生村本位"。而村本位主义出现的原因"有以下二种：1. 在村政权不健全的村庄，主要是由于村干部的不进步，表现出眼光狭隘，只看到本身的一点小利益，在保护全村利益的借口与掩饰下，想着从中找便宜，因而这一工作表现得不积极。2. 在村政权健全的村庄，是怕本村吃亏，当他看到其他村庄已经做得低的时候，因此他本村也就做得低了。根据以上两种情形，我们可以知道要想克服村本位，反假报，使起模范作用，主要在于村干部"。②

对于村本位主义，冀中的办法主要有联村调查和互相参观。联村调查是由三五个行政村组织起来，联合进行调查工作，各村都有自己的审查委员会。当一村进行调查确定产量时，其他村的干部也都参加。这样村与村之间互相监督，既含有反假报的作用，并可趁机发动竞赛，"干部们的争胜心很强，谁也不愿作乌龟。这样，即可防止以多报少，降低产量，隐瞒产量等现象的发生。进行的步骤，一般是好的村庄与坏的村庄混合的交错的组织起来，先进行好的村庄，其他村庄基本上想假报也就很困难"。

联村调查还有一种方式，是联村的干部"以集体分工进行调查，

① 《反对村本位主义》，《晋察冀日报》1941年5月6日，第2版。
② 徐达本：《关于统一累进税工作中的几个问题——冀中经验介绍》（1941年5月），《冀中历史文献选编》（上），第478—479页。

最好大家一齐来做适当分工，有的人办理户口登记，有的人办法工商业登记，有的人进行土地调查……这样集体分工的进行办法，比分组并不慢，对反假报还有许多好处。报产时有的是利用公民小组，有的是在一间中找出几家，或采用其他临时组合，使他们一齐来报。并且村干部在事先已有很好的分工，有的担任指导，有的担任动员，有的担任组织……因为是集体来做，如有假报的，对于斗争上就有很大的力量，而且事前布置的模范户主，也可以充分发挥其模范作用，同时对于落后的户主也有很大的教育意义。譬如，对于落后产生［户主］，我们先叫别人报，请他坐着等一等，这样常使他感到局促不安。这一方面，由于别人已经据实报告，他如报得过低就过不去，因此这些落后户主也就报得很好"。

互相参观一般的是由村开始，使村中互相参观。所谓参观，实际上是检查。"看哪个村做得合适不合适。区与区、县与县之间也互相参观，结果比专区参观要好。……当村中互相参观以后，区里要请各村参观的人去开会，就在这个会上进行评议，根据大家的意见，一分和一分要互相具体比较，公平与否，就能够看得出来。这等于开一个大的民主的评议会，如只由审查委员会进行审查评议，即可能有某些村庄不服。我们主张一分和一分如不公平时，可以用'分数加成'的办法来补救，不另改算。高的一分，可以顶低的一分二或一分几，根据具体情况来定，这是为了各地的一致性。"[1]

如果说村庄是统一累进税及公粮征收中的一个点，产量地图法确保了点的产量真实性，那么成功地反对村本位主义就通过确保点与点之间的一致性从而保证了产量地图在面上的真实性。两者构成了一幅整齐"不乱"的统累税产量地图。

1941年1月统一累进税征收办法公布实行，冀中经过两个月的准

---

[1] 以上引文均出自徐达本《关于统一累进税工作中的几个问题——冀中经验介绍》（1941年5月），《冀中历史文献选编》（上），第480—485页。

备，三个月的调查，一个月的评议，以及一个月的征收，到当年 7 月底完成征收。冀中推行统一累进税的村庄达到了 75% 以上，为了方便人民缴纳，在分配统累税后，分 7 月和 12 月两次征收。7 月 1 日开始，"征收柴草的一部及款的全部，在人民空前热烈踊跃的情况下，有的不到十天的工夫即全部完成……如按最初分配相较还超过了预定的任务"。在当时恶劣的战争环境中，这是相当令人满意的。此外，契税收入也比 1940 年"增三四倍"。由于冀中人民踊跃交粮纳税，冀中区不仅达到了财政上的收支平衡，保证了军粮，还在"收支相抵后调剂了边区，在一九四〇年调剂公粮一千九百万斤，一九四一年运布十余万匹，纳三百万元……汇票三十余万元"。[①] 冀中在实行统一累进税的当年就支撑了整个晋察冀边区相当一部分财政开支和公粮（见表3-3 和表 3-4），以其不足 700 万的人口，给了晋察冀边区其他区域很大的财力和物力支持。当时有军政领导人对此感慨："晋察冀边区山岳地带住民物资来源极为贫弱，人力物力补给百分之八十依靠冀中。"[②]

表 3-3　1938—1941 年冀中财政收支指数

年度	收入	支出	不足或解上	
			不足	解上
1938	100	113	13	
1939	100	234	134	
1940	100	29		71
1941	100	12		88

资料来源：张佳等《冀中五年来财政工作总结》，魏宏运主编《抗日战争时期晋察冀边区财政经济史资料选编》第一编《总论》，第 730 页。

[①] 张佳等：《冀中五年来财政工作总结》，魏宏运主编《抗日战争时期晋察冀边区财政经济史资料选编》第一编《总论》，第 705 页。
[②] 程子华：《敌地冀中扫荡与冀中战局》，《晋察冀日报》1942 年 8 月 4 日，第 1 版。

表 3-4　1938—1941 年冀中公粮收支

单位：斤

年度	收入	支出	备注
1938	49500000	38049000	支出系年度有数可查者
1939	26470000	56099280	支出包括动用 1938 年的与借予 1940 年的
1940	99100000	94249580	支出数内有西运数 11000000 斤
1941	115139420	78529420	支出数内有西运数 8000000 斤

　　注：1939 年 7 月以后，冀中正规军军费由晋察冀军区统筹统支，因此 1940 年和 1941 年解上款中包含军费，其中 1941 年除冀中全年军费 77％外，尚余 11％。

　　资料来源：张佳等《冀中五年来财政工作总结》，魏宏运主编《抗日战争时期晋察冀边区财政经济史资料选编》第一编《总论》，第 730 页。

　　同时，由于负担面的扩大，冀中人民的负担相比 1940 年还有所减轻。根据调查，冀中 25 个县统计纳税人口占到了总人口数的 80.09％，22 个县的统计纳税户占全区总户数的 81.49％，纳税富力占全区富力的 62.08％。与村合理负担相比，根据束、冀、深县等 14 县的统计，负担面明显扩大，纳税土地亩数扩大 5％强，总富力扩大 19.98％，纳税富力扩大 38.17％。[1] 负担面的扩大，"使得每分的负担额，是比以前减轻了。……冀中每分全年的负担量，合小米 21 斤"，比 1940 年的"每分负担，减少了 5 斤，地主、富农和一般中农的负担，都比以前减轻了些，去年没有负担而今年起缴纳的佃农和贫农的负担，自然比较要稍重一些，但是一般的都在他们负担能力所能容许的范围以内"。[2] 冀中作为主要产粮区，其人民收入和生活水平较高，统一累进税的负担是可以承受的，对于"这样的负担，人民是感觉胜任而愉快的"。[3] 根据冀中代表村代表户各阶层调查，统一累进税负担占家庭总收入的比例，贫农

---

①　张佳等：《冀中五年来财政工作总结》，魏宏运主编《抗日战争时期晋察冀边区财政经济史资料选编》第一编《总论》，第 706 页。
②　《冀中统一累进税征收工作的胜利完成》，《晋察冀日报》1941 年 8 月 14 日，第 1 版。
③　《冀中行署关于减轻人民负担的指示》，中共河北省委党史研究室编《冀中历史文献选编》（中），中共党史出版社 1994 年版，第 34 页。

为 3.81%，中农为 9.76%，富农为 29.65%，经营地主为 21.77%，平均负担水平为 21.7%。[1] 整体上，除了富农的负担比较重外，其他阶层确实是"胜任而愉快的"。

四　战争环境下的起与伏

太平洋战争爆发后，日军提出确保华北作为"大东亚战争"兵站基地口号，力图完全控制华北，开始推进极为残暴的所谓"治安强化运动"和"蚕食政策"。冀中是华北的主要棉产区，成为日军"确保华北"的中心一环。1942 年春，在日军大军压境之下，冀中根据地面积缩小了三分之二，主力部队能够经常活动的地区，只有约 280 万人口的 2000 多个村庄。1942 年 5 月 1 日，日军以约 5 万人的兵力，对冀中进行毁灭性的"五一大扫荡"，在长达 2 个月的激战中，冀中我军减员 1 万余人，伤亡近 5000 人，地方干部损失三分之一以上，冀中由巩固根据地变为游击根据地。1943 年 8 月，冀中主力和冀中区党政领导机关暂时转移至北岳山区。

在残酷的战争环境之下，冀中已经不具备征收统一累进税的条件，因此，1942 年规定"今秋不征公粮，部队就村开条食用，负担多者，县区酌为调剂"。[2] 直到 1943 年，冀中的形势才稍有缓和，但处于日军掠夺勒索之下的冀中人民的负担陷入畸重之境："'扫荡'以后，4 个月的负担就无比的加重了，一般的每分在 40 元左右，约折小米 24 斤，全年可能达到 72 斤。较多的每分由 60 元到 80 元，约折小米 36 斤到 48 斤，全年可能达到 108 斤至 144 斤，最多的每分竟达到 140 元到 160

---

① 冀中行署：《关于冀中区人民负担问题》，魏宏运主编《抗日战争时期晋察冀边区财政经济史资料选编》第四编《财政金融》，第 500 页。

② 《中共冀中临时区党委关于青纱帐时期工作指示》（1942 年 6 月 25 日），《冀中历史文献选编》（上），第 663 页。

元，约折小米 84 斤到 96 斤，全年可能达到 252 斤到 258 斤。最少的每分在 20 元以上，约折小米 12 斤，全年亦可能达 36 斤。按每分代表实物至多不过 12 斗谷（以自营地为准，不除生产费，不计累进），折小米 7.2 斗，合 108 斤，是全年收获一大部或全部都拿了负担，还是不够，甚至亏一倍至两倍之多。"为了制造矛盾，日军把"老敌占区""老近敌区"的负担向"新变质的地区"摊，把岗楼据点所在村庄的负担向它附近的村庄推，造成"老敌占区负担较轻，老近敌区负担较重，新据点负担更重，新近敌区负担最重"的局面。①

在负担办法上，冀中也陷于纷乱之中，从统一累进税、合理负担到按亩摊派都有。在游击根据地，一般还坚持着统累税，虽然也在暗中进行着修改；在敌占区，一般是实行按亩摊派；在游击区，则在此两种方法之间，出现了种种纷繁的花样。一般群众坚持统累税，个别的还想恢复合理负担，地主富农则愿意实行按亩摊派，设法缩小统累税的适用范围，中间阶层则倾向于两者之间。各个阶层都希望实行对本阶层有利的负担办法，"上层分子愿意实行按亩摊派，又不敢推翻统累税，于是提出'一差一差'的办法，把统累税的作用减去了一半，至于'对敌实行按亩摊派，对我实行统累税'则把统累税的作用减低到十分之一以下了。……甚至有为了实行某种负担办法而打架的"。② 由于日军军事"扫荡"的影响，在 1941 年一度由统累税占据大部分地区的冀中，退回到摊派、合理负担及统累税互相竞争的态势。

鉴于冀中负担的畸重，冀中行署对 1941 年统一累进税则例做了一些调整。一是免征点从 1.5 富力降为 1.3 富力，同时为了保证纳税富力占总富力的百分比不低于 60%，若个别地区和村庄在"五一大扫荡"后出现阶层下移、富力分散的情况，免税点得以 0.1 为率递降。比如在原来冀中的基本区，对敌负担最重，因此每村有两三家去地的，以后有日益增多

---

① 《冀中行署关于减轻人民负担的指示》，《冀中历史文献选编》（中），第 34 页。
② 《冀中行署关于减轻人民负担的指示》，《冀中历史文献选编》（中），第 35—36 页。"一差一差"是指一次派款按统累税，一次按亩摊派。

之势，去地以不拿负担为度，买地的以买到不纳负担或少纳负担为度。可见，此时的土地转移，不在得地价而在推负担；阶层转化情形大概是地主、富农转向中农，间有降为贫农的。中农也在下降，贫农则个别地上升。考虑到贫苦农民的最低生活须加以照顾，因此免税点以降至 1.1 个富力为限度，1.1 个富力以下免征。降免征点是大事，须经县政府批准。二是照顾佃户，自营地仍以 1 个标准亩折合 1 个富力，出租地仍以 1 个半标准亩折合 1 富力，佃耕地修正为 3 个标准亩折合 1 个富力，未实行减租者，地主以自营地计算，佃户不负担。考虑到战争环境，为了简单易行，土地之外资产收入的富力一律免征。三是修正税率，第七税等的累进税率是 1.6，最后富力是第 30 富力，据统计，在冀中区这样的人家是不多的，第八税等以上的就更个别了。事实上 1.6 以上的税率是不大适用的，因此取消了第八税等和 1.7 的税率（见表 3-5）。

表 3-5　1943 年前后冀中统累税税率比较

税等		一	二	三	四	五	六	七
税率		1	1.1	1.2	1.3	1.4	1.5	1.6
纳税富力	1943 年前	1	2—3	4—6	7—10	11—15	16—20	21—30
	1943 年后	1	2	3—5	6—11	12—19	20—29	30—

资料来源：《冀中历史文献选编》（中），第 50 页。

据冀中调查，1943 年 2 月每人平均富力为 3.414，1943 年 5 月每人平均富力为 3.0765，[1] 可见，此时冀中主要的富力集中于第二和第三税等之间，且富力数趋于分散且变小，因此，第二税等由 1943 年前的第 2—3 富力相应调整为 1943 年后的第 2 富力，第三税等由 1943 年前的第 4—6 富力调整为 1943 年后的第 3—5 富力。考虑到受战争影响而产生富力分散、经济衰颓，冀中决定各地以分区为单位得斟酌借征，1943 年度统累税连前次所征，以不超过每分 10 斤（征粮不征款）为原则，

———————

① 《冀中区各专署富力分数统计表》，《冀中历史文献选编》（中），第 76 页。

以纾解民力。[1]

1943 年底美英军队在太平洋战场上对日军展开反攻，日军被迫从中国战场抽调兵力，冀中的日军兵力减少，冀中根据地开始恢复和发展，到 1944 年夏，冀中又出现了大片巩固的根据地。与之相应，统累税及公粮也开始恢复。1944 年，公粮收入达到 131030000 市斤，1945年为 235572600 市斤，都高于 1941 年 115139420 市斤的水平。同时，人民负担水平也较 1943 年有所下降。1945 年，冀中人民负担每分最高已经到 24 斤米，最低的也在 15 斤以上，与 1940 年的每分 26 斤米以及 1941 年的每分 21 斤米的负担水平基本持平。[2]

五 从摊派、村合理负担到统累税的取径

晋察冀边区是中共在抗日战争时期创建的第一个抗日根据地，也是最早实行统一累进税的根据地。在抗日根据地的财政和公粮政策从摊派、村合理负担到统一累进税的历史进程中，冀中有其特殊的地位。首先，冀中是根据地中经济水平较高的，能提供一个关于财政和公粮政策的较好样本；其次，冀中是少有的平原根据地，是传统的农业发达地区，对于农业收入是财政税收主要部分的农业社会来说，也是一个不可多得的样本；最后，冀中是抗日根据地中战事频仍、受战争影响比较大的地区，从中也便于观察战争对于财政税收和公粮征收的影响。

就冀中而言，归纳起来，其财政政策以及公粮征收发展大体上经过了四个时期。第一个时期是从游击战争开始到 1939 年日军开始"扫

---

① 《中共冀中区党委关于冀中精简编制情形报北方局电》，《冀中历史文献选编》（中），第 35—36 页。

② 《冀中区财政状况》（1945 年 9 月），魏宏运主编《抗日战争时期晋察冀边区财政经济史资料选编》第四编《财政金融》，第 87—89、95 页。

荡"，这一时期，合理负担推行很差，实际实行的是旧式摊派；第二时期是 1939 年 9 月会议之后至 1940 年 7 月，这一时期切实执行合理负担，但地主富农负担过重；第三时期是 1940 年 10 月至 1942 年，1941年实行统一累进税，负担人口达 80% 以上，负担相对比较均衡；[①] 第四个时期是 1942—1945 年，1942 年后由于战事加剧，统一累进税出现起伏，到 1945 年抗战结束时又有恢复和发展。通过统一原本杂乱无序、政出多门、没有统筹统支的公粮和财政税收体系，统一累进税一方面解决了财政收入问题，另一方面也没有明显增加人民负担。作为华北主要产粮区，冀中成为"不怕拿，就怕乱"的一个抗日根据地。

从摊派、村合理负担到统一累进税，实质上是财政税收和公粮征收从比例走向累进、从纷乱走向整齐的过程。与财政税收和公粮征收从纷乱到不乱、从参差到整齐相伴的，正是财政收入与公粮收入的增加（见表 3-6）。

表 3-6　1938—1941 年冀中总收入指数及经常收入与临时收入、公粮收入

年度	年度总收入指数（以 1938 年为 100）	经常收入与临时收入（以当年总收入为 100）		公粮收入（市斤）
		经常收入	临时收入	
1938	100	28	72	49500000
1939	45	20	80	26470000
1940	65	87	13	99100000
1941	595	98.6	1.4	115139420

资料来源：魏宏运主编《抗日战争时期晋察冀边区财政经济史资料选编》第一编《总论》，第 729—730 页。

在 1938—1940 年中，因为主要收入是田赋和公债现金，所以收入比较少，1939 年因为大水灾的影响收入最少，1941 年的收入出现井喷，

[①]　黄敬：《统一战线和双十纲领执行问题》，魏宏运主编《抗日战争时期晋察冀边区财政经济史资料选编》第一编《总论》，第 369—370 页。

其中绝大部分是统一累进税的税款。从表 3-6 看，总收入和公粮收入的增加基本上与经常收入比例的不断增加成正比，因此，对于"粮食是主要收入，最主要财富"[1] "征税主要是公粮"[2] 的农业社会来说，整齐"不乱"的统一累进税既能增加财政税收和公粮收入，又不加重人民负担，是冀中农民"不怕拿"的根源所在。

---

[1] 《中共冀中区党委关于统一累进税工作给各级党委的第二次指示》，《冀中历史文献选编》（上），第 469 页。

[2] 宋劭文：《关于边区财政经济政策若干问题的答复》，魏宏运主编《抗日战争时期晋察冀边区财政经济史资料选编》第一编《总论》，第 446 页。

第四章

晋绥边区救国公粮之征收

　　抗日根据地是中共型构农民与国家关系的试验场。在某种程度上，抗日根据地的农民与国家关系，乃是新中国成立后农民与国家关系的雏形，影响深远。令人感兴趣的是，中共是如何将农民与国家勾连起来的？对此，已有研究主要有农民的民族主义、"静悄悄的革命"、"延安道路"等几种解释，[①] 其主流是强调土地政策和累进税收的作用。这些解释当然都有其合理性，不过，在上述解释的基础上，尚可进一步追问：土地政策和累进税通过什么中介发生作用？对此问题，可以尝试着给出一个答案：以村庄为中介。本章通过对抗战期间晋西北征收抗日救国公粮的考察，试图展示村庄如何封闭起来并勾连起农民与国家之关系的历史图景。诚然，就历史本相的极复杂和多面相而言，也许很少有一种事后解释能够恰如其分。

一　装"马铃薯"的袋子：村庄与征税

　　关于农民与国家的关系，马克思在论及法国农民时，有一个著名的

[①]　对于抗日战争时期国家与农民关系的代表性研究，可参见 Chalmers A. Johnson, *Peasant Nationalism and Communist Power*, Stanford University Press, 1962；〔美〕弗里曼、毕克伟、赛尔登《中国乡村，社会主义国家》；〔美〕马克·赛尔登《革命中的中国：延安道路》。

"一袋马铃薯"论："小农人数众多，他们的生活条件相同，但是彼此间并没有发生多式多样的联系。他们的生产方式不是使他们互相交往，而是使他们相互隔离"，"一小块土地，一个农民和一个家庭；旁边是另一小块土地，另一个农民和另一个家庭。一批这样的单位就形成一个村子，一批这样的村子就形成了一个省。这样，法国国民的广大群众，便是由一些同名数相加形成的，好像一袋马铃薯是由袋中的一个个马铃薯所集成那样"。①

对于"一袋马铃薯"的表述，以往研究关注的是"马铃薯"，本章则关注"袋"。如果理解不错，村庄正是那一只装"马铃薯"的"袋"。一个个农民及其家庭，以及他们所耕种的土地构成了一个村庄，在一个个村庄之上，则是国家。可以说，农民是通过村庄与国家相勾连的。诚然，马克思说的是 19 世纪的法国，但是，对于 20 世纪前半叶的中国而言，村庄在农民与国家之间的作用也值得进一步研究。

华北的村庄是 20 世纪真正成形的，在 19 世纪，村庄并没有一个明确、固定的边界。② 从经济史的角度看，村庄成为中国乡村社会经济状况的一个研究单位，相对来说是一个晚近的现象。研究中国农村的学者最早关注的是家庭农场。20 世纪 20 年代，卜凯从"田场"这个角度来理解农民；③ 到 70 年代以后，马若孟和黄宗智开始主张从家庭农场和村庄两个向度来理解农民；④ 而杜赞奇找到了比村庄范围更大的文化权力网络。⑤ 虽然学者之间的理解不同，但其对华北的解读大多立基于 20

① 马克思：《路易·波拿巴的雾月十八》，《马克思恩格斯选集》第 1 卷，人民出版社 1972 年版，第 603 页。
② 从翰香主编《近代冀鲁豫乡村》，中国社会科学出版社 1995 年版，第 106—107 页。
③ 〔美〕卜凯：《中国农家经济》，张履鸾译，商务印书馆 1936 年版，第 1—18 页。
④ 〔美〕马若孟：《中国农民经济》，史建云译，江苏人民出版社 1999 年版，第 134—138 页；〔美〕黄宗智：《华北的小农经济与社会变迁》，中华书局 2000 年版，第 284—300 页。
⑤ 〔美〕杜赞奇：《文化、权力与国家——1900—1942 年的华北农村》，王福明译，江苏人民出版社 1996 年版。

世纪三四十年代满铁对华北几个村庄的调查。[1]

　　村庄作为农业聚落虽然早已存在，但更多是一个地理区划，而不是国家的征税单位。就税收来说，中国长期以来实行的是"编户齐民"体制，农户家庭才是国家征收赋税的单位。18 世纪前半叶清代摊丁入地后，作为法定税收体制的里甲制也就废止，同时作为征税体系的保甲制实际上在大部分地方并未实行过，因此，华北村庄出现了包收、包揽赢利型经纪，以及村庄选一人代表所有花户到官府递解粮银（保护型经纪）等纳税体系。[2] 这些收税方式流弊很多，而且，国家要与数量庞大的自耕农小农户打交道，交易成本显然过高。在此背景下，作为一种替代，村庄在征税中的作用开始受到重视。19 世纪 50 年代，天津武清县开始在各村选举村正、村副，在宝坻县的档案中，宣统年间出现村正副的名称，县衙或区政府开始通过村长副来控制乡村社会。[3] 1900 年以后至民国初年，作为"新政"的一个重要方面，政府广泛设置了村长或村正一职，作为它在乡村社会的正式代理人。

　　山西是华北乃至全国较早推行"村制"的省份。1917 年，阎锡山在山西推行"村制"，设立编村。具体的做法是"村足若干户而地方适中者为主村，其余小村距离远近适宜者为附村。每编村长一人或村副一人，二十五家为一间，有间长一人，五家为邻，设邻长一人"，"以编

---

[1]　在 20 世纪 70 年代满铁村庄调查资料进入视野之前，美国学者对中国乡村的研究主要依靠地方志、官绅笔记和官方档案材料。华裔学者何炳棣、张仲礼和萧公权利用地方志资料分别写出了几部经典著作，此外的美国学者对原始材料接触有限。珀金斯的《中国农业的发展》也是从分析地方志资料入手的，还无法在史料上形成突破。真正史料上的突破是由马若孟在 1970 年出版的《中国农民经济》中完成的。1973 年，英国学者伊懋可出版影响深远的《中国过去的型式》，其中主要的分析，建立在大量引用日本学者成果的基础之上。此后，日文资料获得了世界性的声誉。这无疑提高了满铁村庄调查资料的可信度，随后，黄宗智和杜赞奇利用这批村庄调查资料也取得相当大的成就。

[2]　〔美〕李怀印：《华北村治——晚清和民国时期的国家与乡村》，王士皓、岁有生译，中华书局 2008 年版，第 53—55 页。同时参见〔美〕杜赞奇《文化、权力与国家——1900—1942 年的华北农村》，第 37—49 页。

[3]　从翰香主编《近代冀鲁豫乡村》，第 102—105 页。

村为施政单位"。① 阎锡山试图通过"村制"控制地方社会。"村制"事实上使村庄成为"一个传达政府指令的次官府结构。村长一般不识字，依靠县当局指派，几乎不能独立地主动行事"，是"一个积极行动的省政府坚决把官府权力向下推行到村级所做的努力"，其主要"对土地税的管理有用，行政村起的作用相当于清代催征税粮的里甲"，努力"把整个征税责任确定在村"。② 可以说，山西"村制"的目的是将村庄改选成适合征税的单位。对此，中共看得更清楚。中共晋西区党委在一份材料中指出，在"村制"之下，村政权工作的主要内容是"'要'，即要粮、要款、要兵、要差"。③

抗战爆发后不久，中共及八路军进入了山西，与阎锡山协同抗战。1938 年 1 月，第一个敌后抗日根据地晋察冀边区成立。此前，当地主要依靠"县合理负担"来解决军政人员的粮食问题：粮饷由各县自筹，办法各县自定，没有统一的财政计划，也没有正规的统一税收制度。晋察冀边区成立之后，开始实行"村合理负担"：以阎锡山时的旧村为单位，评议出纳税户的应纳税分数，然后按照各村分数多少分配征收任务，并把任务数按各户应纳税分数落实到各户，在此基础上于 1941 年实行将公粮、田赋、村合理负担、工商营业税合一的统一累进税制度。④

八路军一二〇师在 1937 年 9 月进入晋西北。晋西事变平复后，1940 年 2 月 1 日，中共、牺盟会和山西新军等抗日力量在兴县正式成

---

① 山西村政处编印《山西村政汇编》，1928 年版，第 11 页。
② 〔美〕孔斐力：《地方政府的发展》，〔美〕费正清、费维恺编《剑桥中华民国史（1912—1949 年）》下卷，刘敬坤等译，中国社会科学出版社 1994 年版，第 342 页。
③ 晋西区党委：《政权建设材料汇集 2——村选》，山西省档案馆藏，A22-1-4-1，第 63 页。
④ 《中国农民负担史》第三卷，第 284、287、309 页。村合理负担和统一累进税的实施被视为晋察冀边区在税收制度上的两次改革，晋绥边区的公粮制度也被视为晋察冀经验的推广。

立晋西北行署。① 晋西北共有 35 县，地处黄河以东、汾阳以北、同蒲线以西、平绥线以南，人口 350 万。晋西北虽然属于山西"较偏僻的地区"，"经济上是落后的"，② 但也是山西"主要产粮区"。新政权成立后，对旧时阎锡山的"村制"进行了改造，主要做了两方面工作，"一是村选，一是划小区村"。于是，"村制"的主村和副村，就成了晋西北行署的行政村和自然村。划小区村取得了较大的成果，"分区比过去增加一倍半，村比过去增加二倍半"，一个县一般有五个区，每区"最多行政村四十八个，最少有十六个，普通为十个至十几个"，每村户数"最多为 1200 户，最少为 70 户，普通在 100 户上下"，"县区距离最远为 80 里，区村距离最远为 50 里"。③ 划小区村之后形成的行政村和自然村，为借鉴晋察冀边区经验，实行以行政村为征收单位的公粮征收制度打下了基础。

二 "数字分配"与"分数征收"：封闭的村庄

在抗战敌后战场，军政人员的粮食供给是抗日根据地首先要解决的问题。征收公粮，是为了"确保抗战食粮之供给"。晋西北公粮之征收，"不仅解决了吃饭问题，而且依靠公粮变价征收，解决了部分穿衣问题"。④

---

① 晋西北行政公署在 1943 年 11 月 8 日改称晋绥边区行政公署，为统一起见，本章行文中称晋西北行署。

② 牛荫冠：《晋西北行政公署向晋西北临时参议会的工作报告》（1942 年），晋绥边区财政经济史编写组、山西省档案馆编《晋绥边区财政经济史资料选编·总论编》，山西人民出版社 1986 年版，第 377 页。

③ 中共晋西区党委：《晋西北政权发展史》（1941 年 12 月），《晋绥边区财政经济史资料选编·总论编》，第 323 页。

④ 《晋西北行署一九三九年到一九四二年公粮工作总结》（1943 年 7 月），晋绥边区财政经济史编写组、山西省档案馆编《晋绥边区财政经济史资料选编·财政编》，山西人民出版社 1986 年版，第 242 页。历年实征公粮数为：1940 年，212757 大石小米；1941 年，207604 大石小米；1942 年，161587 大石小米；1943 年，220856 大石小米；1944 年，215313 大石小米。

  自 1940 年 10 月第一次开征一年一度的公粮开始，到 1945 年 8 月抗战结束，[①] 晋绥边区一共进行了五次公粮征收，基本上解决了军政人员的粮食问题。[②] 这五次公粮征收，大致可以分为两个阶段。1940 年和 1941 年的第一次和第二次公粮征收为第一阶段。此阶段处在草创时期，主要是确定了公粮的三个制度：一是"每年只征收一次"；二是由边区政府确定公粮总额，并层层分解给各县、区、村；三是"按收入累进的比率征收，除十分赤贫者外，粮多的多出，粮少的少出"，[③] 累进的比例征收更多的是中共抗日民族统一战线政策的要求，公粮"重在比例征收"。[④] 不过在这一阶段，在实际征收公粮的过程中更多的是依靠政治动员，累进比例很少使用。1942—1944 年的三次公粮征收为第二阶段。从 1942 年开始，实行累进比例征收，同时实行分数征收，即将每户收入折算成分数，再以分配给村庄的公粮数字均摊至各户分数之上，以此来确定各户交纳公粮的数量，[⑤] 并进一步完善了比例。1943 年，"停止田赋、村款和村粮，把人民负担统一到公粮里边来"；[⑥] 同时，在收入之外，又计征财产税，以"富力"[⑦] 作为计征单位，仍按分数均摊。

---

① 同时，公粮年度是当年 11 月到下年 10 月，1944 年的公粮年度即是 1944 年 11 月到 1945 年 10 月，此时抗战已经结束。也是基于这一原因，本章将起止时间划为 1940—1944 年。

② 中共晋西区党委：《晋西北政权初建时期财政状况概述》（1941 年 12 月），《晋绥边区财政经济史资料选编·财政编》，第 64 页。1940 年 2 月进行过一次"四大动员"，其中包括献粮运动，但属于临时性的，不在本书讨论范围。

③ 《把征收救国公粮造成一个热烈的群众运动》，《抗战日报》1940 年 10 月 9 日，第 1 版。

④ 《晋西北行署关于公粮工作的指示信》（1943 年 11 月 8 日），《晋绥边区财政经济史资料选编·财政编》，第 194 页。

⑤ 《晋西北征收救国公粮条例》（1942 年 11 月 6 日晋西北临时参议会通过），《抗战日报》1942 年 11 月 12 日，第 4 版。该条例规定，农民以户为单位，其收入经过折合后，以分计算，每斗小米计一分；每分应征公粮，按全行政村应征总数分摊。

⑥ 《晋绥边区历年公粮工作总结》（1940 年 2 月至 1947 年 10 月），《晋绥边区财政经济史资料选编·财政编》，第 497—509 页。

⑦ 富力是收入和财产的统一折算单位。1942 年《晋西北统一救国公粮征收条例》规定，收入以 1 斗米为一富力，财产以 5 斗米为一富力，收入富力与财产富力合计，为每户的总富力。

公粮的征收，有一套较为严密的制度设计。首先，晋西北行署按照"量入为出，适当的量出为入"的财政政策原则确定公粮总额，[①] 再分解到各县，"各县区政府于接到上级所派应征数字后"，"应征总数适当分配给所属各区村"，[②] 即是说，县又分解到区，区最后分解到各村。其次，晋绥边区的公粮都是按实际收入征收的。农民的收入主要是农产品，因此，调查村庄内各家各户的土地多少、产量收成，成为公粮工作的中心。农民的农产收入及其他收益折成小米，不同收入按不同的方法折算计征。农业产量的调查、登记工作以"自然村为单位，由村公所会同自然村干部主持之"，并由"自然村代表评议，评定后之各户收入及应征分数"，[③] 而后由村公所呈请区公所转呈县政府批准。最后，实行按比例累进的方法计征，既不是"平均摊派"，也不只是"富户摊派"，而是在规定了免征点之后，"按收入累进的比率征收"。[④]

征收公粮紧紧围绕村庄展开。在这里，村庄主要是指行政村。1941年及此后的公粮条例都是以行政村摊分数，虽然同时也强调以自然村为单位调查登记，但这主要是为了平衡各自然村之间的负担。可以说，公粮的征收基本上是以行政村为单位的。[⑤] 每个行政村在公粮开征之前，都预先得到一个"分配的数字"。最初的公粮数字建立在各村自报的基础上，由各村提出应分配的数字。每个村在"在征收公粮之前，有一

① 《关于公粮实习工作中的几点意见——行政公署公粮工作指示之一》，《抗战日报》1941年10月9日，第4版。
② 《晋西北征收救国公粮条例》（1942年11月6日晋西北临时参议会通过），《抗战日报》1942年11月12日，第4版。1943—1945年的公粮条例在分配公粮数字及调查、评议分数的规定上都与1942年的规定相同。
③ 《晋西北征收救国公粮条例》（1942年11月6日晋西北临时参议会通过），《抗战日报》1942年11月12日，第4版。以后历年条例在这一点上的规定基本与1942年条例相同。
④ 《把征收救国公粮造成一个热烈的群众运动》，《抗战日报》1940年10月9日，第1版。免征点在各年有较大变化，1940年10月征粮的免征点为每人小米5斗（不含），1941年为每人每年收入折合小米4斗，1942年开始改为5斗。1943年将田赋、村款计入公粮，并计证财产税，以富力作为计征单位。
⑤ 也有的是分配到自然村的。不过这种情况不是太多。

个调查统计工作，估计好谁能打多少粮食，应出多少"，在充分动员的基础上，召开村民大会"提出本村应分配的数目"。不过，"不能完全靠统计工作，因为自私自利之徒必然要以多报少，在地中就地打下，就埋了卖了"，[①] 因此各村所报的数字有被压低的可能。此后，"数目字的分配一般地系根据上年度完成数及目前环境等条件决定"。[②] 一个村庄分配到的数字在不同年份可能是不同的，但这并不影响其成为公粮的征收单位。可以说，一个村庄乃是作为一个封闭的、边界清晰的征收单位来面对区、县乃至边区政府的。

作为征收公粮单位，村庄的封闭性也有一个不断强化过程。在公粮征收第一阶段的1940—1941年，公粮数字对于村政权和村干部来说是一定要完成的"任务"，而对于村庄内的农民来说，他们更多是以户为单位来交纳公粮。因为在公粮数字之外，还有一个累进的比例征收标准。而分配数字与比例征收有冲突，"一面规定征收比例一面又确定一个数字任务，比例的规定不一定切合实际，照这种比例征收，就不一定能完成任务，但数字任务，又不能不完成，执行政策和完成任务之间始终有着很大的距离"。[③] 二者因此成为公粮征收中"难以克服的矛盾"。[④] 按照比例征收，每个农户在折合家庭收入之后，按比例交纳公粮，一个村庄内各个农户之间的联系并不紧密，甲农户交纳多少与乙农户并无直接关系，"民众互相间，无利害关系存在，即使别人多出，自己也不能减少"，因此，农民在调查产量时，"相互包庇，集体隐瞒"。[⑤]

---

① 《把征收救国公粮造成一个热烈的群众运动》，《抗战日报》1940年10月9日，第1版。

② 晋西北行政公署：《为贯彻公粮政策之实施并切实负责完成任务的指示》（1942年9月26日），《晋绥边区财政经济史资料选编·财政编》，第185页。

③ 《晋西北行署一九三九年到一九四二年公粮工作总结》（1943年7月），《晋绥边区财政经济史资料选编·财政编》，第256页。

④ 《晋西北行署关于公粮工作的指示信》（1943年11月8日），《晋绥边区财政经济史资料选编·财政编》，第194页。

⑤ 《晋西北行署关于公粮工作的指示信》（1943年11月8日），《晋绥边区财政经济史资料选编·财政编》，第195页。

这对于完成预先"分配的数字"来说，显然极为不利。同时，征收公粮的干部迫于完成数字的压力，一旦按照累进比例不能完成任务，就不得不违反行署颁布的公粮条例，突破比例，进行摊派，以完成任务。"个别的地区与干部，不能坚决的执行制度，而实行摊派的办法。"[1] 此一时期，虽然在公粮数字之下，村庄作为公粮的征收单位是相对封闭的，但村庄内的农户还是各自独立的。

　　鉴于公粮数字与直接比例的冲突，从 1942 年开始，在累进的比例之下，又引入了分数征收的方法。具体做法是，农户收入折合成小米后，"以分计算，每斗计一分"，将农户的收入转换成农户分数，同时规定，"每分应征公粮，按全行政村应征总数平均分摊之"。[2] 这样，公粮数字与直接比例就被统一起来，其冲突也就消弭了。每个农户具体收入的直接比例变成相对的分数，每个农户的分数也许不同，但每一分数所均摊的公粮则是相等的，分数的多少就意味着公粮的多少。于是，既定的分配数字"不摊于彼，则摊于此，民众间发生了直接关系"。[3] 甲农户交纳的少了，乙农户要交纳的就多了，一个村庄内的农民不再是各自独立地面对公粮，而是相互之间紧紧地依存在一起。公粮勾勒出了村庄作为征税单位的清晰边界。可以说，分数征收进一步强化了公粮征收中村庄的封闭性。

三　调查与评议：村庄内部的战斗

　　晋西北行署征收公粮、农民交纳公粮，实质是一种国家与农民之间

---

[1] 《公粮工作的经验与决定——晋西北行政公署第三次行政会议决议》（1941 年 10 月 1
　　日），《晋绥边区财政经济史资料选编·财政编》，第 167 页。

[2] 《晋西北征收救国公粮条例》（1942 年 11 月 6 日晋西北临时参议会通过），《抗战日
　　报》1942 年 11 月 12 日，第 4 版。

[3] 《晋西北行署关于公粮工作的指示信》（1943 年 11 月 8 日），《晋绥边区财政经济史
　　资料选编·财政编》，第 195 页。

征税与缴税的关系。不过，公粮的分配数字和分数征收所建构起的"封闭的村庄"，巧妙地将国家与农民的关系置换成村庄内部农民之间的关系，进而为国家介入村庄构建了一种有利态势。公粮是抗日根据地农民"最大的负担"，[1] 在征收公粮期间，在"封闭的村庄"之内，农民与农民之间的公粮关系压倒了村庄内部其他的宗族与业佃等关系和网络，成为村庄内部的各种矛盾之焦点。围绕公粮的分配数字和分数征收，在行政村内部，各自然村之间、自然村内部的农民之间，生发出诸多利益攸关的激烈冲突，村庄内部原有生态不断被公粮撕扯和动摇，相当部分农民在不自觉中无意识地站到了公粮一边，从而与国家勾连起来。

晋西北公粮征收的通常做法，是"集中干部在有基础的地方"，选择一两个村庄做公粮实验，"创造些新的经验和模范例子，初步总结经验教训，然后把完成任务的区村干部抽调到其他地区"，[2] 在一二十天甚至五六天的极短时间内完成。[3] 每年公粮实验团为适应新的公粮条例会采用一些不同的步骤，但大致上可以归纳为三个阶段：第一阶段是宣传动员，普遍的做法是树立模范，农民自己实报土地和产量；第二阶段是调查登记，主要是调查和评议；第三阶段是折合计算并纳粮。其中，调查"是全部公粮工作的中心环节"，[4] 调查的主要内容是土地、人口和产量，以及农业生产之外的收入等。晋西北公粮的征收是以收入为计征标准的，分配合理的公粮数字要以农民的实际收入为基础，"要使分

---

[1] 《晋西北行署一九三九年到一九四二年公粮工作总结》（1943 年 7 月），《晋绥边区财政经济史资料选编·财政编》，第 269 页。历年公粮占农民总收入的比例，除 1940 年没有数据外，1941 年为 24.6%，1942 年为 17.4%，1943 年为 19.6%，1944 年为 19.4%。这一比例是相当高的。

[2] 《把征收救国公粮造成一个热烈的群众运动》，《抗战日报》1940 年 10 月 9 日，第 1 版。

[3] 例如，1940 年兴县四区官庄行政村仅用 5 天就完成了公粮征收，1941 年兴县二区某村历时 15 天。

[4] 武元晋：《征粮工作中的几点经验》，《抗战日报》1942 年 12 月 1 日，第 4 版。

配的数目适当，事先必须进行深入的调查"。① 制定合适的累进比例，也要求深入了解农民的实际收入。所以，公粮征收的关键在于对农民收入进行"切实调查"与"评议"。②

不过，要调查农民的实际收入殊非易事。公粮的主要困难，在于"假报收入与村（指自然村——引者注）本位主义"。③ 农民最不习惯于他的实际收入被调查，对于公粮调查有所抵触，"一般不同意调查，而愿意摊派"，隐瞒和互相隐瞒的情况相当严重。农民自报产量时，"一个不如一个，总的形成一种向下的趋势"，有些村的土地调查之时数目，比"春耕时报告的超过百分之五十"；同时，产量调查上，有些村"第一次调查相当于最后一次调查的三分之一，第二次相当于二分之一至三分之二"，有些村"只报告土地的收入，隐瞒其他收入"。④ 临县四区刘家山村，初次调查时，只有公粮 15 石，再调查时查出有 26 石；临南一区某村，初次调查公粮 27 石，经过五次反复调查，最后查出有公粮 59 石。⑤ 不仅一般农民隐瞒收入，村干部也与农民一起集体隐瞒，村本位主义的问题相当严重。1940 年，兴县四区官庄行政村征收公粮时，村长和农救会秘书带头隐瞒 10 多垧地，6—7 担粮食。1942 年，岢岚石佛行政村所属村代表胡仁美，在该村进行公粮试验工作时，暗中纠合村中"个别落后分子"，商定隐三报七，少报收入，集体隐瞒，事发后被罚"加重征收，并予以撤职处分"。⑥ 兴县三区富农王文春，利用其旧时的权势，组织村民集体隐瞒土地 100 余垧，村主任王孟

---

① 《关于公粮实习工作中的几点意见——行政公署公粮工作指示之一》（1941 年 10 月 9 日），《晋绥边区财政经济史资料选编·财政编》，第 181 页。

② 李质：《征收公粮实验团的经验》，《抗战日报》1941 年 10 月 24 日，第 4 版。

③ 楼展：《开展一个行政村的公粮运动问题》，《抗战日报》1941 年 12 月 15 日，第 4 版。

④ 李质：《征收公粮实验团的经验》，《抗战日报》1941 年 10 月 24 日，第 4 版。

⑤ 膺庸：《四行政区完成公粮工作的几个问题》，《抗战日报》1941 年 12 月 18 日，第 4 版。

⑥ 《不允许隐瞒收入，胡仁美破坏征粮受罚》，《抗战日报》1942 年 11 月 28 日，第 2 版。

桂和村代表杜底问不但不加阻止，反而一起隐瞒，经上级干部再三追问，巧言抗辩，待事实揭破后才不得不承认。[1] 村干部为什么要参与隐瞒收入呢？其原因在于，分配数字和分数征收是加之于整个行政村的，如果某个自然村能够隐瞒收入，其分数变少，公粮负担也就相应变小，而其余自然村的负担就要增加。村本位主义涉及一个行政村下各自然村的负担是否平衡的问题，其实质是自然村之间围绕公粮而进行的隐匿战斗。

假报收入和村本位主义可以理解为农民在封闭的村庄情境下对于分配数字和分数征收的因应之道。晋西北行署对此也采取了一些破解之策。其中最重要的是，在1942年公粮引入分数征收的方法，进一步强化村庄内部农民在公粮上的相互关系。此外，行署采取了两个办法：其一是培植村干部，使村干部负起征收公粮的责任，将其利益与国家的公粮进行捆绑，从而打破封闭的村庄内村干部和农民的合谋隐瞒；其二是充分利用评议，让村庄内部的农民来击破集体隐瞒和假报收入，从堡垒内部来击破堡垒。

1942年之前，征收公粮都是从县、区两级抽调干部进入村庄进行的，"依靠上级派遣的临时工作团，没有将责任放在村干部身上"。[2] 行政村干部成为"从旁打听消息、打听情况的帮手"，自然村干部"只管喊人开会，招待客人，做一些听差事"。[3] 上级干部既不熟悉情况，又仓促突击，调查很难细致深入，尽管尝试过侧面调查、利用村庄内矛盾进行调查、农田现场调查等各种办法，效果仍不理想。1942年，引入分数征收后，培植村干部成为可行的选择。因此，征收公粮的责任，主要"由村政权的干部来担负，工作团只负指导帮助与计算的责任"。[4]

---

[1] 《依照条例分别奖惩，从征粮中教育干部》，《抗战日报》1942年12月24日，第2版。

[2] 《论征收公粮》，《抗战日报》1942年10月17日，第1版。

[3] 晋西北行政公署：《为贯彻公粮政策之实施并切实完成任务的指示》（1942年9月26日），《晋绥边区财政经济史资料选编·财政编》，第185页。

[4] 理华：《新公粮条例的初次实验》，《抗战日报》1942年10月17日，第4版。

村干部最熟悉村庄内部的情况，"谁家有地多少，是怎样地，座落何处？种的是复地，还是楂子地？是夏田还是秋田？锄过几过，还是荒下了？成熟了还是放绿了？诸如此类，他们差不多都不待调查而清楚，即有不清楚的也易调查"。[①] 村干部在承担了征收公粮的主要责任后，因为他们有完成公粮任务的压力，其与村庄内部农民协作、集体隐瞒的动力明显被压制。

村干部之外，还有评议会。根据行署颁布的公粮条例，调查形成材料之后，还要经过自然村代表团评议。在分数征收之下，一个村庄内部，一户的收入少报了，其余农户的公粮就多了，"以村为单位计分，提高了民众相互监督的责任"。[②] 因此，评议会充分利用了村庄内部农民之间在公粮上的利害关系，打破村庄中原有的宗族等网络，促使农民实报收入。评议会在1942年和1943年的两年间发挥了较大作用。1943年，由于公粮还包含村款和田赋，头绪更为繁杂，评议会尤其关键。评议会一般由村庄内部各阶层选派代表组成。比如，兴县某杨姓村评议会由9人组成，3个地主、2个中农、4个贫农，是"代表了该村各个阶层利益的分子组成的"。公粮实验团首先向村民说明，今年"按分数摊公粮，地主的搞不清，分数作不多，一分保不定要摊多少"，在初步调查后，交由评议团评议。评议会中，3个地主"代表有矛盾的三派"，2个中农是"进步的，且代表杨姓一门，深受地主压迫"，4个贫农有1个转变了的二流子、1个外姓人、2个代表杨姓别的二门。评议会对每家的收入都"争论很大"，有四次较大的变化和活动。第一次以地主为首，号召杨姓评议员"勾搭起来，对抗外来干部，企图集体包庇隐瞒"；第二次是地主们企图把中贫农阶层的产量提高；第三次是地主反过来故意压低中贫农产量，制造口实，推翻正确评议；第四次是地主拉拢评议员，降低地主产量。经过评议会上各派的斗争，公粮实验团搞清

---

① 甘重斗：《完成征粮任务的关键》，《抗战日报》1942年11月26日，第4版。

② 《公粮条例修改后，行署指示征粮工作》，《抗战日报》1942年11月24日，第1版。

了该村的实际产量，① 利用村庄内部诸如经济利益、宗族之间的矛盾，顺利完成了公粮征收任务。

在这样的调查和评议之下，农民开始进行实报。有公粮实验团估计，实报的人数一般占到一个村人数的"四分之三"。② 1943 年征收公粮，临县临南一带的村庄大多由村干部带头实报，"群众亦均相继自动实报，评议员当场评议，实报者即行登记"。③ 到 1944 年，农民的实报已经相当普遍，各县都开始弱化评议，有些县甚至"未用评议员评议"，公粮工作"极为便利"，劳动英雄刘有鸿村的公粮在"两天内便告结束"。④

值得注意的是，在封闭的村庄之内，农民之间就公粮问题所表现出来的强烈冲突，以及他们在公粮上的实报收入，并不表征着农民认同国家，毋宁说是出于他们对捍卫其切身利益的本能。这一点，在减租与公粮的关系上表现得尤其明显。

四 减租与公粮：从替代到策略工具

在封闭的村庄内部，租佃关系与征收公粮之间的关系相当微妙。⑤ 土地租佃问题是"农村中的重中心的一个问题"。⑥ 在晋西北，佃户占

---

① 刘献珺：《兴县某村公粮工作的实验》，《抗战日报》1943 年 12 月 16 日，第 4 版。

② 楼展：《开展一个行政村的公粮运动问题》，《抗战日报》1941 年 12 月 15 日，第 4 版。

③ 《村干部农会会员起模范，群众自动实报产量，临县临南征粮顺利进行》，《抗战日报》1943 年 11 月 30 日，第 2 版。

④ 《劳动英雄刘有鸿村公粮工作胜利完成》，《抗战日报》1944 年 12 月 4 日，第 2 版。弱化评议乃至不用评议员评议有更深刻的原因。村干部为了完成任务，在农民已经实报的情况下仍认为没有实报，让评议员把产量评高，常导致产量"冒"的后果。

⑤ 虽然没有村庄内部租佃关系的比例数据，但从减租减息普遍被视为公粮工作的"引擎"的现象，似乎可以推断，在晋西北，村庄内部的租佃关系在全部租佃关系中所占比重较大。

⑥ 《加紧减租减息工作》，《抗战日报》1941 年 10 月 12 日，第 4 版。

相当大的比例。他们在很大程度上依存于从地主那里租佃来的土地而生活，在国家与地主的问题上，忠实于地主，而疏离国家。在征收公粮的过程中，令作为国家代理人的干部们感慨系之的是，"要求佃户对待地主和对待政府的态度一样忠实，却是较困难的事实"。[①] 国家要顺利地征收公粮，亟须扭转其在应对村庄内部租佃关系时的颓势，发动佃户起来减租减息，打破村庄内部附着于租佃关系上的隐秘的合作关系。[②]

　　减租减息可以说是当时各派政治力量的共识。1929 年，国民党提出"二五减租"。抗战爆发后，阎锡山、牺盟会也相继提出"二五减租，一分行息"，并于 1937 年在晋西北开始实施。中共在上述的基础上，又有新的改进。1940 年 2 月，晋西北行署建立之初，即颁布了《减租减息暂行条例》，1941 年 4 月修正公布一次，1942 年又做了进一步修正，正式颁布《晋绥边区减租交租条例》和《晋绥边区减息交息条例》。晋西北减租的基本原则是：（1）"二五"减租；（2）"二五"减租后，租额仍高于正产物 37.5% 者，减为 37.5%，低者不论；（3）"七五折二五减"，考虑到山地的战后产量只有战前七成，山地租按原租额七成计算后，再打五折，然后又减 25%。[③]

　　减租与公粮之间，在一定程度上存在某种替代关系。对于公粮来说，减租的好处在于能将一部分地租转化为公粮。因为减租使原来免征公粮者有可能成为非免征者，这样就增加了交纳公粮的人数，同时，佃户也可以用减下来的租的一部分来交纳公粮。当时的一些农民也对公粮与减租之间的替代关系有直观的感受。宁武的佃户说："咱们虽出点公

---

①　李质：《征收公粮实验团的经验》，《抗战日报》1941 年 10 月 24 日，第 4 版。

②　虽然减租减息并称，但在晋西北，涉及的主要是减租。

③　《晋绥边区减租交租条例》（1942 年 11 月公布），晋绥边区财政经济史编写组、山西省档案馆编《晋绥边区财政经济史资料选编·农业编》，山西人民出版社 1986 年版，第 25 页。

粮，连减租的一半也用不了。"① 兴县一位村民说，减租有三样好处："地主可收到租，租户可少出，救国公粮也好收。"② 此外，还有一个现象值得注意：减租条例虽然早在 1940 年就通过了，但直到 1942—1943 年减租才真正铺开。其中当然有多种因素，公粮即是其中之一。1940 年的公粮较多来自地主阶层，地主和富农的公粮负担很重，"部分地主老财负担甚至超过其收入百分之五十"，公粮中实际上包含了部分地租，因此减租减息无从谈起；1941 年"有意对地主富农宽松了一些，让中农多分担一部分，以支持长期抗战"，公粮重担又压在了以自耕农为主体的中农身上，减租减息也就不能引起足够的重视；1942 年之后，开始实行按照累进比例征收的公粮政策，减租减息大规模铺开。1942—1943 年，地主公粮"比过去重了"，富农"增加"，中贫农则"减轻"；1944 年，"地主比上年减轻，中贫农没有减"。③

意识到减租对于佃户的好处，抗日根据地政府希冀利用减租强化公粮工作。征收公粮的干部在实践中发现，减租减息能"为公粮工作准备群众基础"，④ 要激发佃户对公粮的热忱，"非彻底实行减租减息不可"，⑤ 于是，减租减息成了公粮的"引擎"。⑥ 在实际征收公粮的过程中，各地也是充分利用了减租减息的公粮"敲门砖"作用，取得了良好效果。为进一步巩固减租成果，公粮条例对各种性质的收入规定了不同的收入折合：自种地"产量按六成折米"；地主租出地收租与伙出地收益，则按"七成折米"，显较严苛；而对佃户租入地与伙入地产粮，

---

① 《公粮工作的经验与决定——晋西北行政公署第三次行政会议决议》（1941 年 10 月 1 日），《晋绥边区财政经济史资料选编·财政编》，第 166 页。
② 本报记者之向：《二万石公粮是怎样完成的》，《抗战日报》1940 年 12 月 14 日，第 2 版。
③ 《晋绥边区历年公粮工作总结》（1940 年 2 月至 1947 年 10 月），《晋绥边区财政经济史资料选编·财政编》，第 496—505 页。
④ 李质：《征收公粮实验团的经验》，《抗战日报》1941 年 10 月 24 日，第 4 版。
⑤ 《配合征收救国公粮展开减租减息运动》，《抗战日报》1940 年 10 月 23 日，第 1 版。
⑥ 本报记者之向：《二万石公粮是怎样完成的》，《抗战日报》1940 年 12 月 14 日，第 2 版。

则除去地租和牛租之后，再按"五成折米"，① 显较宽缓。不同的折合，清晰地标示出征收公粮的政策意图是奖励佃户，压抑地主。

国家希望以减租为契机，将减租与公粮作为一个消解村庄内部原有的宗族、业佃关系等网络，建立村庄新网络的策略工具。一方面，征收公粮不能满足于完成分配数字，"而且要在公粮工作中获得严重的副属的收获，就是在这一工作的进行中，经过宣传解释，做到提高群众对政府的信任和拥护，提高群众对政府统一战线政策的认识"；② 另一方面，将减租减息变为一个发动群众的运动，将村庄中的一直隐而不显的地主与佃户之间的阶级矛盾显白化，从而构造村庄之内的新网络，使农民认同并接纳国家。

按照上述思路，减租减息并不是"单纯的当做完成公粮的手段"，而应该"启发佃户的政治觉悟"，让佃户"真正被动员起来，他们不但自动的积极的进行减租减息，而且在征收公粮工作过程中发挥了不少的作用"；如果没有深入的动员，没有"造成群众运动，依靠佃户自身力量进行减租减息，结果佃户不了解减租减息与他本身的关系，反被地主利用造成共同包庇现象"。③ 可见，减租减息的精髓是启发佃户的政治觉悟，形成群众运动，凭借其自身力量与地主做斗争，彻底打破村庄内旧的业佃关系。1943 年，减租减息的群众运动在晋西北开展得如火如荼。临县大川接二连三地召开减租大会，9 天之内在 5 个村举行了 5 次减租大会，共计 18 个行政村 68 个自然村，1529 个佃户、30 多个地主，其中人数最多的一次大会参加者达到 600 人。"佃户们高兴的举着农会的旗帜，排着整齐的队伍赴会。会场上，他们向大会热烈提出自己要解决的问题……一个接着一个，会场空气极为紧张热烈。"④ 类似的场景

---

① 《晋西北征收救国公粮条例》（1942 年 11 月 6 日晋西北临时参议会通过），《抗战日报》1942 年 11 月 12 日，第 4 版。

② 《论征收公粮中的宣传工作》，《抗战日报》1941 年 11 月 9 日，第 1 版。

③ 秀峰：《继续深入开展减租减息工作》，《抗战日报》1942 年 2 月 13 日，第 3 版。

④ 《临县大川农民热烈展开减租运动》，《抗战日报》1943 年 3 月 9 日，第 3 版。

在兴县四区某村上演，农民 200 余人"在'农民减租保地大会'的红色旗帜下，对十几个地主展开了热烈的质问……会场空气激昂，愤怒高达极点，由于到会三分之一以上的农民，均饱经高某（地主——引者注）剥削多年，至今忍无可忍，并已深刻觉悟。因而当高某顽抗时，农民怒不可遏高呼口号，要求政府惩办高某"。[①] 同一时间，兴县六区某村群众减租大会，开了三天，参加农民近千人。

经历过这种大规模的群众减租运动，村庄内部原来披着脉脉温情外衣的地主和佃户的关系彻底被颠覆，阶级意识开始萌生，减租与公粮作为策略工具的目的业已达到。抗日根据地政府不仅顺利完成公粮的征收，更重要的是，它型构了崭新的农民与国家关系。

---

① 《兴县减租运动开展》，《抗战日报》1943 年 12 月 21 日，第 3 版。

第五章

山东抗日根据地救国公粮之征收

山东抗日根据地包括津浦路以东之山东大部，河北、江苏各一部分。到抗战后期的 1944 年，其地理范围东濒黄海、渤海；西依津浦路，与冀鲁豫根据地毗连；北临天津，与晋察冀的冀中区、冀东区相接；南至陇海路。面积约 60 万平方里，包括 82 个县城，2900 余万人，分为胶东区、渤海区、鲁中区、滨海区、鲁南区等几块根据地。山东"各个抗日根据地皆处在敌人四面包围之中，一切需要和供给要赖后方之补充，是不可能的。为了坚持敌后抗战，必须自行解决这些问题"。[1] 其中，"救国公粮是政府收入和人民负担中最重要的部分"，[2] "在抗战中解决了食粮问题，就等于解决了整个经济问题的三分之二"。[3]

一 山东抗日根据地的形成与军粮解决办法

学界对于山东抗日根据地财经方面的研究，集中于财政经济政策

---

[1] 艾楚南：《四年来山东财政经济建设的成绩和努力的方向》，《大众日报》1941 年 7 月 7 日，第 7 版。

[2] 《山东省第二次行政会议财政组总结报告》（1944 年 12 月），山东省财政科学研究所、山东省档案馆编印《山东革命根据地财政史料选编》第二辑，1985 年版，第 104 页。

[3] 戚铭：《战时粮食问题》（1941 年 3 月 22 日），山东省财政科学研究所、山东省档案馆编印《山东革命根据地财政史料选编》第一辑，1985 年版，第 61—62 页。

上；关于山东抗日根据地救国公粮问题，学界已有一定关注，[①] 但尚有进一步拓展的空间。本章拟在前人研究的基础上着重探讨以下几个问题：山东根据地为寻求各阶级阶层之间的公平负担而做的努力，公粮征收实践、效果与征收办法的调整，救国公粮征收的地区差异，以及山东根据地救国公粮征收相对于华北其他根据地的特点。

山东抗日根据地是 1938 年在中共地方党组织领导下的武装和 1939 年进入山东的一一五师协力创建与发展起来的，其创建时间相较华北其他抗日根据地更晚。七七事变后，日军沿津浦路南下，防守山东的韩复榘率部退却，济南失守，山东 95% 左右的主要城市落入日军铁蹄之下。在此危急关头，中共开始着手创建山东抗日根据地。1937 年 7 月，山东省委进行改组，黎玉任书记。9 月下旬，中共中央和北方局为了帮助山东省委开展抗日敌后游击战争，陆续派遣洪涛、廖云山、廖容标、韩明柱、赵杰等多名干部进入山东。1937 年底 1938 年初，山东共产党人发动了徂徕山抗战起义。此后，中共山东省委根据中共中央北方局发出的"每一个优秀的共产党员脱下长衫，到游击队去！"号召，普遍组织游击队进行抗战，与仍留在山东的国民党军队一起，配合徐州、武汉保卫战。日军侵占徐州后，中共中央决定派郭洪涛任山东省委书记，率领大批干部携带电台两部到达山东。郭洪涛临行前，毛泽东和北方局书记刘少奇做出指示，强调要发动群众，大量组织武装，充分开展游击战争，创建山东根据地，使山东成为八路军在华北的一个战略基地。随后，中共中央决定将原山东省委扩大为中共苏鲁豫皖边区省委，郭洪涛任书记，成员有黎玉、张经武等人。

---

① 相关研究主要有魏宏运《论华北抗日根据地的合理负担政策》，《历史教学》1985 年第 11 期；朱玉湘《山东抗日根据地的"合理负担"政策》，《文史哲》1985 年第 5 期；申春生、刘大可《山东抗日根据地财经工作述要》，《中国社会经济史研究》1987 年第 2 期；唐致卿《山东抗日根据地合理负担政策述论》，《齐鲁学刊》2000 年第 5 期；宋文瑄《山东抗日根据地的财经政策及其基本经验》，《东岳论丛》2002 年第 4 期；王友明《抗战时期中共的减租减息政策与地权变动——对山东根据地莒南县的个案分析》，《近代史研究》2005 年第 6 期；等等。

在抗战进入相持阶段后，中共在山东相继建立多个抗日根据地。最先在胶东的蓬莱、黄县、掖县三个县建立政权，并建立北海专署，随后在冀鲁边、鲁西、泰西、鲁南、泰山等地建立根据地。1938年冬，中共中央决定成立八路军山东纵队，以统一山东地区各支队的领导，张经武为指挥，黎玉为政委；中共苏鲁豫皖区省委改为中共山东分局，展开游击战争，建立根据地。在此前后，陈赓与一一五师代师长陈光、政委兼政治部主任罗荣桓先后率三四三旅的两个团和六八六团进入山东，山东抗日根据地不断发展壮大。到1939年夏，山东抗日根据地基本形成。1940年8月，山东各根据地召开联合大会，选举成立全省统一的权力机关——山东省战时工作推行委员会（简称山东省战工会）。以此为标志，山东抗日根据地正式形成，各项建设事业由分散走向统一。山东省战工会内设财政经济组，翌年分为财政、经建两处，专门负责山东抗日根据地的财经工作。

初创时期，山东抗日根据地各抗日军队就地筹粮，军粮主要由部队靠没收汉奸财产、募捐和摊派自行解决。1937年10月，中共山东省委制定分区发动起义的计划，强调"要没收汉奸财产作为抗日部队经费"，[①] 此外，"在1940年以前，山东根据地的部队机关人员的粮食供给，大部分是依靠向富有者进行募捐和摊派"。[②] 胶东是山东抗日军队建立政权最早的地区。胶东抗日军队最初军食与军费的取得，"多以动员方式到处派饭"，虽然随后曾"组织粮食委员会，讨论统一筹粮及平均负担问题"，但限于环境及干部缺乏，没有实施条件，于是确定由"部队驻防分区统筹"。1938年4月，抗日军队进驻蓬莱、黄县、掖县一带时，根据有钱出钱的原则，"筹募公粮一千石——约五十万斤，计蓬、黄各三百石，掖县四百石"。1939年春，抗日军队撤出县城，粮食问题开始凸显，于是利用统战关系，由莱阳县赵保元"按月允筹公粮

①　辛玮等主编《山东解放区大事记》，山东人民出版社1982年版，第8页。
②　《山东省第二次行政会议财政组总结报告》（1944年12月），《山东革命根据地财政史料选编》第二辑，第92页。

75000 斤（1000 人）"，这种个别自筹自给的情况并非鲜见。此后，为解决粮食问题，在掖县的军队与地方机关成立联合供给部，蓬莱和黄县军队则与地方政府成立粮食委员会，共同筹粮，并建立粮库和粮站。1939 年共筹募公粮 330 余万斤，此外由上级拨款 140 万元，购买粮食 500 万斤，共计筹、购公粮 830 余万斤。[①] 这一阶段的突出特点，是军队和政府共同筹粮。1940 年 4 月，北海专署成立北海区粮食管理委员会，从此开始由政府负责筹集公粮。在公粮的征集方式上，也改变原来的吃大户摊派和募捐方式，开始强调合理负担的累进征收原则，但在实际粮食征收中，仍实行传统农村通行的平均摊派方式。就整个山东根据地来说，直到 1940 年底，虽然发展到近 80 个县，但公粮征集主要依靠捐募和摊派，以及没收资敌物资、汉奸财产和对奸商罚款等。以胶东为例，1938 年捐款高达财政总收入的 71.39%，1939 年仍占到 66.13%，1940 年还占 37.02%，到 1941 年才减为 9.7%。[②] 此外，山东根据地公粮负担办法杂多，各地各自为政，没有统筹机关，不仅"极不合理"，而且"非常紊乱不一"，[③] 以至于"人民最感痛苦的就是负担给养太重"。[④]

在上述背景下，1940 年 11 月，山东省战工会发布《山东省公平负担暂行办法》，按照甲、乙、丙三种公平负担办法在不同区域征收救国公粮："凡未实行公平负担之地区，首先实行甲种办法，俟甲种办法行有成效，逐渐清查地亩财产确实后，即可实行乙种办法；俟乙种办法行

---

① 胶东区行政主任公署：《胶东区一九三八至一九四二年五年来财政经济建设工作总结》（1943 年 2 月），《山东革命根据地财政史料选编》第一辑，第 247 页。
② 《山东省第二次行政会议财政组总结报告》（1944 年 12 月），《山东革命根据地财政史料选编》第二辑，第 94 页。
③ 《山东省战工会黎玉主任委员在省临参会一届二次大会的施政报告》（1943 年 8 月 20 日），山东省档案馆、山东省社会科学院历史研究所合编《山东革命历史档案资料选编》第十辑，山东人民出版社 1983 年版，第 268 页。
④ 陈明：《山东抗日民主政权目前的中心工作》（1940 年 11 月 11 日），《山东革命根据地财政史料选编》第一辑，第 42—44 页。

有成效后，逐渐实行丙种办法。"① 从这一表述来看，三种公平负担办法不仅适用于群众基础不同的各个区域；在适用于同一区域时，实际上指向了在时间上和逻辑上不断递进的三个阶段。在陕甘宁、晋察冀等抗日根据地合理负担已经取得一定经验的基础上，山东抗日根据地量身订制了三种公粮征集办法。

甲种公平负担办法的特点是，以户为单位，并将户分为 12 等，累进也就体现在根据贫富划分成不同的户等。首先，"以户为负担单位，以村为实行单位"；其次，规定每人免征点，"全户每人每年平均收入价值折合不足 200 斤麦子者免征"；最后，村中除免征户和特别富户外，又依据贫富程度分为十等，"一等户负担 15 分，二等户 12 分，三等户 9.5 分，四等户 7.5 分，五等户 6 分，六等户 4.5 分，七等户 3 分，八等户 2 分，九等户 1 分，十等户 0.5 分"。特别富户的负担不在村负担总数目内，但在乡区负担数目之内，由各区另行计算征收。本质上，甲种办法仍然带着较浓的捐款和摊派的痕迹。在征收程序上，"先由县政府决定征收救国公粮总数，由县政府召集区长联席会议，按照各区之负担能力、贫富程度，决定各区之负担比数分配与各区，区公所再召集乡长联席会议，依各乡负担能力决定各乡负担比数分配与各乡，乡公所在召集乡政委员及村长联席会议，依各村之负担能力，将全乡各村分为十等，确定各等负担比例分配与各村"。②

甲种办法征收公粮的计算方法，比较重要的是"负担比数"，以 10 以下的数字表示，各区、乡、村的负担比数之和可以超过 10。比如，假设某县"共拟征粮 273 万斤"，该县"有五个区（甲、乙、丙、丁、戊），经区长联席会议决定：甲、乙、丙、丁、戊五区之比例为一、

① 《山东省战时工作推行委员会关于公布公平负担暂行办法的通知》（1940 年 11 月），山东省财政科学研究所、山东省档案馆编印《山东革命根据地财政史料选编》第四辑，1985 年版，第 1 页。
② 《山东省公平负担暂行办法（甲种）》，《山东革命根据地财政史料选编》第四辑，第 2—3 页。具体算法，参见同书第 6—8 页。

二、四、六、七（即一比二比四比六比七）"，则各区负担的算法为：总数÷负担比数之总和×该区之比数＝该区之负担数。在这个例子里，各区负担比数之总和是 1+2+4+6+7＝20，则甲区公粮负担总数为 2730000 斤÷20×1＝136500 斤，乙区公粮负担总数为 2730000 斤÷20×2＝273000 斤，这样依次可以算出丙、丁、戊区的公粮总数。同理，各区在决定各乡负担比数之后，即可得出各乡的公粮总数；各乡在决定各村负担比数之后，可得出各村的公粮总数。而就某一个村来说，村中十个等户的分数就是负担比数，按照"总数÷负担比数之总和×该户之比数＝该户之负担数"这一公式，可以得出各户应该负担的公粮数。

    1940 年颁布乙种公平负担后，各地根据实际情况对其做了一些修改。1941 年，山东省战工会根据各地实践颁布《修正山东省乙种公平负担暂行办法草案》。修正后的乙种公平负担：第一，改变甲种方法以户为单位，而以"每人为单位"；第二，以土地为负担范围，"土地之外之动产不动产负担"不在内；第三，按土地贫瘠将各村分为上、中、下三等，各等规定不同的免征亩，"一等村每人除去七分，二等村每人除去一亩，三等村每人除去一亩三分不负担"；第四，"实行累进法"，扣除免征亩之后的地亩，以二折合亩为一级计算，人均"有地二亩以下者为第一级，二亩一分以上四亩以下为第二级（未足一分者不予计入），四亩一分以上六亩以下者为第三级"，依此类推，依次累进，直到"二十亩一分以上二十二亩以下者为第十一级，以后之地均按第十一级计算"；在累进率上，"第一级之每亩仍按一亩计算，各级累进之差为一分"，"第二级之每一亩以一亩一分计，第三级以一亩二分计算，第四级以一亩三分计算，第五级以一亩四分计算……"这样依次累计到第十一级为止。[①] 乙种办法土地的累进级数、人均土地数量、累进率和累进后的负担亩数关系如表 5-1 所示。

---

① 《修正山东省乙种公平负担暂行办法草案》（1941 年 10 月 2 日），《山东革命根据地财政史料选编》第四辑，第 9—11 页。

114

表 5-1　乙种公平负担办法人均土地数量与负担亩数对照

单位：标准亩

级数	免征点之后的人均土地亩数	累进率	单计负担亩数	累计负担亩数
第一级	2	1	1	1
			1	2
第二级	2.1—4	1.1	1.1	3.1
			1.1	4.2
第三级	4.1—6	1.2	1.2	5.4
			1.2	6.6
第四级	6.1—8	1.3	1.3	7.9
			1.3	9.2
第五级	8.1—10	1.4	1.4	10.6
			1.4	12.0
第六级	10.1—12	1.5	1.5	13.5
			1.5	15.0
第七级	12.1—14	1.6	1.6	16.6
			1.6	18.2
第八级	14.1—16	1.7	1.7	19.9
			1.7	21.6
第九级	16.1—18	1.8	1.8	23.4
			1.8	25.2
第十级	18.1—20	1.9	1.9	27.1
			1.9	29.0
第十一级	20.1—	2.0	2.0	31.0
			2.0	33.0

注：第一级累进率对应人均土地亩数1和2；第二级对应3和4；第三级对应5和6；第四级对应7和8；第五级对应9和10；第六级对应11和12；第七级对应13和14；第八级对应15和16；第九级对应17和18；第十级对应19和20；第十一级对应21和22—。

资料来源：根据《修正山东省乙种公平负担暂行办法草案》，见《山东革命根据地财政史料选编》第四辑，第9—14页。

　　乙种办法努力贯彻中共中央北方局所要求的"有钱出钱"的公粮征收原则。与甲种不同，乙种公平负担的累进已经从户等转到人均土地数量，征税的单位是标准亩，"以清丈土地折合标准亩计算"。一些特定人群享有一定的免征亩，"年满五十岁以上之老年男女，现役抗日军人，按照规定脱离生产之政府、政党、群众团体工作人员，行政村村长

115

副村长及农救会主任，满七岁未满十六岁之在学儿童，抗日小学教员，不能劳动之残废人员，每人除标准地一亩免负担"，"七岁未满之儿童，满七岁未满十六岁不上学儿童，满十六岁未满五十岁之妇女，每人除标准地半亩免负担"。在负担的分配程序和方式上，乙种公平负担办法规定，县政府分配负担于各区时，必须按负担地之多寡及收获情况分配。假设某县应征收救国公粮250万斤，清查土地实行公平负担结果，该县共有10万亩负担地，每亩平均应负担即25斤。如果该区收获状况良好，可按每亩28斤计算，该区设有负担地1万亩，则该区负担28万斤。其计算公式为：2500000斤÷100000亩＝25斤，25斤＋3斤＝28斤，28斤×10000亩＝280000斤。区按照同样方法分配负担到各村，村亦按照同样办法分配到各户。

丙种办法设计初衷是实行于"民主政权比较巩固的区域"，以"调剂各阶级利益逐渐走向真正合理化"。这一办法规定：第一，以县为分配范围，以村为单位，由村公所制发民户公平负担比例分数调查简表，每户三张，民户据实自填一张交给村公所，经过评议会之核定后再填造两张，一张汇存村公所，一张报县政府备案，村中一切负担皆按分数分担，未得分数者不负担；第二，未折算成现金而直接征收粮食者，人均年收入小麦200斤以下者免征（其他粮食折合成小麦），累进征收。三种公平负担中，丙种办法事实上并没有付诸实施。

二　公粮征收实践、效果与征收办法的调整

事实上，在1940年11月山东省战工会颁布公粮征收办法之前，山东抗日根据地的一些地方已经在实行类似于甲种公平负担的征粮办法。例如胶东区在1940年开始实行甲种公平负担办法，[①] 9月，胶东区成立

---

① 　刘居英：《关于征粮办法》，《山东革命根据地财政史料选编》第四辑，第82页。

粮食委员会，统一东海区、北海区和南海区的公粮征收工作。1941年，山东根据地第一次统一征收救国公粮，即开始按照甲、乙两种公平负担办法。胶东区多地实行的是甲种合理负担；鲁中区各有半数左右村庄实行甲、乙两种合理负担；滨海区实行甲种办法的有532村，实行乙种办法的有281村；清河区实行甲种办法者601村，实行乙种办法者171村；鲁南区也推行了甲、乙两种办法。①

甲种公平负担办法在实践中出现了很多问题：第一，负担户数太少，只占"全体户数的30%—50%"；第二，富农地主负担较重，特别是富户的负担"竟有超过其收入80%以上，甚至有的产量不足交纳公粮，被迫出当土地，当时即有'特户'即'驼户'的说法，致使部分地主逃往敌区"；② 第三，只凭估计评定等级，"很难准确合理"，在群众组织基础薄弱地区，"估等时则豪强者上下其手，加重中农负担"，而在有群众基础的地区，"又往往特户负担过重，以致影响团结"；③ 第四，以户为征收单位，人口少的户负担就比较重；第五，在实践中，各地根据实际情况添等添分，变得非常复杂。面对诸多困难，中共山东分局不得不承认，"甲种公平负担系临时办法，根本不能长期使用"，④ 于是在很多地方"被迅速放弃了"。⑤ 例如，滨海区在1941年夏收时节推行半年后，就放弃了甲种公平负担办法，年底即改行乙种公平负担办法。⑥

乙种公平负担办法相对来说更为合理，但也有缺点。一是免征地亩太多，"免征户占总户数40%，过分加重了中农以上特别是少数富有者

---

① 《山东革命根据地工商税收史料选编》第二辑，第321页。
② 《山东革命根据地工商税收史料选编》第二辑，第321页。同时一些材料还指出，甲种公平负担的负担面只有10%—15%。见《山东省第二次行政会议财政组总结报告》（1944年12月），《山东革命根据地财政史料选编》第二辑，第101—108页。
③ 《山东省战工会关于修正征粮办法的决定》，《大众日报》1942年8月25日，第1版。
④ 《中共山东分局关于征收救国公粮的指示》，山东省粮食局粮食志编纂办公室编印《山东革命根据地粮食史料选编》第一辑，1985年版，第139页。
⑤ 薛暮桥：《山东各根据地现行征粮办法检讨》，山东省档案馆、山东省社会科学院历史研究所合编《山东革命历史档案资料选编》第十一辑，山东人民出版社1983年版，第300页。
⑥ 《滨海区推行乙种公平负担的经验》，《大众日报》1942年5月1日，第2版。

之负担，另有的地方取消了免征地亩，又加重了中农尤其贫农的负担"。二是内容太复杂，计算困难，比如折合亩的计算、级数的计算，无不"需要大批干部",① "政府必须临时抽调大批干部去做征粮工作"。② 干部一旦不足，就容易为乡村中上层分子包庇操纵，从中渔利。三是累进率不够大，其最低征收率（1 亩作 1 亩）与最高征收率（1 亩作 2 亩）只相差 1 倍。同时，由于用级数方法进行负担数计算，实际只相差一半，而收入则相差 10 倍以上。③

对于瑕瑜并现的乙种公平负担办法，山东根据地不断修正，以使其适应各地的实际情形。针对免征地亩过多的问题，主要从各种免征人口上进行调整：妇女、老人、抗属原来免征地为 1 亩的，可以按照情况减为 8 分，乃至 5 分。这一调整的基本原则是"应免征者只能半免征"。④对于折合标准亩的计算，规定以官亩为标准，同时考虑到各地土地肥瘠悬殊，起初规定土地分三等的做法还不能适应实际，先是规定按土地收获量分为三等九级进行折合，后又根据不同区域情况分为十二级地。鲁南、鲁中山地与清河等平原地实行十二级地。前者以亩产小麦 76—100 斤为标准中地；后者以亩产小麦 151—180 斤为标准中地；而土地质量特别优越的地区用十级地折合，以亩产小麦 251—300 斤为标准中地。⑤1941 年第一次实行统一征收救国公粮，就是在对甲、乙两种公平负担办法的不断选择与修正中展开的，这成为山东根据地的"创举"。⑥

在征收过程中，无论甲、乙何种办法，在实践中都面临公粮数目的

---

① 《中共山东分局关于征收救国公粮的指示》，《山东革命根据地粮食史料选编》第一辑，第 139 页。
② 《救国公粮征收办法评议》，《大众日报》1943 年 5 月 11 日，第 1 版。
③ 《山东省第二次行政会议财政组总结报告》（1944 年 12 月），《山东革命根据地财政史料选编》第二辑，第 101—108 页。
④ 《中共山东分局关于征收救国公粮的指示》，《山东革命根据地粮食史料选编》第一辑，第 139 页。
⑤ 《省战工会关于陈报清查土地决定与乙种公平负担办法及其修正决定的几个修正》，《大众日报》1941 年 6 月 10 日，第 2 版。
⑥ 艾楚南：《怎样征收救国公粮》，《大众日报》1941 年 4 月 28 日，第 2 版。

确定、征收人员的训练和宣传动员的进行等问题。

山东根据地公粮数目的确定，是"以行政主任区为单位，按照全区各抗日主力军、地方武装、政府机关与群众团体之领导机关应脱离生产吃公粮之人数，以每人每日吃粮2斤12两（内豆子4两做菜吃），牲口每天6斤为标准，按上述部门分别做出全年所需食粮、马料之预算，同时为了工作发展，吃粮人数可能增加起见，得按原预算增加百分之三十作为预算数"。[①] 后来，在山东全省粮食会议上，将每人每日吃粮标准从2斤12两改为2斤半。[②] 在征收时间上，则"按麦收秋收时间全年作二次征收"，一次夏收，一次秋收；在征收粮食种类的比例上，"麦子百分之四十、高粱小米百分之四十五、黄豆百分之十五"；在征收标准上，则"一定要按照公平负担办法征收"。[③]

在征收之前，各地"以县为单位，开办征收救国公粮训练班"，通过训练班，具体地"研究公平负担的办法及征收救国公粮的工作，尤其对公平负担的折合计算的了解更为重要"，"统计调查工作是征收救国公粮的必要准备，没有精确的统计调查，征收公粮是作不好的"。通过统计调查，"正确的规定各县交纳公粮的起码点，一般全年征收公粮数以不超过该地区食粮总收入百分之三十为原则"。征收中，强调"一定要进行动员"，征收公粮三联单，以一联交户主，一联交上级，一联留县存查。组织上，各地"组织征收救国公粮委员会，吸收当地士绅名流参加，以各级行政负责人为主任来领导之"。同时，"各级党政军民在征收救国公粮时须抽调一部分干部，组织临时工作团，到各地去领导帮助征收公粮工作"。宣传上，"各个地区组织宣传队到各村进行口头、化装、标语以及召开士绅名流座谈会等宣传，尤其各剧团要组织关

---

① 艾楚南：《怎样征收救国公粮》，《大众日报》1941年4月28日，第2版。
② 《全省粮食会议关于粮食与征收救国公粮的决议》，《大众日报》1941年5月6日，第4版。
③ 《山东省战时工作推行委员会关于征收救国公粮的决定》（1941年4月27日），《山东革命根据地财政史料选编》第四辑，第26页。

于征收公粮的戏剧到农村公演，只有这样才能使每个群众都了解交纳救国公粮是抗战中民众应尽的义务"。宣传之后就是动员工作。山东抗日根据地明确指出，征收救国公粮工作，"不是单纯行政命令工作，要配合政治动员及发动竞赛。政府要与军队、民众团体及抗日政党取得配合，一致动员"，"发动县、区、乡、村互助，订立竞赛条约，看谁完成并超过计划，速度最快，并有计划的进行动员、检查、总结、给奖工作"。① 在动员形式上，"各级群众团体，应以不同方式与各种会议进行动员，如各种委员会小组会、屋子会及群众大会等都是可利用的"。② 乙种公平负担办法在实际征收公粮过程中，尤其有着征收比较快的优点。在工作基础比较好的地区，"如沂蒙，五天就可以完成一个区的征粮，三天就完成一个区的田赋；如滨海，有一个行政村的公粮，只用 3 小时 40 分钟就全部征齐了"。③

在甲、乙两种公平负担办法之下，山东抗日根据地在 1941—1942 年两年中共征收 2.57 亿斤公粮，基本解决了军政的食粮问题（见表 5-2）。

表 5-2　1941—1942 年山东抗日根据地各地区粮食征收统计

单位：斤

地区	1941 年			1942 年		
	夏	秋	合计	夏	秋	合计
鲁中区	7994804	27703558	35698362	5534254	12244819	17779073
清河区	—	17118068	17118068	—	14076724	14076724
鲁南区	—	8238184	8238184	3184328	4300000	7484328
滨海区	11532961	20787564	32320525	10241073	19737747	29978820
胶东区	—	—	43073801	—	—	51315349
合计	—	—	136448940	—	—	120634294

资料来源：山东省档案馆、山东社会科学院历史研究所合编《山东革命历史档案资料选编》第九辑，山东人民出版社 1983 年版，第 214 页；《胶东区一九三八至一九四二年五年来财政经济建设工作总结》（1943 年 2 月），《山东革命根据地财政史料选编》第一辑，第 252 页。

---

① 《山东省战时工作推行委员会关于征收救国公粮的决定》（1941 年 4 月 27 日），《山东革命根据地财政史料选编》第四辑，第 27 页。
② 艾楚南：《怎样征收救国公粮》，《大众日报》1941 年 4 月 28 日，第 2 版。
③ 《山东革命根据地工商税收史料选编》第二辑，第 321 页。

从表 5-2 看，鲁中区 1941 年秋季实征公粮 2770 万余斤，但在当年 8 月，鲁中区根据党政军民脱离生产人数所需粮食的要求，提出秋季公粮征收任务是 9000 万斤，可见实征公粮仅完成了计划任务的 30% 左右。直到当年 10 月，鲁中区也只完成夏季征收公粮计划的 55%。[①] 从这些数据似可推断，山东抗日根据地公粮的实际征收效果并不理想。

关于公粮征收效果不理想的原因，山东省战工会毫不犹豫地把问题归结到饱受诟病的甲、乙两种公平负担办法上。1942 年 8 月，山东省战工会宣布 "将甲乙两种公平办法废止"。[②] "征粮新办法" 由此出台。[③]

甲、乙两种公平负担的征收依据，前者是按户等和分数，后者按地亩数量；前者基本依赖于对民户收入的估计，后者则决定于土地数量的准确性。"征粮新办法"，新在按产量征收公粮，并按人均年产量累进征收（见表 5-3）。

表 5-3　"征粮新办法" 产量累进规定

人均年产量（斤）	征收率	人均年产量（斤）	征收率
101—150	1%	501—550	15%
151—200	2%	551—600	18%
201—250	3%	601—650	21%
251—300	5%	651—700	24%
301—350	7%	701—750	27%
351—400	9%	751—800	31%
401—450	11%	801—1000	35%
451—500	13%	1001—	一般按 35%

资料来源：《山东省战工会关于修正征粮办法的决定》，《大众日报》1942 年 8 月 25 日，第 1 版。

---

① 《山东省战时工作推行委员会关于鲁中区秋季粮食会议的决议》，《大众日报》1941 年 10 月 4 日，第 4 版。
② 《山东省战工会关于修正征粮办法的决定》，《大众日报》1942 年 8 月 25 日，第 1 版。
③ 自 "征粮新办法" 颁布后，甲、乙两种公平负担办法便被废除。但在鲁中则一直沿用到 1943 年。

对于人均年产量 1000 斤以上的，一般按 35% 征收，但"遇军粮困难或富裕地主能力特强时，征得户主同意，及经战略区政府批准后，可以提高累进率，直到百分之四十五"。为区别起见，规定人均年产量 1001—1500 斤者"征收百分之四十"，1500 斤以上者"征收百分之四十五"。①

将丙种公平负担办法和"征粮新办法"做一比较，可以发现，其类似之处在于，二者都按人均年产量进行征收；而不同点在于，在起征点上，前者是人均年产量 200 斤，后者是 100 斤。后者的负担面明显高于前者。在累进税上，前者最高 45%，后者最高 20%；前者累进增加得快，坡度较陡峭，后者累进得慢，坡度较平缓。在某种程度上，"新征粮办法"可以看作未付诸实施的丙种公平负担办法的改进版。

"征粮新办法"按人均产量设定累进征收率，"纠正了'乙种公平负担'的第一个缺点，并部分纠正了第二个缺点"。② 乙种公平负担办法因人设政，规定了相当多类型的免征地亩，比如入学儿童、放足妇女都可以免征公粮，③ 免征户达到 40%，以致把大部分负担压到中农身上，特别是少数富有者身上；同时，级数的算法太复杂、太困难。而按平均产量征收则避免了因人设政，并部分解决了计算困难的问题。

但是，"新征粮办法"也带来了新的困难。第一，按产量征收最大的难题，是如何应对农民"匿报产量，及可能的全村隐瞒"，及由此产生的难以动员群众，"难以发动斗争，致使收入减少，军粮不足"，以及无法解决"谎报人口"等问题。第二，"征收时人力的配备"问题。在一个村庄调查登记产量和人口时，"当群众团体尚未巩固或尚无组织

---

① 《山东省战工会关于修正征粮办法的决定》，《大众日报》1942 年 8 月 25 日，第 1 版。
② 《救国公粮征收办法评议》，《大众日报》1943 年 5 月 11 日，第 1 版。
③ 清河区认为将上学儿童、放足妇女、抗属、民兵均列入免征，是错误的。同时认为乙种公平负担办法计算太复杂，不易为基本群众所了解，所以清河区只实行乙种公平负担的时间很短，基本上是从甲种转到"征粮新办法"。见《清河区负担政策的检查》（1944 年 6 月），山东省粮食局粮食志编纂办公室编印《山东革命根据地粮食史料选编》第四辑，1985 年版，第 146 页。

的情况下，必须有较强的干部才能发动起本村的力量，展开这一工作。据估计，每一村庄，至少要有相当工作能力的两三个干部三天到四天的工作，才能完成这一征粮的任务。如每区以三十村计算，每区至少有十几个有相当工作能力的干部才能于一月之内（在战斗环境中超过一日就会受损失）完成这一工作。如以滨海区论，那就需要七百到一千的干部才能全区的工作。现在每次征粮的干部才一百多个……无论如何也难以胜利的完成这一任务"。① 此外，"征粮新办法"在实践过程中还给粮食生产带来若干问题：其一，"征收随产量之提高而高，致使许多农家不愿增肥增产，影响生产"；其二，"努力生产之富农及经营地主负担特别重（达百分之三十五），而不劳而获之收租地主负担轻（百分之十）"，② 影响了农民生产的积极性；其三，"累进率的跳跃发展，则使某些收入多的实得的少，收入少的实得的多，这不但更是极不合理的事，亦是使不勤劳的懒汉占了便宜"。③ 同时，"新办法一切动产均不列入负担中，下层民众负担较重"。④

　　鉴于"征粮新办法"在 1942 年征收秋粮之后出现的困难和问题，1943 年春，中共山东分局指示要对"征粮新办法"进行改进，实行"征粮暂行办法"。8 月，山东省参议会第二次会议议决征收公粮暂行办法的基本原则。第一，已办土地呈报地区，按地亩征收；未办土地呈报地区，按产量征收。第二，按土地征收的地区，其亩数应按产量折合，根据人均亩数，累进征收。耕种地和出租地均以 2 亩折 1 亩计算。第三，按产量及收入征收的，须根据每人平均的收入累进征收，按全部产量扣除 20% 的生产成本，土地产量按同级产量的平均产量计算，以鼓励生产。第四，一定区域内免负担户不得多于该地区全部户数的 20%，

① 《为抗战为人民彻底实现征粮新办法》，《大众日报》1942 年 8 月 25 日，第 1 版。
② 《中共山东分局关于征收救国公粮的指示》，《山东革命根据地粮食史料选编》第一辑，第 139 页。
③ 刘居英：《关于征粮办法》，《山东革命根据地财政史料选编》第四辑，第 83 页。
④ 胶东区行政主任公署：《胶东区一九三八至一九四二年五年来财政经济建设工作总结》（1943 年 2 月），《山东革命根据地财政史料选编》第一辑，第 249 页。

每户最高负担数额不得超过该户土地收入的 35%。①

按照上述原则，1943 年，山东根据地各个地区相应制定了各自的"征收救国公粮暂行办法"。从胶东区的征收效果来看，"征粮新办法"实行后，救国公粮收入有较大幅度增加（见表 5-4）。

表 5-4　1938—1943 年胶东区救国公粮征收情况

年份	救国公粮（斤）	每亩平均公粮负担(斤)	公粮占产量比例(%)	征收地区	征收方式
1938	500000	—	—	蓬莱、黄县、掖县	捐募
1939	8805625	6	—	莱阳赵保元、蓬莱、黄县、掖县	捐募 3305625 斤，购买 5000000 斤
1940	23467310	10	—	东海、南海、北海、西海，共 1342 村	甲种公平负担
1941	43073801	16	13.8	东海、南海、北海、西海，共 2128 村	甲种公平负担
1942	51315349	9		东海、南海、北海、西海、莱东	"征粮新办法"
1943	25957970	8.8	7	东海、南海、北海、西海，共 2095 村	"征粮暂行办法"

注：1943 年的数据为不完全数字。

资料来源：《胶东区一九三八至一九四二年五年来财政经济建设工作总结》（1943 年 2 月），《山东革命根据地财政史料选编》第一辑，第 252—253 页。

从表 5-4 可见，1941 年实行甲种公平负担办法后，虽然比 1940 年的公粮收入增加了 83.5%，但这主要还是由于征收村庄的增加，因为 1941 年征税的村庄比 1940 年增加了 58.6%。1942 年实行"征粮新办法"后，虽然当时一般估计由于隐瞒严重，公粮征收总量会减少，但实际上总量还是有所增加，增长 19.2%。更为重要的是，每亩平均公粮负担下降了，从 16 斤下降到 9 斤；在 1943 年实行"征粮暂行办法"

---

① 薛暮桥：《山东各根据地现行征粮办法检讨》，《山东革命历史档案资料选编》第十一辑，第 302 页。

后，又下降到 8.8 斤。从每亩平均负担这一关键指标来看，胶东征收公粮负担在不断减轻。其他区域的情况也大致类似。可见，山东根据地正向减轻负担、公平负担公粮的目标一步步迈进。

三 累进税的地区差异及其实施

救国公粮征收的主要特质在于，它是一种累进税。抗战时期，中共对救国公粮负担公平的理解，主要是"钱多多出，钱少少出"，实行累进税，促进生产，以利抗战。1938 年 5 月，由中共山东省委扩大而成的中共苏鲁豫皖边区省委提出，在敌后根据地要"实行收累进税的原则和办法，累进税规定，钱多多出，钱少少出，贫农、下中农不超过所得的百分之五，富农不超过百分之十，小地主拿百分之二十，中地主拿百分之三十，大地主拿百分之三十五，工商业者依其财产多寡，按照农村阶层的累进率征收"。[①] 按照这一标准，与贫、下、中农的税收相比，富农是其 2 倍，小地主是其 4 倍，中地主是其 6 倍，大地主是其 7 倍。累进征收的原则是贯彻始终的。到 1943 年 5 月，中共山东分局再次强调累进征收，"征收救国公粮乃关系国计民生之大事"，"应使各阶层负担公平合理，即收入多者多负担，少者少负担，不应平均摊派，亦不应过分加重少数富有者负担。再次，则应奖励生产，奖励劳动"。[②] 从1943 年山东各地的实际累进率来看，贫农的征收率是 1%—3%，中农是 13%—17%，富农是 27%—29%，地主是 30%—35%。按照山东一般情况，每人每年平均收入，"贫农大概是在 300 斤以下，中农大概是300—600 斤，富农大概是 600 斤以上"，因此，累进征收"对小地主

---

① 《山东解放区大事年表》，山东省地方史志编纂办公室编《山东史志资料》第一辑，山东人民出版社 1982 年版，第 69—70 页。

② 《中共山东分局关于征收救国公粮的指示》（1943 年 5 月 10 日），《山东革命历史档案资料选编》第九辑，第 469 页。

已太重，有些小地主的生活，是与中农相差不远"。①

具体来说，山东抗日根据地各地区的累进征收办法各有特点，有较大的地区差异。

胶东区和滨海区的征收方法相对接近，但也有不同。胶东区颁布《胶东区征收救国公粮暂行办法》，根据乙种公平负担办法、"征粮新办法"的基础原则，规定如下。第一，以每人平均产量为标准征收救国公粮，以土地为计算产量标准。第二，土地等级划分为17级，亩产30斤以下的地免征。第一级地为每亩产量31—50斤，平均产量40斤；第二级地为51—70斤，平均产量60斤；依此类推，直至第十七级亩产量461—490斤，平均产量475斤。第三，在累进率上，规定每人每年平均产量150斤，征收1%，每增加1斤累进率增加0.02%，300斤以上每增加1斤累进率增加0.04%，550斤以上每增加1斤累进率增加0.06%，最高征至35%。第四，平均产量按一年一次计算，分夏、秋两季征收。第五，自耕或雇人经营之土地，租佃土地者先扣地租后减征20%，地主出租土地者按其地租收入计算负担。② 滨海区在征收和累进标准上与胶东相同，但以秋粮为主，人均收入75斤以下免征，76斤以上每15斤为一级，第一级征1%，第二级征2%，依此类推，至300斤征15%，600斤征35%，过此不再加征；在自耕或雇人经营之土地上，与胶东不同，产量先减去20%之后再打八折。因此，胶东区是"前八折"，而滨海区是"后八折"，两者的效果相差很大。"前八折"因先减产量的20%再征公粮，所以累进率比原产量低；而"后八折"是在征收公粮后减产量的20%，其累进率仍按原产量计算，累进率就高。

鲁南区与胶东区、滨海区都不同，主要在于公粮按地亩而非按产量征收。鲁南区在1943年夏季公布《修正征收救国公粮办法草案》，负

---

① 薛暮桥：《山东各根据地现行征粮办法检讨》，《山东革命历史档案资料选编》第十一辑，第313页。

② 《胶东区征收救国公粮暂行办法》（1943年6月15日），《山东革命根据地粮食史料选编》第四辑，第93—95页。

担地2分（60斤）以下免征，2分地者全年每负担亩征粮6斤（2%），以后每增2分地加一级，每加一级多征4斤，至1亩（300斤）征26斤（8.7%），2亩（600斤）征46斤（15.3%），2—5亩（1500斤）征106斤（35.3%）为止；出租地、承租地业佃双方各以2亩折1亩。

　　与胶东、滨海、鲁南等区都不同，清河区的征收救国公粮暂行办法最大的特点是划分为地主（一等户）、富农（二等户）、中农（三等户）、贫农（四等户），划分标准是生产资料的获得方式，即是否剥削。按照这一划分，每人每年收入100斤以下免征，100斤以上者按属于哪一阶层而累进征收。贫农从100斤征1%开始累进，直到800斤征9%为止；中农从100斤征10%开始累进，至800斤征19%为止；富农从100斤征20%起征，至800斤征29%为止；地主从100斤征30%起征，至800斤征35%为止。

　　鲁中区则直到1943年鲁中区行政联合办事处成立后，才开始统筹征粮，"比较落后"，且各地区征粮办法也不一致，只有沂蒙地区各县较为统一，但其办法也很复杂。以其中最进步的长山、艾山两区的征粮办法看，该方法按每人亩数来征收，以平均产量180斤为中中亩，每人0.4亩以下免征；0.41—0.6亩征3.5斤（2%）；0.61—1.0亩征9斤（5%）；1.01—1.50亩征18斤（10%）；1.51—3.0亩以0.5亩为一级，分三级，累进率每级加3%；3.01—4.0亩征41斤（23%）；4.01—6.0亩征50.5斤（28%）；6亩以上征54斤（30%）。出租地以3亩作2亩，租种地3亩作1亩。[1]

　　在当时主持山东抗日根据地经济工作的薛暮桥[2]看来，就不同累进率对于各阶层的负担公平来说，山东根据地各地区各有得失。胶东"贫农稍低，富农稍高"，"会妨碍富农经营的自由发展"，同时，"佃农

---

① 薛暮桥：《山东各根据地现行征粮办法检讨》，《山东革命历史档案资料选编》第十一辑，第301—316页。

② 薛暮桥于1938年参加新四军，经历皖南事变后，辗转到了山东抗日根据地，1943年初开始主持山东根据地的货币斗争工作。

的实际负担更重于自耕农和收租地主，这是不合理的"。滨海区对于租佃地实行的是与胶东的"后八折"不同的"前八折"，因此"在重征收租地主，轻征自耕农和经营地主，尤其减轻佃农负担这一点上，滨海比胶东更为彻底"，在"负担比率上比较公平"。鲁南的累进率比较符合要求，承租地、出租地各以 2 亩折 1 亩，在六二五、三七五的租额下，这个规定也是"很适当的"，但起征点偏低，稍不利于贫农。清河区按"生产方式"和"生产资料获得方式"划分阶层的做法，机械、教条地划分地主、富农、中农、贫农四个阶层，按阶层规定累进率，"粗看起来非常科学"，"但实际上是要不得的"，是"远离实际的空想"，实行的结果，"贫农的征收率是百分之一至三，中农的征收率是百分之十三至十七，富农的征收率是百分之二十七至二十九"；产量从 300 斤增至 400 斤，"征收率从百分之三骤增至十三"，产量从 600 斤增至 700 斤，"征收率便从百分之十骤增至二十七。这是何等不合理的跳跃！"同时，清河与胶东一样，佃农的负担也重于自耕农。鲁中区在抗战初期的粮食由军队直接向人民征集捐募，人民负担不确定，偏向于富有者征集，"征粮办法在各根据地中是比较落后的"，"还没有一个较完整的征粮办法，不但泰山、泰南、沂蒙各区各有各的征粮办法，即在同一专员区中，也是各县不同"，而且"一般尚未采取累进原则，地主、富农、中农、贫农均按同一标准征收，即有累进亦是差额太小，未起多大作用"。[①]

虽然有一些对各阶层来说不公平的现象，但总体上来说，山东抗日根据地各地区基本上做到了"钱多多出，钱少少出"的累进征收原则。从表5-5可见，正如薛暮桥所分析的，救国公粮累进征收的实施结果，滨海区的累进率相对而言比较合理。其他各地区，除了有鲁中区累进过快，胶东区、鲁南区累进过慢的问题，也基本上做到了累进征收。

---

① 薛暮桥：《山东各根据地现行征粮办法检讨》，《山东革命历史档案资料选编》第十一辑，第304—313页。

表5-5 山东抗日根据地收租地主、自耕农和佃农的负担比例

单位：%

阶层	胶东区	滨海区	清河区	鲁中区	鲁南区
收租地主	10	18.0	30	58	15.3
自耕农	8	10.4	14	19	11.3
佃 农	8	8.8	14	7	10.0

资料来源：薛暮桥《山东各根据地现行征粮办法检讨》，《山东革命历史档案资料选编》第十一辑，第318页。

虽然救国公粮的甲、乙两种公平负担的累进征收面临一些问题，还不完善，但相对于旧的按田赋银两征收的摊派办法，其明显要更合理、更公平。此前的旧摊派办法被少数上层分子操纵，负担的比例是倒置的，越有钱出得越少，越没钱反而出得越多，中农、贫农的负担比富农还要重。例如，鲁南滕费边实行公平负担办法的结果：贫农负担平均占其收入的1.6%，中农负担平均占其收入的11.6%，富农负担平均占其收入的37%；在同一地区没有实行公平负担的村庄，贫农负担平均占其收入的19.8%，中农负担平均占其收入的19.6%，富农负担平均占其收入的16.9%，地主负担平均占其收入的15.3%。[①]

而相较于当时国民党友军占领区、游击区和日军占领区，山东抗日根据地救国公粮征收的实践结果是，人民的负担是最轻的（见表5-6）。

表5-6 1942年山东抗日根据地与敌占区、顽占区人民负担比较

单位：北海币元

	每两负担	每亩负担	负担指数
我占区	562.50	11.25	100
顽占区	2850.00	47.50	422
敌顽我区	3270.00	54.50	484
敌我区	1520.00	76.00	676
敌占区	2800.00	140.00	1244

资料来源：《山东抗日民主政权工作三年来的总结与今后施政之中心方案》，《山东革命历史档案资料选编》第十辑，第276页。

[①] 《山东抗日民主政权工作三年来的总结与今后施政之中心方案》，《山东革命历史档案资料选编》第十辑，第275页。

累进税也使山东抗日根据地的各阶层出现较大的变动。以沂水县岸堤区 21 个村的公粮累进征收结果为例,从户数、生活水平来看,地主是"日渐破产分化而下降,大部分生活不如从前",在实行累进征收公粮之后,地主往往成为特户。1940 年实行合理负担选特户时,沂水县岸堤区成为特户的地主承担了较多的公粮负担,而佃户却能吃饱饭了,故地主抱怨"全家子(佃户)分了粮食吃不了,咱可缴纳给养不够","这反正是没好日子过了"。该区 1937 年有 36 户地主,1942 年时剩下 25 户,减少了 11 户。富农是"激剧分化,部分的破产下降,相当数量的其生活不如从前",他们"发仇〔愁〕消极",说:"咱怎样一年不如一年呢?穷的可要地,地主可卖地,怎么办呢?"该区 1937 年有富农 129 户,到 1942 年剩下 105 户。中农"一般是保持着原有的经济地位",但是"收入增多,生活是富裕了"。该区 1937 年有中农 343 户,到 1942 年增加了 131户,达到 474 户,"增加百分之三八强"。他们"热心参加抗日工作",普遍反映"这年头有了头绪"。贫农"生活是改善了,部分的户上升,同时这一阶层又是一天天增多的",他们"生活又是更苦的。因其人口多,收入有限,再加上战争的公差负担,物价飞涨等",但他们"对抗战是热心的、积极的,从参加村内各种抗日工作上可以看出来"。1937 年有贫农 838 户,到 1942 年增加到 1056 户,"增加了百分之二六强"。雇农则"生活是大大获得了改善,相当数量的佃户是上升了,同时这一阶层是一天天在减少着","他们的态度是十分拥护民主政府的"。1937 年有雇农 166 户,到 1942年有 98 户,减少了 68 户。166 户中有 77 户上升,"占雇农总数百分四六点三,保持不变者 89 户,占总户数之五十三点七"。从土地流转看,"集中在少数地主与富农手中的大块土地,急速的转向中农,逐渐转向到贫农手中"。岸堤区 1937 年 36 家地主有土地 3914 亩,1942 年剩下的 25 家地主有土地 1005 亩,"换言之,百分之七四点三的土地转向到其他阶层手中"。[①]

---

① 《山东沂水县岸堤区二十一个村子土地变动阶层变化情形》(1942 年),《山东革命历史档案资料选编》第十一辑,第 220—223 页。

四　山东抗日根据地救国公粮征收的特点

　　山东是日军在华北的重要控制地区，日军对山东一直全力维持其军事占领和控制。日军在最初的战略进攻受阻后，逐渐回军华北，分区"扫荡"，先是厉行"治安肃正"，随后又开始"治安强化"。在山东，日本重点针对的是中共抗日根据地。1940 年，山东抗日根据地除冀鲁边形势较严峻外，其他地区仍有发展。但 1941 年日军开始"治安强化运动"，除胶东和滨海仍有部分发展外，山东根据地各区环境次第恶化。1942 年以后，日军对华北更进一步展开第四次和第五次"治安强化运动"和"总力战"，试图建立"华北兵站基地"。敌伪兵力增加，"扫荡"和"清剿"加剧，日军兵力达到约 4 万人，伪军约 15 万人，在形势最严峻的冀鲁边，平均 8 里一据点，鲁南平均 12 里一据点。山东日军可以经常控制万人左右的机动部队，向山东根据地进行分区"扫荡"。[①]同时，山东也是华北区域国共合作与冲突比较复杂的地区。与中共合作抗战的国民党将领有范筑先、石友三和于学忠等，石友三因与中共在山东合作抗日，1938 年底被蒋介石调往河北。于学忠在抗战之初进入山东，多次与山东八路军合作抗日。冲突方面，1938 年 9—10 月间，山东省政府主席沈鸿烈从河北进入山东，试图限制中共抗日武装的发展。1943 年李仙洲调入山东，多次制造冲突。总体上，山东根据地的敌伪顽军形势与华北其他根据地不同，"山东伪军统计中几占华北之半，顽军相继投敌有增无减"，[②]相对来说形势更严峻，根据地面临

① 《一九四二年敌我斗争形势的检讨及今后一年敌我斗争形势与对敌斗争的任务（节录）——朱瑞在山东军政工作会议上的报告提纲》（1943 年 3 月 13 日），《山东革命根据地财政史料选编》第一辑，第 263—264 页。
② 《朱瑞关于山东五年工作总结事致山东分局电》（1943 年 11 月 29 日），《山东革命历史档案资料选编》第十一辑，第 191 页。

的压力更大。

军事形势的紧张造成外在环境的恶化,给山东抗日根据地救国公粮的征收带来困难,也形成了一些相较于华北其他抗日根据地不同的特点。

第一,环境的恶化,使公粮征收工作较难深入。山东抗日根据地发展较迟,"发展很快,但发展平均化"。① 同时,由于山东抗日根据地与中间力量合作较多,"山东的党依靠基本群众的观点不强,过分信任中间势力和中间分子。在检讨鲁南的工作问题时也曾检讨到,如义勇队编给张里元为直辖四团,存在基本上不去依靠基本群众,而去依靠中间势力张里元"。② 这使得救国公粮的工作在一开始时便难以深入,"许多地方实行公平负担,而许多负责的专员县长还不明了公平负担究竟是怎样,自己没有工作经验,也不想在实际工作中去求取经验",③ 一直到1941年,"我们对粮食问题的解决还是很纷乱的,各筹各的,粮食筹一天吃一天"。④ 这种情形,到1942年以后才真正有所改变。同时,山东抗日根据地内部相对复杂,胶东区、滨海区、清河区、鲁中区、鲁南区之间有着较大的差异,各区"缺少中心地区与基点工作的建立,每一时期的任务与方针的决定,也是中心过多,要求过大,转换不灵活、不及时",⑤ 直到抗战后期,这些问题和困难才有较大的改进和克服。

第二,华北其他抗日根据地一般都比较注重减租减息与救国公粮之间的替代关系,山东抗日根据地则比较重视增资与公粮征收的互相促进

---

① 中共山东分局:《紧急动员起来为建设坚持巩固的山东民主抗日根据地而斗争》(1941年7月1日),《山东革命根据地财政史料选编》第一辑,第81页。
② 李克进、李维民编校《景晓春日记》,八路军山东抗日根据地研究会渤海分会2012年版,第53页。
③ 《山东抗日民主政权目前的中心工作——战工会秘书长陈明在山东省行政会议上的结论》(1941年11月11日),《山东革命根据地财政史料选编》第一辑,第47页。
④ 陈明:《一个紧急的战斗任务——克服春荒,解决军食民食》(1941年2月4日),《山东革命根据地财政史料选编》第一辑,第54页。
⑤ 中共山东分局:《紧急动员起来为建设坚持巩固的山东民主抗日根据地而斗争》(1941年7月1日),《山东革命根据地财政史料选编》第一辑,第81页。

关系。山东抗日根据地也重视减租减息，1940年"五一减租，各地比较普遍执行"，[①] "但收获不大"；而山东抗日根据地的"减租减息工作的认真进行，严格讲来直到一九四二年才开始，以这以前，减租减息是一个口号"。[②] 在增资和减租两者的顺序上，山东抗日根据地把增资问题放在减租问题之前，取得了较好的效果。"山东各地增资减租工作广泛推行，使群众生活得到了相当的改善，群众组织得到了大量的发展，因而各根据地比较过去更有了依靠。" 1942年，山东抗日根据地政府颁布了增资法令，并规定了最低工资标准，"照顾了雇主和雇工双方面的利益，也是公平合理的"，这是"由于抗战后货币贬值，粮食价格飞涨，雇工所得实质工资早已经跌落到完全不能过活的程度。虽然去年政府所规定的最低工资比前年大大提高，但还远没有达到抗战前的工资水平。抗战以前三四十元工资可买粮食七八百斤，现在政府规定三百五十斤（滨海区）或五百斤（胶东区），一般说并不多"。[③] 增资工作的推进，提高了农民的生产积极性，增加了粮食产出，这是有利于公粮征收的。这可能和山东抗日根据地临海，同时富有金矿，人们收入来源比较多样化的特点有关。

第三，山东抗日根据地公粮征收在时间上晚于华北一些根据地，所以其有些做法可以参照其他根据地，在实践中不断调整以适应山东的实际情况。甲种公平负担办法以户为征收单位，且将户分等的做法，此前在晋察冀边区的晋东北、晋冀鲁豫边区的太行区实行过，[④] 在晋东北也有关于特别富户的规定，只不过"有特别富户之村，应定为特等村，

---

① 《山东抗日民主政权工作（节录）——战工会秘书长陈明在山东省行政会议上的报告提纲》（1940年9月），《山东革命根据地财政史料选编》第一辑，第33页。
② 《减租减息的思想政策检讨——山东省第二次行政会议土地组总结报告（草案）节录》（1944年11月），《山东革命根据地财政史料选编》第二辑，第73页。
③ 《今年的增资减租工作》，《大众日报》1943年5月17日，第1版。
④ 以户为征收单位，并将户分等的做法在晋冀一带始于阎锡山在第二战区实行的"抗战时期合理负担办法"，后来这一办法被中共敌后根据地摒弃不用。

专为村中特别富户增担分数，仍归村办"。① 太行区也有过将户分等的做法，只是更为复杂，"村分 12 等，户分 19 级"。② 这些做法对山东抗日根据地制定公平负担办法可能都有影响。

乙种公平负担办法的土地累进法，也可以在冀中的土地累进法中找到先例。冀中"以五亩为一级，共分六级，六级以上的土地均按六级计算，税率按二分累进，最高累进率为二亩"。③ 只不过乙种公平负担办法按十一级累进，税率按 1 分累进，最高累进率也为 2 亩。显然，后者与前者基本上是一致的，只不过后者更为细致。

丙种公平负担办法则与晋察冀边区北岳区的办法非常很近，仔细比较《晋察冀边区合理负担实施办法》与《山东省公平负担实施办法（丙种）》可以发现，后者的"填表说明""公平负担比例分数调查表"几乎是照搬前者的"填表说明""民户合理负担比例分数调查简表"，后者的《村公平负担评议会简章》同样是在小部分改动后即照搬前者的《晋察冀边区村合理负担评议会简章》。④ 在工作有一定展开之后，山东根据地也参照了其他根据地的一些做法，"在政权比较巩固的地区，有了各种群众团体组织，并已实行二五减租、一分减息、五一增加工人工资地区，则按照晋察冀办法，完全按照收入，不论土地或动产、工资薪俸等收入，一律以每人每年除去二百斤粮食收入不负担外，其余按累进原则征收救国公粮"。⑤ 当然，在参照其他根据地的做法的

---

① 宋劭文：《关于县村合理负担办法的商榷》，《抗敌报》1939 年 3 月 18 日，第 2 版。
② 齐武：《晋冀鲁豫边区史》，当代中国出版社 1995 年版，第 253 页。
③ 《中国农民负担史》第三卷，第 289 页。
④ 《晋察冀边区合理负担实施办法》，魏宏运主编《抗日战争时期晋察冀边区财政经济史资料选编》第四编《财政金融》，第 152—156 页。照搬晋察冀边区的又一证据是，山东根据地的"合理负担累进分数表"连名字都没有把"合理"改成"公平"两字，按说山东根据地一直是使用"公平负担"说法的，极少使用"合理负担"。照搬的结果是，无论是甲种，还是乙种，两种办法在山东实践过程中都产生相当多的变种，因为各地都发觉照搬过来的公平负担必须做出修改才能适应当地情形，而山东根据地在日后适用公平负担时也不断修正，以适应当地实际情形。
⑤ 《山东抗日民主政权工作》（1940 年 9 月），《山东革命历史档案资料选编》第五辑，第 367—368 页。

同时，山东抗日根据地的三种公平负担办法还是结合了山东的具体情况并有所改进。

与华北其他抗日根据地相比，山东抗日根据地救国公粮的征收，有其自身鲜明的特点：一是统一的救国公粮征收在时间上较晚，直到1941年才在根据地统一征收公粮，这使山东抗日根据地有很多足资参考的成功样本；二是因群众组织工作较弱，山东抗日根据地公粮征收中，不像陕甘宁、晋察冀等根据地那样做得细致，救国公粮征收中出现各种缺憾和不足，到抗战后期，公粮征收才逐渐走上统一累进税的轨道；三是根据地内部各个区域之间差异较大，救国公粮的征收变得纷繁复杂。

虽然面临各种不利因素，但寻求各阶级阶层之间救国公粮负担的公平，仍然是中共山东分局、山东省战工会的重要目标。从具体实践看，山东抗日根据地达致公平的办法主要有两种，一是累进税，二是免征额。

从累进税来看，《山东省公平负担暂行办法》的甲种、乙种、丙种三种办法，本质上是一个累进方式不断改进的过程。甲种公平负担以户为征收单位，且将户分等，这是非常初步的累进方式。乙种公平负担的累进从户等转到土地数量上，征税的单位是标准亩。相对于按户分等，这显然更为合理，其缺点是计算量大且复杂，大部分负担落在中农身上，特别是少数富有者身上。为解决这些问题，开始实行"新征粮办法"。在某种程度上，"新征粮办法"可以看作未付诸实施的丙种公平负担的改进版。"征粮新办法"，新在按产量征收公粮，而且按人均年产量征收。但"征粮新办法"带来农民瞒报产量的问题，其解决办法是继之而起的"征粮暂行办法"，不再采用按实际产量征收，而是按照一般平均产量征收。但各地在实行时，累进率不太合理，不同阶层之间的累进率不完全同步，有些地区过于平缓，有些地区又过于陡峭。为解决这一问题，1945年4月《山东省征收公粮条例》颁布，这是一个基

135

本上以土地常年产量为基础，以农业收入为课征对象，带有免征额的累进税。① 这一条例虽吸取了之前的甲乙两种公平负担、"征粮新办法"和"征粮暂行办法"的一些经验教训，但依然是比较纯粹的公粮征收条例，并没有像晋察冀等根据地那样把公粮和田赋统合起来成为统一累进税来征收。

从免征额看，不纳税的免征亩和免税点有利于生产。乙种公平负担规定了免征亩，这是相较于甲种公平负担的一大进步，但其关于免征亩的规定仍然带有较强的人格属性，一些特定人群享有免征亩，且免征亩占比过高，过分加重了中农以上特别是少数富有者的负担。"征粮新办法"在免征亩的人格属性上做了较大修正，同时降低免征额，使各阶层间的负担相对更加公平。到"征粮暂行办法"又规定，自耕农及雇工的生产成本可以免征，同时一定区域内免负担户不得多于该地区全部户数 20%，这样既保护了自耕农与雇工的利益，又确保公粮负担不至于过分集中于某一阶级阶层。《山东省征收公粮条例》也维持了这一免征额的规定。

中共山东分局、山东省战时工作推行委员会为了求得公粮负担的公平，不断修正公平负担办法，改进征粮办法，1940—1945 年，从《山东省公平负担暂行办法》甲、乙、丙三种公平负担办法，到"征粮新办法"，再到"征粮暂行办法"，最后到《山东省征收公粮条例》；同时给各区以指示、指导，修正调适政策，对于救国公粮的负担公平不断进行探索。

① 《山东省征收公粮条例》，《山东革命根据地财政史料选编》第四辑，第196—203页。

第六章

基层动员与乡政权效能

抗战时期的中国，农民占了人口的大多数。中共在进入陕甘宁之后，面临如何动员农民的问题。要动员农民，首先要了解农民。中共对于农民的看法受到马克思的深刻影响。马克思关于法国农民有一个著名的"马铃薯论"。虽然马克思分析的是法国农民，但在某种程度上也适用于中国农民；马克思所指称的"马铃薯"的分散性，在华北农民中也是存在的。毛泽东也早已认识到农民的分散性问题，在1949年新中国成立前夕特别强调："严重的问题是教育农民，农民的经济是分散的。"[1] 为了克服农民的分散性，中共在陕甘宁边区特别注重提高直接面对农民的基层政权尤其是乡政权的效能来动员农民。

对于陕甘宁边区的基层政权已有一些研究，涉及县政权与县长群体，也涉及一些乡政权，但未涉及其与动员农民的关系。[2] 有研究注意到抗战之初，农民"还没有组织起来，可以说是一盘散沙"，[3] 也有一

---

① 《论人民民主专政》（1949年6月30日），中共中央文献研究室编《毛泽东文集》第3卷，人民出版社1996年版，第146页。

② 黄正林：《20世纪80年代以来国内陕甘宁边区史研究综述》，《抗日战争研究》2008年第1期；张国茹：《精兵简政与陕甘宁边区的基层政权》，《延安大学学报》2008年第5期；杨东：《陕甘宁边区县长的群体结构与施政要务》，《人文杂志》2016年第6期。

③ 魏宏运：《抗战第一年的华北农民》，《抗日战争研究》1993年第1期。

些研究考察了中共对华北农民的动员,① 但对于动员与基层政权尤其是乡政权之间关系,关注、发掘尚不够。对于动员,学界强调其各个侧面的作用,除了政治动员和经济动员,还有军事动员、社会动员、文化动员、思想动员、舆论动员,等等。在抗战时期,军事动员是最直接、最重要的动员。陕甘宁边区同样面临军事动员的任务,但相对来说,陕甘宁边区没有直接处于抗战前线,这也是其区别于中共创建的其他华北抗日根据地的特质所在。对陕甘宁边区来说,在某种程度上经济动员是优先于军事动员的,通过动员实现财政平衡,为前方提供经济支持是边区政府的重要目标。有鉴于此,本章尝试从陕甘宁边区的实践中挖掘动员的原初含义出发,聚焦于县级以下的基层政权,尤其是乡政权的建设,探讨动员演变的内在逻辑。

一　动员的含义

在抗日根据地的相关文献中,"动员"是一个出现频率很高的词。《辞海》将"动员"解释为:"发动人们参加某项活动。"② 如果回到20世纪三四十年代的陕甘宁边区,可以发现动员的指向非常广泛,甚至连劝说学生上学也是"动员学生上学",动员可说是一帖万灵药,区乡政

---

① 黄正林:《社会教育与抗日根据地的政治动员——以陕甘宁边区为中心》,《中共党史研究》2006年第2期;李金铮:《农民何以支持与参加中共革命》,《近代史研究》2012年第2期;李里峰:《中国革命中的乡村动员》,《江苏社会科学》2015年第3期;黄道炫:《抗战时期中共的权力下探与社会形塑》,《抗日战争研究》2018年第4期;王建华:《群众路线是如何炼成的——基于陕甘宁边区征粮动员的观察视角》,《四川大学学报》2018年第1期;王晓荣、何金凤:《抗战初期中共对陕甘宁边区外围国统区乡村上层的社会动员——以陕西关中地区为例》,《中共党史研究》2015年第6期。
② 辞海编辑委员会编《辞海》上册,中华书局(香港)有限公司、上海辞书出版社1989年版,第1240页。

府"不管大事和小事，反正是动员和开会"。① 仔细分析，在陕甘宁边区，动员的种类虽然繁多，但主要有两种：一种政治意义上的动员，另一种则是经济意义上的动员。一般来说，陕甘宁边区政府的高层更多地从政治意义上使用"动员"一词，但对于基层区乡干部和农民来说，"动员"指向的主要是财物、人力与畜力，即对负担的动员。例如，延安县"动员牲口去盐池驮，老百姓说天冻，不好行动"；② 清涧县"有的区在动员鞋子时完全折成钱"；③ 固临县"庆元区四二年动员人力745 个，费人工 3598 日"；④ 神府县"每一动员工作，在群众面前耍花子，村内负责人不说话，使得贫苦人民加重负担，不分人力动员，物力动员这是一般的"。⑤ 表 6-1 呈现了 1941—1942 年绥德分区动员的一些基本情况。

表 6-1　1941—1942 年绥德分区各县各项动员统计

类型		1941 年				1942 年				
		绥德	清涧	吴堡	合计	绥德	清涧	吴堡	子洲	合计
人力动员	工事（人）	8652	16500	69424	94576	1002	7761	12197	—	20960
	担架（人）	1102	49600	—	50702	763	3492	—		4255
畜力动员（头）		7663	20599	4123	32385	1710	12198	3441	650	17999

---

① 陈海阔、德风：《增强下级政府的工作效能》，《解放日报》1942 年 5 月 15 日，第 2 版。

② 《延安川口区四乡赵家窑村调查记》，《解放日报》1942 年 1 月 13 日，第 4 版。

③ 洪彦霖：《动员工作与群众负担问题》，《解放日报》1942 年 8 月 24 日，第 2 版。

④ 固临县县长曹德九：《农村中节省人力畜力的几个问题》，《解放日报》1943 年 3 月 25 日，第 2 版。

⑤ 《神府县政府关于五月二十七日至七月五日的工作报告》（1940 年 7 月 5 日），陕西省档案馆、陕西省社会科学院合编《陕甘宁边区政府文件选编》第二辑，档案出版社 1987 年版，第 383 页。

续表

类型		1941 年				1942 年				
		绥德	清涧	吴堡	合计	绥德	清涧	吴堡	子洲	合计
物力动员	纺花（斤）	3050	—	36150	39200	—	—	16300	—	16300
	纺毛（斤）	—	—	—	—	20000	—	—	—	20000
	做鞋（双）	787	3300	300	4387	3000	4762	1000	500	9262
	鞋底（双）	12867	100	—	12967	2000	—	1000		3000
	缝衣（套）	5857			5857					
	买菜（斤）	67971	13370	24000	105341	6000	29240	—	25000	60240
零星动员	春节劳军（洋元）	22564	11237	120	33921	666000	333000	3525	17592	1020117

注：米脂、葭县无材料，未统计在内。动员项目尚有木料、电杆，代军政机关耕地，救济粮等项，因数量不多，未在表中显示。

资料来源：陕甘宁边区财政经济史编写组、陕西省档案馆编《抗日战争时期陕甘宁边区财政经济史料摘编》第九编《人民生活》，陕西人民出版社 1981 年版，第 496 页。

从表 6-1 可以看出，除一些零星动员和代耕外，动员主要分为两种。一是财物动员。财物动员是乡村工作中的重要工作。在清涧县石泰乡 1942 年的动员账本中，该乡的财物动员项目多达 31 项，其中还不包括"动员毛驴送远差七次"。这些动员中，"大部分是临时动员"。财物动员对于农民来说是经济上的负担。处理好动员工作，是乡长们面临的首要问题，是重中之重。清涧县淮宁湾第六乡乡长张焕成自 1942 年 5 月担任乡长以后，"每次区上总结动员工作时，第六乡完成最早，并且负担公平，民众没有一点怨言，公粮公草质量也好，没有退回过一颗米，一根草"，因为负担公平，民众拥护他，重新划区时，"全乡人民都异口同声，不愿划开第六乡。四个行政村主任，九个自然村村长，代表全乡人民具写呈文保留第六乡"。①

二是人力、畜力动员。抗战军兴，人力动员任务较重。神府县

---

① 《清涧淮宁湾六乡乡长张焕成工作努力，每次动员工作最先完成》，《解放日报》1942 年 9 月 6 日，第 2 版。

"每天动员民夫和毛驴两三千的数目字，不分昼夜担架运输了七八天，至今所驻军队机关的村，老百姓仍不能生产。如措置烧柴，粮米草料，带路，送信，担水，背行李等，一天到晚不得安静"。[①] 在很多动员中，人力和畜力动员同时进行。动员畜力时，需要让畜力的主人随同前去使唤、照看畜力。清涧县动员运输队的办法是"把近城几个区及义务劳动比较少的几个区里的赶脚的和有强壮牲口的编成队。十个一队，每队选一队长，免除他们其他劳役，只来县城应差。现全县共有三十三队，每队应差一天，三十三天轮一回"。[②] 通过动员，各县把人力和畜力都组织了起来。从整个边区来看，1941 年是陕甘宁边区动员负担最重的一年。这一年全边区的人力负担，每劳动力平均 100—115 天；畜力负担，每畜平均 65—75 天。[③] 在完成人力、畜力动员的同时，也把农民组织起来了。

二　基层动员及其调适

对于陕甘宁边区的农民来说，动员给其带来的负担主要包括公粮公草、运盐代金、公债，以及其他动员。其他动员种类和数量繁多，在表 6-1 中已经有所体现。

公粮、公草是最主要的负担。以实征公粮论，1940 年为 9.7354 万石，1941 年为 20.1617 万石，1942 年为 16.5369 万石，此后大约稳定在 16 万石左右，1945 年减为 12.4 万石。[④] 公草在 1941 年达到了 2600

---

① 《神府县政府关于五月二十七日至七月五日的工作报告》（1940 年 7 月 5 日），《陕甘宁边区政府文件选编》第二辑，第 389 页。

② 焕南：《介绍一个动员牲口的例》，《解放日报》1942 年 5 月 30 日，第 2 版。

③ 《中国农民负担史》第三卷，第 221 页。

④ 《陕甘宁边区历年公粮负担表》，《抗日战争时期陕甘宁边区财政经济史料摘编》第六编《财政》，第 152 页。

万斤。① 公粮、公草之外，运盐也是边区的一项重要工作。毛泽东认为，边区的财经问题，"其规律性或决定点似在简单的两点，即（一）发展经济，（二）平衡出入口"。为实现这两个目标，盐的作用不可小觑："盐的第一个好处是解决出入口平衡问题。出入口问题一解决，则物价、币价两大问题即解决了"，"如能增产二十万至三十万担粮与运三十万至四十万驮盐出境，即算基本解决了两个问题"。② 因此，盐的运输成为解决边区出口和财政平衡的关键。为了盐的运输，边区动员了大量的人力畜力，原本分散的农民被组织成运输队。1941 年公盐运输改为交运盐代金，公盐数量为 6 万驮，"每驮出四十元运费"，成为一项重要负担。1942 年，公盐数量翻了一番，为"12 万驮"，1943 年稍减，为"10 万驮"，1944 年为 8.5 万驮，每年运盐办法各有不同。③ 运盐之外，还有公债。公债发行总额为法币 500 万元，并分配给各县，实际上完成数目是"618 万元"。按说公债，政府是要还本付息的，不能视为负担，但当时民众将其视为负担。如赤水、新正等县民众认为公债就是"要人头税，每人五元"，"出了这款子不指望公家还钱了"。还有民众认为公债是"大款子"，是"自己的负担"，"公债是派款"，"不相信会还"，而"把公债票认为是收据，无用的东西，随手乱丢，甚至有贴到墙上和作剪鞋样用，给小娃玩耍"，④ 或是"把公债票糊窗子"。⑤

1942 年，陕甘宁边区的动员大多是一些不正规动员。不正规动员主要有三个特征。一是"项目太多"，"时间、次数无定"。"番［翻］

---

① 〔美〕马克·赛尔登：《革命中的中国：延安道路》，第 179 页。

② 《关于财经建设的基本方针给谢觉哉的信》（1941 年 8 月 6 日），《毛泽东文集》第 2 卷，第 367 页。

③ 《公盐和公盐代金》，《抗日战争时期陕甘宁边区财政经济史料摘编》第六编《财政》，第 373 页。

④ 《建设救国公债的推销情况》，《抗日战争时期陕甘宁边区财政经济史料摘编》第六编《财政》，第 420—421 页。

⑤ 张闻天：《神府县兴县农村调查》，人民出版社 1986 年版，第 68 页。

开石泰乡一年来动员账本一看，可以数出今年财物动员项目共 31 项"，其中大多是"临时动员"，次数多，数量小，劳师动众，浪费民力。如"有关慰劳的动员五次，乡学教员米与办公费各二次，冬学公费一次，欢迎剧团费用三次，乡参议员开会费用一次，鞋子三次"。这些临时动员，涉及金额"数量是很小的，如冬学费十二元，每一行政村只分得三元，慰劳抗工属麦子八斗，每行政村分到二斗，有一次动员乡学教员米一石，每行政村分到二斗多"。数量虽然小，"可是被作为一次动员工作，要召开一次乡干部会议，要分工下农村动员，这家收几毛，那家收几毛，使得干部与群众，都觉得麻烦"，甚至有"兄弟二人为一斤乡学米的负担问题，跑三里路去向乡长控诉村长不公"。二是"变来变去"。"有的县去年运盐本来要发动牲口去运，后来又来了一项命令，说是可以用代金来交，于是已购来的帐篷布等又要出卖"，有的县"去年买粮的任务没完成，改成向群众多布置一千驮公盐来抵账，在今年春耕前布置下去"，影响春耕。三是各县"动员进行的不统一"。"有的县份公盐两次作一次布置，有的县份作两次布置"，有的地方动员鞋子折成钱，有的地方"则要群众做鞋"。①

上述几个因素叠加在一起，导致"不正规的动员占据了乡村行政人员的大部分工作时间"，②"县政府大半忙在动员工作上面"，③"乡政府的工作内容，除了动员工作以外，真是'空空如也'"。④

在乡政府一级，最主要的工作就是动员。张闻天 1942 年 3 月前后在神府县直属乡调查时也注意到，"县政府对直属乡政府的领导主要在动员工作的分配上"，而乡长"他忙的事情，最大部分为动员与优待抗工属的代耕工作及村民间某些纠纷的解决"。⑤延安县女乡长在上任的

① 洪彦霖：《动员工作与群众负担问题》，《解放日报》1942 年 8 月 24 日，第 2 版。
② 洪彦霖：《改进乡政府工作之我见》，《解放日报》1942 年 8 月 3 日，第 2 版。
③ 《陕甘宁边区简政实施纲要》，《解放日报》1943 年 3 月 6 日，第 4 版。
④ 洪彦霖：《改进乡政府工作之我见》，《解放日报》1942 年 8 月 3 日，第 2 版。
⑤ 张闻天：《神府县兴县农村调查》，第 82 页。

两个月内，"动员工作做了两件，一件是运盐"，"一件是借粮75石，已经完成任务"。① 对各县乡长而言，不正规动员占了工作的主要部分。表6-2是对清涧县两个乡不正规动员所占用天数的统计。

表6-2　1942年5—7月清涧县大岔乡、石泰乡乡长动员天数

乡别	事项	天数	总天数	占比（%）
已经土地革命的大岔乡	不正规动员	30	52	57.7
	其他工作	22		42.3
未经土地革命的石泰乡	不正规动员	29	48	60.4
	其他工作	19		39.6

资料来源：洪彦霖《改进乡政府工作之我见》，《解放日报》1942年8月3日，第2版。

在表6-2中，不正规动员在两个乡都占用了乡长六成左右时间，此外的时间，"两个脱离生产的乡长有三分之一以上的时光是做了自己的私人营生或零星事情"，剩下做制度建设和经常工作的时间少得可怜。"大岔乡长在解决乡中琐碎纠纷问题花去12天，整顿自卫军花去10天，在讨论建立制度及经常工作上只花去2天。石泰乡长在解决问题上花去了8天，整顿自卫军花去7天，在讨论建立制度及经常工作上只花去4天。"虽然大半时间都花在了动员中，但效果并不好，"动员工作，也时常拖着尾巴"。②

除了不正规动员多，1941年和1942年的负担重也成为动员中的一个问题。这是相对于1940年之前较轻的负担而言的。1937—1940年陕甘宁边区的财政来源主要依靠外援，外援占到全部财政收入的51%—85%，所以边区民众的负担并不重。1941年1月皖南事变发生后，国

---

① 《女乡长乔桂英——延安县参议会特记之二》，《解放日报》1941年9月30日，第4版。

② 洪彦霖：《改进乡政府工作之我见》，《解放日报》1942年8月3日，第2版。

民党停止拨款，外援也完全中断,① "不发饷，不发枪弹，甚至于外国朋友送来的东西他们也扣留住，我们得不到一点",② 虽然还有苏联方面的资金援助,③ 但边区仍然面临巨大的困难。在这种情况下，边区的民众负担开始加重。以公粮为例，1940 年之前，边区人均负担在 0.1—0.7 斗之间，占收获量的 1%—6%，而 1941 年以后占收获量的 14% 左右。④ 当然，除了公粮，边区还有其他负担，表 6-3 是清涧县两个乡在 1941—1942 年一年的收入与负担情况。

表 6-3　清涧县大岔乡、石泰乡一年的收入与负担 (1941 年 8 月至 1942 年 8 月)

		已经土地革命的大岔乡		未经土地革命的石泰乡	
		数量	价值（元）	数量	价值（元）
人地	耕地（垧）	6093	—	1410	—
	人口（人）	1849	—	1506	—
	劳动力（人）	828	—	490	—
收入	打粮（石）	1362.6		579	
	副业 商业 羊（头）	1729	100000	—	350000
	猪（头）	295		—	

① 以法币计，国民政府拨发的经费，1937 年 7—12 月为 1927672.84 元，1938 年 4480157.16 元，1939 年 5000436.1 元，1940 年 4997074.11 元，合计 16405340.21 元。1940 年 11 月起停发经费。国内外进步人士的捐款，1937 年 7—12 月为 36254.2 元，1938 年 1973870.97 元，1939 年 604207.53 元，1940 年 5505901.69 元，1941 年 779106.2 元，合计 8899340.59 元。参见《抗日战争时期陕甘宁边区财政经济史料摘编》第六编《财政》，第 427—428 页。
② 《李副主席与外国记者的谈话》，陕甘宁边政经济史编写组、陕西省档案馆编《抗日战争时期陕甘宁边区财政经济史料摘编》第一编《总论》，陕西人民出版社 1981 年版，第 131 页。
③ 黄正林：《抗日战争时期陕甘宁边区的财政来源》，《固原师专学报》1998 年第 2 期；黄道炫：《抗战初期中共武装在华北的进入和发展——兼谈抗战初期的中共财政》，《近代史研究》2014 年第 3 期。
④ 周祖文：《动员、民主与累进税：陕甘宁边区救国公粮征收实态与逻辑》，《抗日战争研究》2015 年第 4 期。

		已经土地革命的大岔乡		未经土地革命的石泰乡	
		数量	价值（元）	数量	价值（元）
负担	公债（元）	—	3210	—	4710
	公粮（石）	218	—	281	—
	公草（斤）	35970	—	39150	—
	运盐代金（元）	—	17144		33494
	其他动员	粮600斤，钱1500元		粮870斤，钱1890元	

资料来源：洪彦霖《动员工作与群众负担问题》，《解放日报》1942年8月24日，第2版。

　　清涧县是由八路军驻防的警备区之一，负担较重。从表6-3看，该县大岔乡和石泰乡的公粮负担占各自收获粮食的比例分别为16%和48.5%。大岔乡是产粮区，占收获量16%的公粮负担是比较重的；石泰乡的公粮负担占到收获量的48.5%应该是极重了，主要原因为该乡不是产粮区，"收入主要为商业和种植瓜果"，这两项副业和商业收入是大岔乡的3.5倍，因此如果算上副业和商业收入，公粮负担与大岔乡所占比例大致接近。此外公债数量，两乡也较为接近，运盐代金石泰乡是大岔乡的近2倍，也与两乡收入比例相符，此两项负担再加上其他动员，合计分别占其副业或商业收入的22.4%、11.7%，应该是比较重的。

　　陕甘宁边区民众负担重不重，不仅要从负担占收入的比例来判断，还要从横向与纵向的比较来评估。正如《解放日报》社论所指出的那样："如果单从边区土地革命后几年以来的负担数目字比较，它是加重了些，但和革命前比较仍是轻得多。边区人民革命前的负担，根据本报现有的材料，其最重的要占全年收入百分之六十七，革命后的负担，除了每年征收救国公粮一次外，没有任何附加，今年是最多的一年，其最高额亦不得超过收获物的百分之十及剩余的百分之三十。大后方的田赋，今年也改为征收实物，据悉，四川一省要征粮4800万市石，按四川7000万人口计算，平均每人负担将近7市斗，边区人口为200万，今年的负担，平均每人 1 斗粮和 13 斤草，全边区和大后方比较，仍然是不重的。"① 这是宏观方面的判断，从微观来看，也有相当多的例子可资证明。

从纵向比较来看，以绥西县景家沟村为例，1934 年和 1942 年各阶层收入负担比例参见表 6-4。

表 6-4　绥西县景家沟村革命前后各阶层负担占收入比例

单位：%

年份	地主	富农	中农	贫农	平均
1934	55	53	44	35	43
1942	24.8	21	15	6	13

资料来源：姚鹤亭《从景家沟调查来看，谁为广大人民谋利益》，《解放日报》1943 年 12 月 28 日，第 4 版。

从表 6-4 可以看出，边区各阶层负担与收入比例 1942 年较 1934 年有大幅度的减轻，以各阶层平均负担来看，下降了整整 30%。

从与国民党控制区的横向比较来看，边区农民的负担也不算重。根据对 1940 年陕西国民党控制区和边区各一个农家的收入和负担所做的估算，国民党控制区农家的负担占其"全年收入的百分之三十五"，而边区合水县一个农家负担则占全年收入的"百分之十六弱"。② 延安县作为老区，承担着"全边区二十几个县中每次动员工作最重的任务，及担负全边区一至一·五的负担"，但延安县一个农家在 1940 年的负担是"收入的百分之九强"，显然并不重。③ 虽然 1940 年边区尚有外援和国民政府拨款，农民负担不算重，但即便 1941 年边区负担陡然加重之后，与附近的国民党控制区相比，仍然不算重。1942 年，鄜县的一些

① 《论征公粮公草》，《解放日报》1941 年 10 月 15 日，第 1 版。
② 陈华：《边区人民的负担竟重不重》，《解放日报》1941 年 11 月 9 日，第 3 版。
③ 陈华：《边区人民的负担究竟重不重（续完）》，《解放日报》1941 年 11 月 10 日，第 3 版。

民众"听说今年征粮任务太重了,企图搬出边区,悄悄的派人去打听,结果探得消息,友区比边区的负担还更重,就不再动摇了";一些了解真相的民众表示:"这山望见那山高,咱常到边境上买东西就知道得很清楚,那边的生活还不如边区呢?"① 对于边区负担,作为党外人士的边区副主席李鼎铭的观点是比较公正的,他认为:"边区负担问题,不能说不重,但在抗战时期,也不能算重,看到边区干部今日粗衣滥食,更不忍说重。"②

边区的负担虽然从纵向和横向比较来看都不算太重,但不正规动员和临时动员太多,县、区、乡各级政权都忙于动员,无暇他顾,这是问题所在。为此,边区政府做了一系列整理和调适,逐渐减少动员,并使动员走上正规化、制度化,减少对民众的困扰。

一是动员要正规化,尽可能减少临时动员。边区政府颁布了《战时动员法规》,该法规"集结了多年来动员工作的经验",民政厅指示各县切实按照法规执行,强调各地"要把动员制度建立起来,要统一动员,合理的动员,有组织的动员,节省人力物力,需要负担都能合理,不发生苦乐不均的现象",并"严格取缔一些……转嫁负担于人民的不合理动员"。③"动员工作是不能减少或不可能大量减少的,但却是可以调整的,一般地说乡上进行动员都是根据县区的指令进行的,所以县区必须注意怎样能够在一年之内减少动员次数,例如动员乡学教员粮食,可以与公粮动员同时进行,动员有些临时费用,可以与运盐代金同时进行。"由于相当一部分乡、村干部"没有决心建立正规制度与经常工作",④ 边区政府意识到,区、乡政府工作没有做好的原因是动员

---

① 海稜:《农村夜话——只要边区在,不愁没饭吃》,《解放日报》1942年2月5日,第4版。
② 《李副主席谈从政感想》,《解放日报》1942年7月12日,第1版。
③ 《边区政府颁布战时动员法规》,《解放日报》1942年5月30日,第2版。
④ 洪彦霖:《改进乡政府工作之我见》,《解放日报》1942年8月3日,第2版。

"还没有走上正规化"。①

二是动员要有组织、有计划。临时动员过多，是由于无组织、无计划。固临县有感于"人力畜力的动员，过去曾犯了无组织的毛病"，"曾浪费人力畜力不少"，因此提出"动员工作要有计划"，②改变乡政府的工作方式。首先，要充实、明确乡政府的工作内容，"乡长的业务应当是主持民事、乡村财政和动员工作"，乡长"每月至少召集各委员会主任开会一次"，会上让各主任"汇报自己部门所进行情况"。其次，"乡行政村、自然村都要建立存根制度，任何一种数字统计都要经过审查，留下存根"，并"建立半月汇报制度"。再次，"县区组织乡政府会议"，"进行业务教育"，并对乡村工作"进行系统检查"。最后，建立"奖罚制度"，要奖励做得好的，惩罚做得不好的。③此外，在农忙时节，动员应该有计划地减少。1942年边区政府曾下令，春耕期间，"无论任何动员都须减缓"。④

三是减少动员中的浪费，节约民力。动员中有些人力畜力本是可以节约的，固临县认为，"如运菜、驮水、送信，这些本机构可以解决的，不必定要动员"。据估算，固临县庆元区1942年"动员人力七四五个，费人工三五九八日，牲口一〇四九个，费畜工五四〇四日，这里面人力畜力就有着浪费"。⑤在一系列整改与调适之后，动员有了明显的减少。以延安、绥德两县为例，"延安前年（指1942年——引者注）动员民力60025个，去年（指1943年——引者注）只28493个，减少31532个，即减少110%强。绥德前年动员民力75196个，去年只900

① 陈海阔、德风：《增强下级政府的工作效能》，《解放日报》1942年5月15日，第2版。
② 固临县县长曹德九：《农村中节省人力畜力的几个问题》，《解放日报》1943年3月25日，第2版。
③ 洪彦霖：《改进乡政府工作之我见》，《解放日报》1942年8月3日，第2版。
④ 《陕甘宁边区政府令——令迅速开会议讨论春耕期间限制动员具体办法》（1942年3月27日），《陕甘宁边区政府文件选编》第五辑，第365页。
⑤ 固临县县长曹德九：《农村中节省人力畜力的几个问题》，《解放日报》1943年3月25日，第2版。

个，减少 74296 个，即减少 82.55% 强"，[①] 极大地节约了民力，其背后原因是军队自运粮草，减轻了民众负担。

三　基层动员的政治与经济两翼

动员，除了要关注负担轻重，还要考量是否公平。如果说 1941 年讨论的大多是负担重不重，那么 1942 年之后讨论更多的则是负担是否公平合理。"近年以来，边府对各种负担，都规定有一定条例，并且在厘定负担数字时，一般地通过乡参议会与群众的民主决定；负担的人应占到全人口百分之八十这一原则，已完全做到，所以，我们确定的说，边区的负担，基本上做到了公平合理"，但是，这还不够，"是否每个村子都已经做到很精确了呢？还没有"，"我们应当尽一切力量使负担做到最高度的公平合理"。[②] 揆诸当时的实际，这个观察是比较准确的。

边区政府也意识到公平问题的重要性。为使负担更公平合理，边区曾组织延安普查团，深入农村，进行为期两个月的调查。延安普查团在调查中发现，不公平主要表现为"行政村与行政村的负担不公平，户与户的负担不合理"。[③] 表 6-5 是延安普查团在调查中发现的众多不公平例子中的一例。

除表 6-5 中列出的负担外，五乡尚有负担"教育基金 280 元"，具体如何分配不得而知。全乡有 206 户 833 人，但实际负担仅 151 户 651 人，各户负担的标准，是"以行政村为单位"，"依凭估计"，[④] 由此造成行政村之间的不公平。从表 6-5 可见，第一行政村的户数、人口、

[①]　《边区政府精简总结》，《解放日报》1944 年 2 月 8 日，第 3 版。
[②]　洪彦霖：《动员工作与群众负担问题》，《解放日报》1942 年 8 月 24 日，第 2 版。
[③]　郭涛：《农村负担的公平合理问题》，《解放日报》1942 年 3 月 29 日，第 3 版。
[④]　郭涛：《农村负担的公平合理问题》，《解放日报》1942 年 3 月 29 日，第 3 版。

表 6-5　1942 年延安县蟠龙区五乡三个行政村的基本情况及负担

项目		第一行政村		第二行政村		第三行政村		合计	
基本情况	户数（户）	52		85		69		206	
	人口（人）	232		346		255		833	
	劳动力（人）	64		117		80		261	
	耕地（垧）	726		1160		706		2592	
	牛（头）	19		62		45		126	
	羊（头）	165		532		356		1053	
	驴（头）	13		17		23		53	
	打粮（石）	284		427		382		1093	
		数量	占全乡百分比	数量	占全乡百分比	数量	占全乡百分比	合计	
								数量	百分比
负担	公粮（石）	70	31.8%	82	30.9%	82	30.9%	234	100%
	公草（斤）	10000	30.3%	13000	39.4%	10000	30.3%	33000	100%
	公盐（驮）	18	32.7%	22	40.0%	15	27.3%	55	100%
	公债（元）	875	26.5%	1445	43.8%	980	29.7%	3300	100%

资料来源：郭涛《农村负担的公平合理问题》，《解放日报》1942 年 3 月 29 日，第 3 版。

劳动力、耕地、牛羊驴，乃至粮食收获量，同第二、三行政村都有较大差距，公粮、公草、公盐的负担却都接近了三分之一。只有公债的数量与各村的情况较相符。第二行政村打粮总额是第一行政村的 1.5 倍，但负担仅多了四分之一。相差最大的是第三行政村和第一行政村，第三行政村除耕地少 20 垧以外，其余数量都比第一行政村多，有的还多出不少：劳动力多了 16 个；牛整整多出 26 头，多者是少者的 2.3 倍，羊多出 191 头，多者是少者的 2.1 倍，驴也多出了 10 头；打粮多了 98 石。可第三行政村的负担反而比第一行政村少，其中不合理、不公平之处是显而易见的。

除了村与村之间不公平，县与县之间的负担也不公平。以延安县为例。延安县作为一个老区，承担了"在全边区二十几个县中每次动员工作最重的任务"，"担负全边区十分之一至一·五的负担"。① 就公粮而论，延安县"以3%的人口承受了13%的公粮任务"。②

对于动员中负担的不公平，边区政府也采取了一些政治上的举措。指向经济的动员一旦遇上问题，就需要政治上相应的措施进行补救。政治和经济相辅相成，成为动员的两翼。政治动员的根基是经济动员，而经济动员又要通过政治动员来做一些调适和校正。

第一项措施是加强地方各级政权的"三三制"建设。"三三制"是为了补动员的不足，"实现三三制，党外人士敢讲话了，党才能听到他们的声音，才能真正深入细致地去研究党的政策，党的政策也会真正为广大人民所理解"。③ 1942年3月，在"三三制"提出一年半后，边区政府开始在县一级贯彻该制度。"三三制"的下移，使各方、各阶层对于负担动员"都有说话、办事的权利和机会"。④ 到1942年5月，边区"县级三三制，一般的在人员配备上已经充实起来了，今后的问题是好好运用它以达到抗日建国的目的"。⑤ 可见，"三三制"的实行，有利于动员更加的公平合理。

第二项措施是加强县乡的参议会。边区第一届参议会虽然在1939年1月已经召开，但并未受重视，会开完后一直悄无声息。直到面临财政困难，边区才于1941年11月召开第二届参议会。此后，各级参议会才开始真正发挥作用。县参议会有较大的发言权，县参议员一般是地方士绅，有一定的影响力，发挥了相当大的作用。在征粮中，"许多县参议员都能踊跃的缴纳公粮公草，给群众很好的影响"。⑥ 1942年，乡参议会也开始受到重视。边区第二届参议会副议长谢觉哉特别强调，乡

---

① 陈华：《边区人民的负担究竟重不重（续完）》，《解放日报》1941年11月10日，第3版。
② 《确定今年征粮总额以后》，《解放日报》1942年3月31日，第1版。
③ 《实行三三制，贯彻党的领导》，《解放日报》1942年3月13日，第1版。
④ 《充实县级三三制》，《解放日报》1942年3月4日，第1版。
⑤ 《三三制的运用》，《解放日报》1942年5月25日，第1版。
⑥ 李焕时：《征粮中的二三事》，《解放日报》1942年2月8日，第4版。

"参议会是决议机关，又是执行机关"，乡"参议会开会时，乡政府停止办事，这时有事由参议会办理"，^① 乡参议会"是议决者，又是执行者"。^② 对于群众不满意的乡长，乡参议会可以开会改选。神府县直属乡参议会在 1942 年"因民众不满意新当选的乡长"，乡"参议会开了第二次会，改选了乡长"。"乡参议员在本村能起作用"，"村上一切比较大的事情，同全村居民有关的，村主任、村长照例要先找乡参议员商量"，乡参议员"实际上是村长、村主任的顾问"，^③ 举凡负担动员都经过了参议会的讨论和评议，以调适动员不足之处，改正负担过重和不公平之处。

四　基层动员与乡政权效能

乡政权忙于动员，但收效不大。"乡区一级的政府工作人员，成天忙个不停，往往费力多而收效少。今天开会，明天动员，干部从这村赶到那村，老百姓却怀着厌烦的心情。"^④ 出现这种情况，固然是因为 1941 年边区财政出现困难后，需要乡政权通过大量动员来汲取资源以支撑财政，一般民众大多有负担重的感受；另一个重要的原因则是陕甘宁边区政权结构"头重脚轻"，^⑤ 导致基层政权的效能不高。

对于边区政府的"头重脚轻"，边区政府主席林伯渠和副主席李鼎铭有过形象的说明："人，拥塞在上边，没有好多事做，有的甚至觉得闲得难受；而下边堆满了事，找不到做事的人，这叫做头重脚轻。政策，在上边决定的时候，有理论，有办法，面面周到，到下边变成简单

---

① 谢觉哉：《乡市参议会怎样工作》，《解放日报》1942 年 1 月 6 日，第 3 版。
② 谢觉哉：《乡市参议会怎样工作（续完）》，《解放日报》1942 年 1 月 7 日，第 3 版。
③ 张闻天：《神府县兴县农村调查》，第 80、76 页。
④ 陈海阔、德风：《增强下级政府的工作效能》，《解放日报》1942 年 5 月 15 日，第 2 版。
⑤ 《再论精兵简政》，《解放日报》1942 年 2 月 20 日，第 1 版。

的执行命令，甚至跟原有决定完全相反，这叫做头重脚轻。"① 显然，在1941年下半年，边区政府已经意识到政权结构"头重脚轻"的问题。在陕甘宁边区政府层级架构中，"乡级政府，是政权的最下层组织，是和人民最接近的。它对于政府法令政策的执行和乡村建设工作的推进，是负担着直接的责任的"。但由于"抗战更加困难，动员工作较多，特别是乡级政府的任务未能明确规定，经常工作制度建立很差"，乡政府"形成动员工作来时就忙，动员工作完成时就闲的现象"，② 贯彻上级政府意志的能力不强。边区政府深以为苦，"头重脚轻、上级命令不能下达，县以下不能建立经常的正规的工作制度，这已经是边区行政工作苦恼了几年、而始终没有圆满解决的问题"。③

可见，乡政权孱弱，是边区政府"头重脚轻"、政府效能不高的主要表现。究其原因，则在于乡政权的干部弱。延安县是陕甘宁的老区，也是乡政权相对比较强的县，但1941年延安县的乡政权也不容乐观。按照延安县县长刘秉温的说法，"最大的缺点是干部弱"，"60个乡的乡长几乎全部是文盲，区级的也还有一半以上是文盲，其他的也有很多半文盲。以文盲治理国家确是天下之大难事。一切既都凭脑筋记，工作到了下级自然是要层层打折扣或甚至变成没有了"。④ 延安县尚且如此，其他各县的情形更加堪忧。边区政府曾下决心抽调强干有力的干部到三五个县政府，边做工作，边详细考察并研究如何建立乡政府的经常、正规工作制度，以求通过实际工作经验得出一个加强乡政府执行上级政府能力的具体方案。

在上述背景下，在1941年11月召开的第二届边区参议会上，副议长李鼎铭提出了"精兵简政"的议案，并获得大会通过，为提高乡政

---

① 《到下层去!》，《解放日报》1941年12月9日，第4版。
② 《乡级政权的基本任务》，《解放日报》1942年9月19日，第1版。
③ 《再论精兵简政》，《解放日报》1942年2月20日，第1版。
④ 延安县县长刘秉温：《三年来我们怎样建设延安县?》，《解放日报》1941年9月12日，第2版。

权效能提供了机遇。

对边区政府而言，"精兵简政"主要是"简政"。边区政府努力的方向在于，"行政工作抓中心，行政机构讲求精干，建立正规工作制度，提高工作效率；在干部使用上不仅要使人人有工作，而且要做到人尽其才，才尽其用；在财政工作上不仅要取之合理，而且要用之得当"。"简政"不是"恢复于'简陋'，也不是提倡粗枝大叶的'简略'"，而是针对着过去政府结构中存在的缺点，"建立正规制度和提高工作效率的问题"。① 显然，为了达成这两个任务，充实县以下政权变得迫在眉睫、刻不容缓。

鉴于"头重脚轻"的症结，"简政"的一个措施是将边区政府各级编余人员充实到下级政权中。100多名陕甘宁边区政府的青年干部被分配到县区工作。谢觉哉认为知识干部充实到县区去是"一件大事"，"我们的政权建设，还只有新的理论，还没有完好的各种具体工作的规律与成绩，还没有锻炼出足够多的各级政权人才"，而"没有建设完善的政权，不可能有抗战的胜利"，这次知识干部要到县区去充实政权，"边区政府和边区参议会对这次分配下去的同志抱有巨大的希望，你们在县区努力，我们在这里努力，大家密切联系，时常写信，相互督促、商量，求得改造作风，改造自己，改造边区"。②

在"简政"过程中，边区政府提出了"一切工作在于乡""加强乡政权，创造更多的模范乡村"的口号。③ 在此背景下，县区干部继续向下深入，加强乡政权。延安县精简了百余名干部，其中"八十余名的县区乡干部转入了生产，另外一部分县区干部，调到区乡工作"。转入生产的干部，大多担任乡的书记等，延安县要求他们参与乡村工作，指

① 《精兵简政》，《解放日报》1941年12月5日，第1版。
② 谢觉哉：《赠言——在欢送边府分配到县区工作的同志会上讲》，《解放日报》1942年6月4日，第1版。
③ 《精兵简政中关于处理干部的两个问题》，《解放日报》1942年11月22日，第2版；《边区政府精简总结》，《解放日报》1944年2月8日，第3版。

155

出:"你乡工作的好坏,你要负重大的责任。"① 志丹县在"简政"编整过程中,区级干部共精简了 13 人,3 人去学习,2 人在生产部门工作,3 名担任乡长,1 名调完校任教员,2 名调县委工作,2 名因病减缩回家;担任乡长的 3 人都是原任区助理员的堪以委任者,② 区助理员对乡一级的工作比较熟悉,对加强乡政权无疑有所助益。固临县县、区二级共精简 31 人,其中 11 人改任乡长。③ 曲子县县级干部编余 4 人,其中 2 人派任乡长。④ 环县县、区两级干部编余 21 人,去向比较分散,其中 2 人派任乡长。⑤ 子长县县、区党政民干部原有 143 名,整编后共余 101 名,编余干部 42 名,"此次整编中干部情绪很好,一般学生出身的干部,都以眼睛向下的决心自动要求到区乡去工作",其中 2 人派回乡当支部书记。

充实干部之后,乡政权工作主动性得到提高,"在春耕动员布置中,区乡干部均能自动在乡与村中作生产计划","县上只派人到区乡检查与指导,已将过去以上代下的工作作风,初步改变过来"。⑥ 县区编余干部深入乡政权,"使数以百计的偏僻乡村有了新干部"。⑦ 从材料中可以看出,"简政"中派任乡长的编余人员都是能力较强者,他们充实到乡政权,对于加强乡政权无疑大有益处,乡政权的工作效能有较明显的提高。

除了充实乡政权干部,边区在政权建设上也采取措施加强乡政权。

---

① 《精兵简政中关于处理干部的两个问题》,《解放日报》1942 年 11 月 22 日,第 2 版。
② 《陕甘宁边区政府批答——为照准志丹县编整事》(1942 年 1 月 30 日),《陕甘宁边区政府文件选编》第五辑,第 133 页。
③ 《陕甘宁边区政府批答——固临县不应设秘书处等事》(1942 年 2 月 6 日),《陕甘宁边区政府文件选编》第五辑,第 209 页。
④ 《陕甘宁边区政府关于曲子县编整情形及第三科增加一人不能照准的批答》(1942 年 2 月 21 日),《陕甘宁边区政府文件选编》第五辑,第 265 页。
⑤ 《陕甘宁边区政府为环县编整问题的批答》(1942 年 3 月 19 日),《陕甘宁边区政府文件选编》第五辑,第 332 页。
⑥ 《子长整编完毕,区乡干部工作效率提高》,《解放日报》1943 年 4 月 1 日,第 2 版。
⑦ 〔美〕马克·赛尔登:《革命中的中国:延安道路》,第 203 页。

一是实行第二届参议会关于乡政权增设文书的决议。"乡政权只有乡长一人常驻办事,确有顾此失彼的困难,加上乡长文化过低,对上级政策和法令有解不开的困难,对分析情况和总结工作有吃不消的困难",出现县、区"以上代下"的积习。为克服上述问题,有必要"添设一个有相当文化程度的文书"。① 乡文书"应该具有能写报告,能够笔算或珠算和看懂一切公文法令的最低限度的文化水平",有文化程度的文书与"有实际工作经验的乡长"相结合,就可以"补目前下级干部之所短,发挥其所长,就可以使县区乡政权工作加强起来",以解决"以前县长科长区长下乡传达布置工作时,县区政府工作常有停摆现象,误事很大"的问题。② 二是确认乡参议会的地位。乡参议会是乡政权"最高权力机关,乡参议会闭会期间,乡政府就是最高权力机关,行政村主任由乡参议会通过委任之",③ 使乡政权的民主集中制得到贯彻。

边区政府的目标,是建设一个能适应抗战要求的乡政权,通过加强乡政权,从政权结构上解决"头重脚轻"问题。由于乡政权效能不高,没有建立经常的工作制度,边区只能依靠动员获取抗战资源,但从根本上说,"动员工作太多,乡政府是没法正规起来的"。④ 县级以下各级政权要减少动员,建立经常的工作制度,"归根到底不能离开乡政权来实现"。因此,边区政府从干部和制度建设等各方面充实乡政权,其目的是"改进乡政权的工作方式,纠正强迫命令主义的残余,要纠正滥用动员方式的习惯,今后只有战争性质的动员,才采用动员方式,而关于经济文化教育等建设工作,一般不要用动员方式"。⑤

① 《加强乡政权,区以上须精简机构精简人员》,《抗日战争时期陕甘宁边区财政经济史料摘编》第一编《总论》,第202—203页。

② 王幸之:《县区乡级政权工作的干部和组织问题》,《解放日报》1942年6月13日,第2版。

③ 《加强乡政权,区以上须精简机构精简人员》,《抗日战争时期陕甘宁边区财政经济史料摘编》第一编《总论》,第202—203页。

④ 洪彦霖:《改进乡政府工作之我见》,《解放日报》1942年8月3日,第2版。

⑤ 《陕甘宁边区简政实施纲要》,《解放日报》1943年3月6日,第4版。

陕甘宁边区动员的演进逻辑，是从不正规动员到正规动员，再到累进税制。动员终究是临时性质的措施，中共一直希望相对处于抗战后方的陕甘宁边区逐步用正规的制度代替动员。对于救国公粮这一发挥了重要作用的正规动员，边区也一直尝试转向累进制税收。在边区政府"头重脚轻"的结构得到改善、乡政权得到充实之后，毛泽东认为实行累进制税收的条件已经成熟。1942年底，他指出救国公粮作为一种动员，"主要缺点是税率不确定，损害农民的生产积极性"，要求边区在1943年"制定一种简明的农业累进税则，依一定土地量按质分等计算税率，使农民能够按照自己耕地的量与质计算交税数目。农民有了这个计算，就可计算他全年全家收支的比例，就可放手进行生产，而增加生产积极性，保证粮食的增产；政府征税时也就不发生不公平的问题了"。[①] 在此背景下，1943年边区开始在延安等三个县、地区试行农业累进税，并在1944年把试点区域进一步扩大。显然，有明确预期的累进税制比临时性质的动员更有益于激励农民扩大生产。

在转向累进税收制度之前，乡政权没有正规、经常的工作机制，使得乡长整天忙于动员，却收效不大。乡长动员的低效，实际上是陕甘宁边区政权结构"头重脚轻"、无法顺利进入乡政权这一尴尬处境的反映，也是中共在陕甘宁边区尚未真正深入农村与农民的反映。在这种情况下，频繁和杂乱的动员似乎在短期内是不可避免的。对财物、人力和畜力的临时、不经常性动员引发了很多问题。为此，边区政府适时进行了调整。同时，边区政府在经济动员出现问题时，则用政治建设加以补救。

不可否认的是，通过对财物、人力和畜力的动员，陕甘宁边区把"马铃薯"式分散的农民组织起来，而在动员中出现的问题，又促成了边区政府着力提高基层政权，尤其是乡政权效能。随着"精兵简政"

---

① 毛泽东：《经济问题与财政问题——一九四二年十二月陕甘宁边区高干会上的报告》（1942年12月），《抗日战争时期陕甘宁边区财政经济史料摘编》第六编《财政》，第103页。

后县区干部不断向乡政权充实，乡政权工作的经常化和正规化得到加强，"三三制"和乡参议会也日渐完善，边区政权结构逐渐深入农村和农民。当边区改善了政权结构"头重脚轻"的问题，转而将救国公粮等动员转向正规的累进税制时，农民的生产热情被激发出来，动员也就逐渐完成了使命。

第七章

救国公粮的保管、运输与支付

公粮征收完成之后，还有保管、运输和支付诸问题。公粮的保管包括入仓、尾欠等工作，入仓则牵涉到人民将公粮运输到粮库的问题，其间涉及仓库、保管等方面。公粮在入仓库保管之后，还有向军队、政府、机关的支付问题。此外，由于仓库设立的地点及军队随时移驻和作战，很多时候还需要运输公粮，以供应军队、政府和群众团体。概而言之，华北各抗日根据地都面临如何做好公粮的保管、运输和支付的问题，正如中共在华北财政经济会议上所主张的那样："公粮工作，不单征收了，保管了，就算完成任务，在全部工作中，怎样妥善的把公粮支付出去，不发生任何问题，才能算全部任务的完成，我们征收了若大数目字的公粮，还不足十二月吃，虽然未保管起来是原因之一，但支付的不当，使用的浪费，贪污的存在，也是很大的原因。"① 目前学界对抗战时期华北根据地救国公粮的相关问题有一定的关注，但鲜见有对于公粮的保管、运输和支付的研究，基于此，本章拟就此论题做一概述与讨论。

---

① 《公粮工作的经验教训与决定》（1941 年 10 月 1 日），《晋绥边区财政经济史资料选编·财政编》，第 168 页。

一　救国公粮的保管

在敌后游击战争的环境下，公粮的保管办法，在各抗日根据地基本上是分散保管与粮库集中保管相结合。在一些日军活动频繁、到处抢掠粮食的区域，与其说是存粮，不如说是藏粮更为符合事实。

一是分散保管。这是一种直接由游击战争形势促成的储存方式。分散保管有两种形式：其一，公粮多的由该出粮户储存保管；其二，公粮不多或所出无几的几户合起来保管。在晋察冀边区，这两者的分界线是1石，1石以上的由各户自己保管，1石以下的几户集中于一户进行保管。不过，有时根据实际情形，也有变动。晋察冀边区平山县1940年度公粮"1石之户增多，保管不易，我们由1石降到3斗，在各户签字后，由村粮秣委员亲自点收"。① 粮库"保证一村一库，存粮可多可少"。同时为了调剂方便，"克服把粮集中一村的现象"，② 早在1938年11月，晋察冀边区就制定《晋察冀边区救国公粮储存保管办法》，规定："为节省运输便于支配，各乡村所征公粮以分存各该乡村为原则，一业内所出公粮在一石以上者，仍由该户存储，其在一石以下者，数户集中一户，或觅公共地点存储。各村所存公粮种类、数目、地点，均须造具底册，分存区村公所，并由区造总册呈县以便统计分配。未经政府命令或无军用粮票，任何人不得支用公粮，否则照数赔偿。区村和县每月动用公粮若干，均须于月底汇报上级注销以便稽核调度。"③ 在晋察冀的冀中战略区，"粮食除军队常驻之区多屯粮外，一般的村庄都随进

---

① 《平山县公粮动员总结》，《抗敌报》1940年11月10日，第4版。
② 朱其文：《在冀热辽财政会议上的总结》（1944年7月15日），魏宏运主编《抗日战争时期晋察冀边区财政经济史资料选编》第四编《财政金融》，第84页。
③ 《晋察冀边区救国公粮储存保管办法》（1938年11月），魏宏运主编《抗日战争时期晋察冀边区财政经济史资料选编》第四编《财政金融》，第187页。

保存一部分粮食，以备军队随时领取。粮食都是请民众分散保存，关于存粮有这样一个经验，早先把粮食存在老乡家中，不囤起来，可是这样往往到用时取不到粮食，以后粮食并不取出来，只是转一道手续，就是政权机关打税收单给老乡，老乡打存条给政权机关，粮食只过一下秤，仍存放在原来老乡家，这样一来老乡就不能把粮食看作是自己的而随便处理了"。①

晋绥边区的做法与晋察冀边区小异而大同。其公粮保藏主要有两种办法："第一种办法，凡是一石以下的公粮都要把它集中起来，因为出一斗五升三斗五斗的人家很不少，如果零散于各户手中，当政府要紧急动用公粮时就感到极大的困难，所以，一石以下的公粮都要集中。对于去年收公粮时，不好要的那些人家，与调皮捣蛋，私心特别重的，这些人的公粮，不管他出多出少都要设法集中。以上两种要集中的粮食，大约最多只占全村公粮总量的四分之一至五分之一左右。第二种办法，就是把一石以上的公粮，用互相保藏的办法，如甲户出粮二石，乙户出粮石五，则由粮委会指定甲户的公粮由乙户保存，乙户的公粮由甲户保存。但甲乙两户之公粮，出小米，出莜麦，或出多少杂粮，都要经过粮委会的同志亲手过秤及登记好。"② 公粮的保管虽然强调要"全部集中"，但是，"民众一次往出交粮害心痛，干部怕损失不敢负责，加之敌人经常'扫荡'，抢粮手段非常利害"，因此全部集中事实上是不可能的，"'分散集中'的办法还可适用，以备大批之用时不致耽误"，同时，"一斗以下或一斗者，必须先集中起来，以作零支，不致使该民户到后期无粮可交，公私不便"。而对于出粮较多的富户，其"忠实可靠者，应由各该户自行保管"，但前提是"村公所必须取得存粮收条，作有计划的支用"，一有需要，"存粮户得到村公所通知后应立即如数交

---

① 《冀中人民抗日斗争资料》第 5 期，1984 年 7 月，第 120 页。
② 黎黄：《公粮的保藏问题》，《抗战日报》1941 年 12 月 6 日，第 4 版。

出，绝不得借故拖延"。① 因此，在根据地的巩固区，公粮保存一般是
"按规定把征得的数目字，全部的做'分散集中'妥善的交保管委员会
保管起来，把全部公粮掌握在政府手中"，粮秣委员会以"自然村每二
十五户选三人至五人编一公粮小组"，推选组长，由组长产生行政村粮
秣委员会，采用会长制。粮秣委员会给予津贴米每月 15 斤，常驻村公
所，在村主席领导下专门办理粮秣工作。保管时根据"分散集中的原
则"加以保存，同时"一定要将粮食移到离开原主"，"每自然村每间
以二十石为原则，每户以四石为原则"，依据此原则"按各地实际决
定"。② 同时，为了防止战争中敌伪抢粮，"各地公粮均由群众分散
保存"。③

在公粮存储上，1941 年前，晋冀鲁豫边区"实行过粮户认缴自存
办法，结果赶到用时，老百姓往往把公粮吃掉了，冀南名曰：'观念征
粮'，以致军队沿门讨要"，后来改为"集中缴粮，分户保管"。④ 1942
年冀南变质为游击区，存粮的环境更为艰难，与其说是存粮，不如说是
藏粮更为贴切。征收的公粮"全存在中心区里会吃亏"，因此"分交各
县秘存"，"必须存于地下"，"不要全存到仓库之中，因为仓库业已公
开，仓库干部易被敌人注意，可能遭受较大损失，所以应藏到秘密的商
号或分存民众家，使敌人不注意"，"存的粮食一方面要绝对秘密，但
另一方面必须使存粮地点有三、五人知道，并检查一次，以免舞弊假
报，或一个干部损失无处取粮，同时一旦发生投敌叛变时也可转换地

① 《公粮工作的经验教训与决定》（1941 年 10 月 1 日），《晋绥边区财政经济史资料选
编·财政编》，第 189 页。
② 《公粮工作的经验教训与决定》（1941 年 10 月 1 日），《晋绥边区财政经济史资料选
编·财政编》，第 174—175 页。
③ 《华北财政经济会议综合报告》，《晋绥边区财政经济史资料选编·总论编》，第 679
页。
④ 《晋冀鲁豫的财政经济工作（选录）》，《抗日战争时期晋冀鲁豫边区财政经济史资
料选编》第一辑，第 342 页。

点"。① 在这种情形下,公粮保管是一个相当棘手的问题。除了冀南,晋冀鲁豫边区其他地区一般也都是将公粮"埋藏、分散"保存,因此特别注重"依靠群众保守秘密",同时由于"由外县和外区运来之大批粮食让群众保管,要自己库存,必须有必需的物质和设备,如席子等",所以需要支付保管费。为了筹得公粮保管费,晋冀鲁豫边区决定"各专区可按需要在屯粮总数内征千分之一点五的粮食,以作保管费用,此款由专署统一筹支"。② 因为藏粮工作做得好,日军出来"扫荡"抢粮,所获无多,"不能不'生吃山药蛋',不能不'吃糠',甚至连糠和山药都打不着","困在据点的敌伪,也不得不忍受饥饿凄凉之苦"。③分散保存公粮,可以说是中共在敌后根据地的一个创造。

二是设立仓库集中保管。这一保管形式在各边区战斗较少的地区所在多有,在原则上,大多数根据地都要求公粮集中。晋察冀边区在粮食管理上,"开始时以区村为单位供给,到哪里吃哪里,没有在各地相互调剂,其后,区村筹支办法很快的又变成县的统筹统支,再后,很快的又进到边区的统筹统支——筹粮统一于边区,粮食之管理与分配亦统筹于边区。这是粮食管理工作上的一大进步"。④ 晋绥边区要求,"公粮征收后,须全部集中入仓,以便支用,暂不设仓库之地区亦须集中,由自然村干部或选择适当民户代表分别保管"。⑤ 但在所有的根据地中,公粮的仓库制度最为典型的,当是陕甘宁边区。由于陕甘宁边区处于敌后根据地的后方,较少受战争的影响,具备集中存储公粮的客观条件,同

---

① 《冀南行署关于粮秣货币问题的指示》(1942 年),《抗日战争时期晋冀鲁豫边区财政经济史资料选编》第一辑,第 604 页。
② 戎伍胜:《关于粮食工作的几点重复说明》,《抗日战争时期晋冀鲁豫边区财政经济史资料选编》第一辑,第 963 页。
③ 《一年来太行财政工作》(1943 年 9 月 12 日),《抗日战争时期晋冀鲁豫边区财政经济史资料选编》第一辑,第 626 页。
④ 邵式平:《几年来粮食工作之经验教训与今年度的工作布置》,《战线》第 93 期,1942 年 9 月 11 日。
⑤ 《晋绥边区修正公粮征收条例》(1945 年),《晋绥边区财政经济史资料选编·财政编》,第 631 页。

时，陕甘宁边区为中共中央所在地，有着众多的政府和机关，在主观上也希望公粮集中存储，以便于支付公粮，因此，陕甘宁边区政府对于仓库制度较其他根据地更为重视。

陕甘宁边区早在 1937 年就已经修订《救国公粮保管分配条例》，规定："各区应在适当地点设立仓库，由边区粮食局管辖之区仓库设主任一人，由区政府推荐呈请边区粮食局委任之，于救国公粮征收到负责保管救国公粮。""救国公粮征收后须由区征收委员会将救国公粮全部移交各区仓库主任，此后公粮由仓库保管支配。"① 陕甘宁边区建立健全粮食管理制度，制定了《粮食局组织规程》《粮食局办事细则》《各级仓库组织章程》《各级仓库管理办法》《仓库工作人员奖惩规则》《粮食工作人员移交规则》《粮食局运输规则》《各级粮食机关会报规则》《各级仓库经费暂定开支准则》《各级仓库修理标准暂行办法》《仓库人员待遇办法》《粮食局运输人员待遇抚恤办法》等。这些法规公布后，初步建立起粮食管理制度。1942 年，陕甘宁开始强化仓库制度和会计制度，"在仓库制度和会计制度上，由于干部条件的限制，仓库制度只能先从加强中心仓库做起，由此逐渐普及到各个仓库。会计制度，则由财政厅制定了两种标准账簿（一新式较精细，一中式很简单），由干部根据自己的能力采用。一九四二年大部分仓库，好歹都有了账簿，已能逐渐达到仓库粮食收支、存粮数目和种类随时得出统计的目的"。当然，仓库"大部份还只做到了粮食收支和管理工作，关于督收、保管、报销等责任，还做得很差"，"个别部队因为粮食浪费超支，向仓库强迫借粮的事情，仍不能尽免"。虽然存在不足，但由于建立了账簿，仓库在清算旧粮账上取得了较大的成果。"数年以来，各县以粮账向没有清查结算过，使粮局的账据失去效用"，1941 年冬天，"按粮局账上算，安寨应存粮二千九百余担，实际则所存不到一百担"，其中

---

① 《救国公粮保管分配条例》（1937 年 10 月），甘肃省社会科学院历史研究室编《陕甘宁革命根据地史料选辑》第二辑，甘肃人民出版社 1983 年版，第 28 页。

差别有如云泥，"疗养院向仓库领粮，五年没有算账，一九四二年才查出它多领了一百多担粮"。诸如此类的情形可说是比比皆是，再加上1941年"买粮借粮的混淆，许多县份无账可查，因此粮局分别派遣干部下去算账，并采取各种各样的算账办法，经过半年多的努力，才将仓库旧账算清"。到1942年底，粮食局才能"具体了解仓库存根，掌握粮食收支"。①

　　除了陕甘宁边区，晋察冀边区和晋冀鲁豫边区也比较重视公粮的仓库制度。晋察冀的北岳区要求，粮库制度"必使之名符其实，首先支部要负责，无支部者，政权群众团体要多负责。凡有支部之村粮食发生问题时，不管支部是否公开直接管理都须负责"。② 晋冀鲁豫边区则有大规模屯积公粮的做法，且常在进行大的战役之前先屯积公粮，相应的粮库制度也得到了重视。③ 太岳区根据两个原则设立仓库：一是"妥善保管，避免损失"；二是"便于供给"。并将所设仓库分为四等："1000石以上为特等，500石至1000石为甲等，200石至500石为乙等，200石以下为丙等。"仓库主任的待遇相应也分为四等："特等每月3斗。甲等每月2斗。乙等每月1.5斗。丙等每月1斗。"太岳区仓库数量不少，例如沁源一县，就有"65个仓库"，但是考虑到仓库偏多，将"偏僻地区不需粮食之仓库进行并仓，以紧缩仓库"。④ 晋冀鲁豫边区在战争环境有所好转后，从分散保存转向集中保管，"建立仓库制度，一部配合县区行政设立，一部打破县区范围，根据战争环境设立，直归专署或行署掌握的，这种仓库是采取'集中领导，分散保管'办法，实

---

① 《经济问题与财政问题——一九四二年十二月陕甘宁边区高干会上的报告》，《毛泽东选集》，东北书店1948年版，第882—883页。
② 刘澜涛：《在区党委粮食会议上的结论》（1942年8月30日），魏宏运主编《抗日战争时期晋察冀边区财政经济史资料选编》第四编《财政金融》，第203页。
③ 《晋冀鲁豫的财政经济工作（选录）》，《抗日战争时期晋冀鲁豫边区财经济史资料选编》第一辑，第315页。
④ 《太岳区1945年财政工作方针与任务》（1945年1月7日），《抗日战争时期晋冀鲁豫边区财政经济史资料选编》第一辑，第636页。

行以来感到极大方便，去年以为和平了，一度建立大仓库，的确是好，惟战争一来易受损失，今天已改变。在游击区征收的粮食，除留一小部分，供当地军政坚持吃用外，绝大部分要运回根据地保存"。①

在战争环境下，无论是分散保管还是集中存储公粮，都面临严峻的考验。

公粮的分散保管虽然适应游击战争的环境，"但是很难管理，损失也大"。② 一是农民在粮食不够的时候，通常会先吃掉其保管的公粮。晋察冀在一般存有在反"扫荡"时才动用的、保证军队供给的粮食"战粮"。按规定，"战粮一定要屯到指定地点"，"不能因搬运困难而任意自行决定"，由于处于游击区，战粮"保存一定要分散"。但晋察冀检查的结果，"大多数战粮都堆积在房子里，理由是怕老百姓吃掉，而准备临时才分散"。③ 二是在公粮存储前与存储后过秤时，也会有损耗。如晋冀察边区"脱秤损耗数二十七年（1938 年，以下类推——引者注）为 2.1%，二十八年为 6%，二十九年为 0.3%"。④ 晋察冀边区的经验是，"开始时，只是把应交的数目记下来，并不当面彻底入库，临到动用时就没有了，但这有一个好处，即有的答应一石什么时候都是一石，如果过秤过库叫他保存，过几天用时会少些，一般的减少百分之三，这种损失还是正当的减少，此外还要烂掉，虫吃，鼠吃，偷窃，战时损失等等'名堂'。最近，偷窃公粮事件各地都不断发生，据易县检查，偷窃公粮者（保管人自偷或他人偷），去年到今年六月，有三十五件，四千九百多斤，偷盗者一般是村干部，有多数还是党员。阜平检查了五个

---

① 《晋冀鲁豫的财政经济工作（选录）》，《抗日战争时期晋冀鲁豫边区财政经济史资料选编》第一辑，第 342 页。

② 《华北财政经济会议综合报告》，魏宏运主编《抗日战争时期晋察冀边区财政经济史资料选编》第一编《总论》，第 679 页。

③ 邵式平：《晋察冀边区现阶段的粮食工作》（1941 年 4 月），魏宏运主编《抗日战争时期晋察冀边区财政经济史资料选编》第四编《财政金融》，第 614 页。

④ 张帆记录《边区廿九年度救国公粮征收总结——邵局长在二月十六日边区首届粮食会议报告》，《晋察冀日报》1941 年 3 月 23 日，第 4 版。

区，发现偷盗公粮者二十五件，他们的理由是'现在没的吃，公家要时，我再拿出来'。实际则是当时粮价很高，他吃了一部，费了一部，做到一手'好生意经'，此外，还有把放米的房子封起来，而把鸡放进去的。也有把粮偷一部分，把灰和进去的，各种花样极多，各地多少都有。敌人进攻时损失亦大，去年秋季反'扫荡'即损失六千三百多石。有些地方，粮食坏得不能吃。总之，粮食损失，名义上损失百分之三，实际上大过此数"。① 三是敌寇"扫荡"，敌伪抢粮，也会损失公粮。晋察冀边区因为敌人"扫荡"，在"二十七年损失公粮944石，二十八年损失公粮2366石，二十九年损失公粮341石。如以每年保管粮食数为100，则被敌损坏数在二十七年为9%，二十八年为20%，二十九年为1.9%"。②

　　即便是在粮库集中存储的公粮，也有难以避免的问题。首先，在入库时就会出现一些问题。陕甘宁历年征粮，在"征收数字上都完成了任务，而且都超过。可是入仓工作做得太马虎，许多征粮干部以为只要数目字完成，不问质量，不查尾欠。因此一则质量太差，有百分之十五至二十的谷皮者；二则造成群众拖欠公粮的现象，征收数和入仓数之间有了一个距离。一九四一年征粮，质量虽有所提高，但夹带谷皮之米仍属不少。又提出了'粒米入仓，根草入窖'的口号来克服拖欠现象，但仍是做得不够，再加上一九四一年公粮比过去任何一年为多，增加了入仓阶段的困难，因此，一九四一年没有入仓的还有三千九百余担，将近于全部征收数的百分之二。一九四二年征粮时，特别强调了抓紧入仓的问题。根据最近检查，本年入仓工作比上年做得好些，但能否全部入仓，还须等将来总结后才能回答"。③ 其次，在支领时也易出现弊端。

---

① 邵式平：《几年来粮食工作之经验教训与今年度的工作布置》，《战线》第93期，1942年9月11日。
② 张帆记录《边区廿九年度救国公粮征收总结——邵局长在二月十六日边区首届粮食会议报告》，《晋察冀日报》1941年3月23日，第4版。
③ 《经济问题与财政问题——一九四二年十二月陕甘宁边区高干会上的报告》，《毛泽东选集》，东北书店1948年版，第879—880页。

168

晋察冀边区"各部队、机关每月领取粮秣，总免不掉有些'截旷'或'截余'的粮食，平时还可以自己保管，一到移到时，便交给百姓代管"。此项粮食"因为保管无方，容易遭受损失"。边委会为保证军需避免粮食损失，于第四十次委员会议决议并于 1942 年 2 月 1 日颁布《部队机关存粮归还粮库办法》，规定：各部队机关在老百姓家中的存粮一律登记报区，由区公所给存粮部队机关开收据，把这些存粮交由村粮库保管，原部队机关仍可按照粮库规定领用，一个月以内领用者得随时直接取用，过月不领者必须凭粮票领粮。[1] 晋察冀边区冀热边战略区要求"粮库要保证一村一库，存粮可多可少，由县依据部队及工作人员来往多少，具体决定数字，部队常到的村子要多存粮，村库缺粮时，由区负责调剂，一区无粮食由县负责调剂。区应经常检查各，善为调剂，克服把粮集中一村的现象"。[2]

抗日根据地制定巩固区公粮存储保管办法后，还面临游击区和敌占区的公粮保管问题。游击区和敌占区的公粮保管较之巩固区，更为不便。晋绥边区采用了公粮变价的方法和就地保存相结合的办法，但主要是公粮变价。"敌占区公粮不易囤集保管，又不便运到根据地来，一九四〇年曾组织购粮和委员会，在八区购运粮食受敌袭击，损失极多，群众也要求停止运粮，改收物款，同时为了解决一部分经费，就订定一九四一年二月—三月出卖敌占区公粮 50000 石的计划（八分区 30000 石，三分区 10000 石，四分区 5000 石，二分区 5000 石），每石以 170 元计，可得法币 8500000 元，结果未按计划完成，原因是（1）政权干部少，（2）公粮价格估计过多，（3）出卖公粮石数估计过多，以后曾在陆续征收，共收 1317164.15 元。"[3] 1944 年公粮变款则"达到了 1600 万元，

<hr/>

① 《部队机关存粮归还粮库办法》（1942 年 2 月），魏宏运主编《抗日战争时期晋察冀边区财政经济史资料选编》第四编《财政金融》，第 621 页。
② 朱其文：《在冀热边财政会议上的总结》，《冀热边政报》第 8 期，1944 年 8 月 16 日。
③ 《晋西北政权初建时期财政状况概述》（1941 年 12 月），《晋绥边区财政经济史资料选编·财政编》，第 14 页。

是出卖 4 万石公粮，每石白洋 40 元得来的"。[①] 不宜变价的公粮，则采用保存的办法，但强调要"取得收据"，在游击区，"斗以下的以集中与同时移地保存为原则，但无论村民保管或不得已而由原主保管时尽量做到找保人并取得收据"，在敌占区，"只有原地保存，但要开收据"。[②] 晋察冀边区对于动用储存公粮有一个"先外后内"的原则，即在"接近敌区或临近火车路之村乡，所征公粮，须移存于安全地区或由政府尽先动用"。[③] 晋绥边区也有类似的做法："接近敌区的地区，或是易受敌人扰乱的地区，就随时募集到的粮食转运到比较安全稳定的地区，交付该地政权机关负责保存。"[④] 而在晋冀鲁豫太岳区"粮食折款已成为敌占区完成财粮工作中心，这不但口 ［是］ 完成任务的最好办法，而且也是我们最大的收入"。[⑤]

二 救国公粮的运输

公粮的运输是公粮分散或集中保管之后到支付给部队和政府食用这一链条上的一环。华北抗日根据地对于公粮运输的时间、人员有明确规定。首先是公粮运输时间。晋绥边区基本上规定在农闲时间内完成公粮运输。比如偏关县规定："全部公粮春耕前一律运完。"[⑥] 晋冀鲁豫边区规定粮食由边区内 "年满十八岁以上，五十岁以下之男子，及能负运

---

① 《晋绥边区财政经济会议——财政部分的报告》（1944 年 8 月 15 日），《晋绥边区财政经济史资料选编·财政编》，第 103 页。

② 《公粮工作的经验教训与决定》（1941 年 10 月 1 日），《晋绥边区财政经济史资料选编·财政编》，第 175 页。

③ 《晋察冀边区救国公粮储存保管办法》（1938 年 11 月），魏宏运主编《抗日战争时期晋察冀边区财政经济史资料选编》第四编《财政金融》，第 187 页。

④ 《完成募集救国公粮计划》，《抗敌报》1938 年 12 月 2 日，第 1 版。

⑤ 《1942 年太岳区上半年财粮工作总结》，《抗日战争时期晋冀鲁豫边区财政经济史资料选编》第一辑，第 680 页。

⑥ 《偏关县府规定春耕前送完公粮》，《抗战日报》1943 年 12 月 14 日，第 2 版。

输之畜力"负责运送，因为这一运输属于义务，所以称为"义运"，义运时间是"每年一月至三月半及夏收后一个月与十一月至十二月底"。①但是，公粮运输经常无法在农闲期间完成，事实上，"常是在征收之后到春天才运，有的则由春天延到麦收，延到青纱帐起，越来越困难，结果有些地方吃了很大的亏。其次，运粮中准备不足，这边党政军都动员起来了，而那边还没有准备好，空劳往返，有时那边布置好了，这边没有赶上，被敌人发觉把粮食抢走了"。②

其次是公粮运输的人员。晋绥边区规定："二、谁出公粮，由谁负责运送，鳏寡孤独等无畜力农户，由村公所设法调剂。三、大批运粮，可由村公所代雇，工资由出粮户支付。四、各村即速组织运输工作，牛也派去服抗战勤务，过去抗战勤务百分之八十为中、贫农负担，此办法实行后，可克服此种现象。"③ 晋冀鲁豫边区要求凡在"义运"规定以内之男子，"每人每年均须义运军粮一百斤"，"牛驴每头每年须服一百五十斤"，"骡马每年须服二百斤"。④

为确保部队食粮，各根据地大多专门成立了运输队。晋察冀边区行政委员会下设直属"运输总队部，由边委会粮食处负责领导指挥"，"运输总队部之下为各大队，大队在总队部直接指挥下，按专区配备，由总队部呈准边委会责成专署指挥完成该专区定期运输计划"。⑤ 北岳区、冀中区都设有运输队，冀热边一带，由于战争环境，"供需关系不易协调，所以调剂运输工作非常重要，运输较忙的路线，要设法调集偏

<hr>

① 《晋冀鲁豫边区义运军粮办法》（1942年2月15日），河南省财政厅、河南省档案馆合编《晋冀鲁豫抗日根据地财经史料选编（河南部分）》（一），档案出版社1985年版，第158页。
② 邵式平：《几年来粮食工作之经验教训与今年度的工作布置》，《战线》第93期，1942年9月11日。
③ 《偏关县府规定春耕前送完公粮》，《抗战日报》1943年12月14日，第2版。
④ 《晋冀鲁豫边区义运军粮办法》（1942年2月15日），《晋冀鲁豫抗日根据地财经史料选编（河南部分）》（一），第158页。
⑤ 邵式平：《晋察冀边区现阶段的粮食工作》（1941年4月），魏宏运主编《抗日战争时期晋察冀边区财政经济史资料选编》第四编《财政金融》，第609—610页。

僻村庄的牲口人力来服务（人吃马喂由政府负责），个别地区或者成立小型运输队，专做这一工作。县与县的调运，由双方成立运粮委员会"。① 1943 年下半年后，晋绥边区各部各机构都注重发展生产，开始举办运输合作社，但未能坚持固定编制，"有的运输队，合作社人员增加了，但其中许多通过各种名目仍由公家供给，而收入则不给公家，形成了公私不分"。② 运输队虽然有各种问题，但对于大宗的公粮运输起到了关键作用。

从运输类型上看，大致有三种公粮运输的情形：一是根据地内部各战略区之间较长距离的粮食调剂；二是根据地内部为了供给作战部队而在各个村庄之间的粮食调剂；三是敌占区公粮运到根据地内部所产生的公粮运输。

根据地战略区之间的粮食调剂，最典型的是晋察冀根据地的冀中区与北岳区之间。北岳区地处冀西山区，粮食产量较低，但又是晋察冀根据地总部所在，需要粮食多；冀中区是平原地区，产粮多，同时冀中部队整训要到冀西山区，还有部分后方机关驻冀西三分区，有 5000—10000 人吃粮要冀中供应，且北方分局、晋察冀军区、边区政府等领导机关和学校都在平汉路西山区。虽然晋察冀边区强调在日军的分割封锁下，"每个战略地区要做到自给自足，如果为了粮食调剂而使我们进行许多不必要的战斗，那是非常不上算的"，但是鉴于北岳区和冀中区的实际情况，晋察冀强调，"各个地区相互调剂仍然是必要和可能的"。③因此，以冀中区丰富的粮食去支援路西山区，这是全局的需要，并且是一项重要任务。聂荣臻在晋察冀军区的供给工作会议上一再强调，冀中的粮食要想尽一切办法，尽最大力量，克服一切困难，完成运粮任务。

---

① 朱其文：《在冀热边财政会议上的总结》，《冀热边政报》第 8 期，1944 年 8 月 16 日。
② 《晋绥边区财政经济会议——财政部分的报告》（1944 年 8 月 15 日），《晋绥边区财政经济史资料选编·财政编》，第 113 页。
③ 邵式平：《晋察冀边区现阶段的粮食工作》（1941 年 4 月），魏宏运主编《抗日战争时期晋察冀边区财政经济史资料选编》第四编《财政金融》，第 603 页。

从 1939 年 7 月（麦收后）到 1941 年冬，开展了轰轰烈烈的向路西运粮工作，1939 年 7 月至 10 月运粮 1100 万斤，1940 年 4 月至 10 月运粮 800 万斤，两次共动员 62 万民兵（人次）、马车 4941 辆负责运输任务，以四个主力团布置在四条运输干线上担任警戒战斗任务。[1] 1939 年，日军兵力薄弱，铁路沿线据点少，没有封锁沟、墙，因此运粮采用马车，运输车辆利用夜间通过封锁区。1940—1941 年，日军兵力据点增多，在铁路两侧挖沟筑墙加铁丝网进行封锁，并出动兵力进行袭扰截击，马车已经不适应，改为人背肩挑。向山区运粮，是一项复杂、艰苦的任务。每次运输，要把上千万斤的粮食首先集中到路东的集结出发地，从集结出发地利用夜间通过铁路封锁线，每人都携带干粮，没有水壶一类用具，在铁路两侧十至二十里的距离内都是小跑步，发生战斗情况更趋紧张，仅口渴一事即很难克服，途经的死水坑的水都被喝干。冀中军民在向冀西山区运粮中有 160 余人牺牲，损失马车 300 余辆、牲口 200 余头、粮食数万斤。[2]

在晋察冀的冀中区内部，因其内有基本区、游击区、接敌区，部队活动的经济性与游击性，造成了粮食供应的严重不平衡。基本区的群众由于部队活动多，粮食负担较重，超过负担公粮的 60% 以上，部分村庄负担超过 2—5 倍；游击区直接食用较少，但多遭敌人掠夺。因此，调剂运输，是平衡负担、保证军粮供应的一项重要任务。全区仅一次公粮征收调剂，专区间达 1600 万斤，县与县之间达 3000 万斤，村与村之间的调剂数字更大。因此军队与政府的粮食部门对粮食的调剂工作要有经常性的联系，研究新情况。[3] 为了减少公粮运输的压力，冀中还确定用米袋和料袋携带公粮。携带米袋的方法学习自一二〇师。军队每人一条米袋，马有料袋，一般装三日定量，由个人携带，不准个人动用，由司务长掌握动用或用陈换新。米袋的经常作用是，行军到新宿营地

①　《冀中人民抗日斗争资料》第 5 期，1984 年 7 月，第 68 页。
②　《冀中人民抗日斗争资料》第 5 期，1984 年 7 月，第 69 页。
③　《冀中人民抗日斗争资料》第 5 期，1984 年 7 月，第 66 页。

（一般是拂晓），要立刻做饭即先用米袋粮，待领到粮后再补充到米袋，又称"下锅米"。米袋米的另一作用是，在作战时期的各种紧急情况下动用。[①]

在敌占区征收公粮，考虑到保存和运输公粮不方便，"大部要收款"，但也要征收一部分粮食，"运入内地食用"，因此也涉及公粮的运输问题。对于从敌占区运输公粮，一般的做法是："第一，要有计划，一处一处插花着运，今天运此据点北边村庄的粮，明天运南边村庄的粮，以免弄成热潮，给敌人刺激过大，妨碍运输。第二，运粮时发动群众自愿，每家运每家的。派差或一次驮了，过多了也不好，同时运到目的地，要注意执行吃饭喂草料等事，斤秤斗合也不可使敌占区群众吃亏。第三，运时掩护办法，最好是武装活动，在敌据点附近的粮，要另行运送，假如武装护送，就须力量较大，待敌人追来，便给以打击。"[②] 晋察冀北岳区三分区还创造了"细水长流"的运粮办法，"利用妇女小孩小商人，经常运粮"；四分区则"利用商人运"，"但是一般的则创造性不够，多是采取部队掩护的办法"。[③]

公粮运输的产生，有很多原因。一是公粮分散保存，地区之间不平衡，部队吃粮有时要从较远的村庄调剂。这是各根据地相当普遍的情况。二是公粮分配时"偏重了收成情况，忽视了供需情况"。如陕甘宁边区的"三边全年需粮一万多担，一九四一年只征粮一千六百担，有九千多担粮要从陇东、安寨、子长、志丹等县转运补充"。三是粮库设置不当，加重了运输负担。例如，陕甘宁边区"延川征的粮，本应供给延安，可是一九四一年延川东阳区的粮，集中到了相反方面的靠近黄河的马家畔仓库，使延安运粮要多走三天路。其他各县类似情形，亦不

① 《冀中人民抗日斗争资料》第 5 期，1984 年 7 月，第 69 页。
② 《敌占区的征收公粮问题》（1941 年 1 月 15 日），《晋绥边区财政经济史资料选编·财政编》，第 162 页。
③ 邵式平：《几年来粮食工作之经验教训与今年度的工作布置》，《战线》第 93 期，1942 年 9 月 11 日。

在少"。①　四是从游击区或敌占区运到根据地所产生的运输。对这类公粮，一些根据地采用公粮变价的方法加以解决，但对于实行屯粮制度的晋冀鲁豫边区来说，在游击区和敌占区如同蒲线沿线屯集的公粮，变价并不合适，因为这些公粮是要供给根据地军政食粮之用，还不能变价，因此，运输是一个重要而复杂的大问题："在同蒲线的运输是一件很大的组织工作，现在运上来的粮食只不过占屯粮数的1/3强，因之如何运输同蒲线公粮—根据地来才是最实际的一个问题。"②

公粮运输，对于农民和政府来说都是一个比较沉重的负担。公粮运输成为根据地人力负担中一个突出问题。在各个抗日根据地中，相当普遍的情况是"各区村谁出粮，谁送粮，老乡们不怕出粮，怕送粮"。③对于地处山区、交通不便的地区来说，运输的负担尤其严重。陕甘宁边区的三边群众因忍受不住公粮转运繁忙，喊出"这样办法还不如向我们多征些好"。④

公粮运输产生费用，对于政府来说也是一个沉重的财政负担。陕甘宁边区1941年"只陇东运三边的四千担粮，即需脚费七百万元，比在三边买粮花钱还要多"。⑤这种运输费高于买粮费用的并非个案，由于陕甘宁一带"交通极不便利的地方，无论在冬季的大雪中，在夏秋两季的大雨中，公路便道被阻滞相当长久的时期中"，而且运输工具相对传统落后，"运输工具，唯一依靠的是牲畜，而牲畜中唯一主要的是毛驴子"，因此，运输费高昂在陕甘宁一带相当普遍，很多时候运输费要高于买粮的费用："例如我们把固临、延川、保安、甘泉、安定等县的

---

① 《经济问题与财政问题——一九四二年十二月陕甘宁边区高干会上的报告》，《毛泽东选集》，东北书店1948年版，第881页。

② 裴丽生：《一九四一年财政经济工作》，《太岳革命根据地财经史料选编》（上），第94页。

③ 沈越：《兴县的民兵工作与群众工作》，《抗战日报》1943年4月10日，第2版。

④ 《经济问题与财政问题——一九四二年十二月陕甘宁边区高干会上的报告》，《毛泽东选集》，东北书店1948年版，第881页。

⑤ 《经济问题与财政问题——一九四二年十二月陕甘宁边区高干会上的报告》，《毛泽东选集》，东北书店1948年版，第881页。

粮食运到延安，当地粮价每斗 5 元，各该县距延安有 2 天到 4、5 天不等的路程，每斗每天发给路费 3 角 5 分（运粮时发给 6 角 5 分，空返时发 1 角），如果是四天则为 1 元 4 角。即每斗粮运到延安与延安粮价比较，就很不合算，延安现在市价四十五斤斗每斗价洋 6 元 8 角，合三十斤斗每斗价洋为 4 元 5 角 3 分多，加上运费，则每斗为 5 元 9 角 3 分，就是说把各县区（较近的县份）的粮，运到延安比每斗原价（5 元）多出 9 角 3 分，比延安的粮价要高 1 元 4 角。因为延安市的粮食，供不应求，所以需要依靠组织运输。"因此政府愿意"把买粮事，尽可能放在延安，把粮价略为提高，即可节省部分经费，又可避免群众的运输负担。例如在□□县，有的农民，不愿接受公家的津贴送粮来延安，而宁肯每斗粮贴 4 元到 4 元 5 角雇人送来"。①

相较于交通不便的陕北，平原地带的运输成本相对较小。冀中运输比较便利，一批粮秣几辆大车就够了，不像山区运输困难。军队驻在某村向村中领取粮食，如村中粮食用尽时，区上即自动从旁的有粮处拨下运来，军队无须过问，更不必到旁村去背粮。运输粮食由存粮民众负责，一切运输费用和消耗概由政权机关报销（规定 20% 的损失），军队不负责。② 因此，冀中为了平衡各地的运输负担，组织了由 300 辆大车组成的运输队，每车一次能运 900 斤，相当于 30 个人的运力，共代替了 9000 人的动员。③

为了减少运输粮食的数量，中共北方局要求，部队在"可能范围内到产粮地区就食"，支差运输费"一般要取消"，以"养成人民特别是工农群众对自己的根据地和国家的正确观念"，而运输费取消后，"各部照章发动员证，无证不得动员"，因此，冀中向冀西运粮沿村转

---

① 曹力如：《陕甘宁边区三年来粮食工作的检讨》，《新中华报》1940 年 12 月 29 日，第 4 版。
② 《冀中人民抗日斗争资料》第 5 期，1984 年 7 月，第 120 页。
③ 《冀中历史文献选编》（上），第 470 页。

送者，"不发运费"，只对大宗长途运输者"照发伙食和草料"。① 各根据地也采取措施，减少公粮运输消耗的人力和财力。晋察冀边区规定，"实行三十里以内驻防部队及其它机关自运，这样各地之交通站均逐渐取消，以后由武委会负责"。② 晋冀鲁豫边区规定"部队以三十里地内吃粮"为原则。③ 到1942年，"义运工作也逐渐实现了临参大会的决议，今天军队在一般情况下，已不从30里外运粮了"。④ 晋察冀北岳区原来支付运输费"一百斤十里两角制"，1940年后"坚决取消，凡十八岁到四十五岁的男子（女子身强力壮者听其自愿），一律要服抗战勤务，以培养广大人民为国效劳的观念……冀中、晋东北等地，群众运粮的英勇牺牲及艰苦奋斗的精神，值得全区学习"。⑤

三　救国公粮的支付

华北抗日根据地的财政工作中，"重款轻粮的偏向是比较普遍的现象，一般都把经费手续作的比粮秣手续完善，款项会议比粮秣会计强，款项结账也比粮项账目清。有些地区不注意粮秣管理工作，象六专署曾把粮食会计派赴乡村作其他工作"。这一偏向的原因在于，"各地区用款必须向行署领，须经过严格审核，不敢随便领"，而公粮的"粮秣制度尚不够健全，而且粮食又均掌握在地方手中，开支容易，于是就放松了粮食掌握"。行署对此偏向非常重视，强调"今后粮秣工作重要会大

① 彭真：《关于财政经济政策的实施》（1940年9月），魏宏运主编《抗日战争时期晋察冀边区财政经济史资料选编》第四编《财政金融》，第114—115页。
② 刘澜涛：《财政经济政策》，《边政往来》创刊号，1940年7月25日。
③ 《晋冀鲁豫边区义运军粮办法》（1942年2月15日），《晋冀鲁豫抗日根据地财经史料选编（河南部分）》（一），第158页。
④ 戎伍胜：《太行区一年来的财粮工作》（1942年9月20日），《抗日战争时期晋冀鲁豫边区财政经济史资料选编》第一辑，第598页。
⑤ 刘澜涛：《财政经济政策》，《边政往来》创刊号，1940年7月25日。

大超过财政工作"，要求各区把好的会计员调到粮秣会计中来，而征收粮食多的区"可设粮秣助理员"。① "有些干部、战士，特别是事务人员、供给人员和杂务人员中，有些人对一块钞票，或者不致轻易浪费，但是对粮食、粮票、布匹、纸张，往往甚不重视的浪费掉。"② 为了扭转这种不利局面，中共中央要求各根据地建立预决算制度和公粮支付的一系列制度。

（一）公粮的预决算制度

早在 1939 年 6 月，中共中央颁布《中央关于严格建立财政经济制度的决定》，提出"严格统一收支"，"严格建立预决算制度"，并具体规定："（甲）照中财经部通知第四号规定认真执行，每月开支预算必须负责在节省原则下切实估计，一次提出经中财经部切实审核发给，如经中财经部批准之预算有不同意时，必须经中央书记处的审查批准，中财经部始能作第二次的修改。（乙）任何机关部队必须照批准之预算限度内开支，如有浪费或超过情事，概不批准。（丙）预决算及一切应缴单据必须按规定期限送交中财经部，如不按时送出者，停止发给经费。"③ 1940 年 4 月 15 日，中共中央进一步在《中央关于财政经济政策的指示》中提出要求："支出方面建立预决算制度，要在总的方面统一，在各个个别预算中给以预备费，使之有相当独立的周转余地，在游击区环境中无法绝对统一。"④

在中共中央的要求下，各抗日根据地大都建立了预决算制度。陕甘

① 《晋绥边区财政经济会议——财政部分的报告》（1944 年 8 月 15 日），《晋绥边区财政经济史资料选编·财政编》，第 111 页。
② 《厉行节约》，《抗战日报》1942 年 11 月 28 日，第 1 版。
③ 《中央关于严格建立财政经济制度的决定》（1939 年 6 月 5 日），中央档案馆编《中共中央文件选集》第十二册（1939—1940），中共中央党校出版社 1991 年版，第 78 页。
④ 《中央关于财政经济政策的指示》（1940 年 4 月 15 日），《中共中央文件选集》第十二册（1939—1940），第 360 页。

宁边区虽然较早建立了预决算制度，但执行并不严。1941 年各机关单位财政吃紧，于是都围绕粮食打主意，公粮上"浮报冒领现非常严重"。从当年冬天开始，预决算制度走上正轨，"在预决算制度上，一九四二年，大部分机关已能按时编造，废除了大部分浮报多领与吃双份粮的陋习，纠正了各县随便批准预算，乱支公粮的现象。特别是把握'决算不超过预算'，一九四二年一年认真核减了各种不合理的开支，共节省粮食一万九千余担"。但是，预决算问题非短时间所能解决，在实际执行过程中也还有一些不足。到 1942 年底，"少数大单位还不能按规定时间编造预决算，各大单位实有人数和所编预算作比，还有不少空额，部份吃双份粮的现象，仍然存在，牲口比额没有明确规定，其中浪费亦颇大"。①

晋察冀边区的预决算情况一开始也较乱。1939 年，晋察冀边区提出"一切要有数目字"口号。② 但是各县并没有太重视，1940 年各县有报告"丢了账目"，没丢账的县，其账目也很杂乱，"一年的账，一年甚至两年也结不清，这样滚下去，越滚越滚不清"，③ 更有的县直到边区成立后三年后的 1941 年，还"连账都没有"。1940 年，各县一般都没有预算，边区高干会后，预算制度开始得到重视。1941 年，各县的预算虽然不能确定"真实性多大"，但总算"终于送上来了"。1940 年 10 月后，各县"吃了公粮，钱数大大减少"，但各县 1941 年的预算仍然比照吃公粮前的数目。④ 晋察冀边区会计年度"每年一月一日开始，十二月三十一日终了"，年度预算分为"边区及县地方两部分，按

① 《经济问题与财政问题——一九四二年十二月陕甘宁边区高干会上的报告》，《毛泽东选集》，东北书店 1948 年版，第 881 页。
② 宋劭文：《论合理负担、县地方款、预决算制度》，《边政导报》第 2 卷第 6、7 期合刊，1940 年 2 月 12 日。
③ 宋劭文：《论合理负担、县地方款、预决算制度》，《边政导报》第 2 卷第 6、7 期合刊，1940 年 2 月 12 日。
④ 宋劭文：《当前财务行政的诸问题》，《边政导报》第 3 卷第 24、25 期合刊，1941 年 6 月 18 日。

性质分为经常临时两门，及岁入岁出两类"分别编制预算。[①] 对于预算与决算，根据地干部并不适应，有些认为"为了工作花了钱，花多花少是应该的，'反正我没有贪污'"，有些在预算以外的开支，"不经请准就花，先花后报，'反正花已花了，你不批准也不行'"，有些负责干部"怕麻烦而忽视数字，甚或至于逃避数目字，以致养成下级对财政数字的不经心"。[②]

晋绥边区是在 1940 年颁布各种预决算制度，其中包括公款与公粮的预决算制度，但由于当时战争环境恶劣，以及各种制度尚在草创时期，因此更多的是流于形式。1940 年 9 月至 1941 年 2 月这一时期，开始建立各种财政收入方面的制度，在公粮方面收到了极大的成绩，解决了财政问题之一半（第二次公粮总值占 1941 年全年支出数的 46.5%）。而在财政支出方面主要依靠钞票的发行，用在消耗方面的钞票发行数量，在急剧地增长，是货币跌落的重要原因。[③] 1941 年 10 月，边区政府又修正并详细规定了"收支预决算的种类，造送程序、日期及各种表式之填造手续。并规定了'不做预算即不发款，不做决算即停发第三个月或第四个月的经费'"。[④] 在公粮上，同样规定，"须依照规定日期造报预决算，到期不造报预算者不准发粮，不造决算者停止下期发粮"。[⑤] 具体说来，晋绥边区规定，财政与粮秣的会计年度从当年 11 月 1 日起至下年 10 月底止，预算种类包括：（1）全年收入及支付预算，其中包括公粮；（2）季收入及支付预算，一次造送三个月，分

---

① 《晋察冀边区预算暂行章程》（1940 年 4 月），魏宏运主编《抗日战争时期晋察冀边区财政经济史资料选编》第四编《财政金融》，第 637—638 页。
② 《掌握财政坚持预决算制度》（1940 年 5 月 13 日），魏宏运主编《抗日战争时期晋察冀边区财政经济史资料选编》第四编《财政金融》，第 650 页。
③ 《晋西北政权初建时期财政状况概述》（1941 年 12 月），《晋绥边区财政经济史资料选编·财政编》，第 11 页。
④ 《晋西北行署的财政报告》（1942 年 10 月），《晋绥边区财政经济史资料选编·财政编》，第 74 页。
⑤ 《中共晋绥边局审计委员会颁发〈审计条例〉》，《晋绥边区财政经济史资料选编·财政编》，第 141 页。

月填写；（3）追加预算及临时预算。决算种类包括：（1）全年收欠及支付决算；（2）每月收入及支付决算。造送日期，预算上专署和兴县于每季度第三个月 20 日到达行署，各县送专署日期由专署分别规定；在决算上兴县于下月的 10 日发出（以交通局戳记为凭），专署则分为下月底或第三个月 15 日发出两种，各县由专署规定，区送县日期由县规定。① 在战争环境下，因为"干部数量少，能力弱，未能全部按规定按时造送预决算"，但是即便如此，对于上述规定，大多数地方仍能在实际工作中"努力执行"。② 对于预决算，区村干部最初不太能理解，认为是"顽固派的制度"，他们认为"自己的钱是可以用的"，不需要预决算制度。离石的区村干部间流传一个歌谣："行政正规化，干部吃不下，去年打顽固，今年卡干部。"他们对预决算制度有着抵触情绪。③

晋冀鲁豫边区也注重预决算制度的建立与完善。边区政府"严格执行了预计算制度，凡不造预算，即支付款项，一切经费，非经审计部门核准，不得报销"，1941 年即已建立了审计制度，采取的是"一级审核办法，由边府直接审核到县"，后来又将"边府审计权限，部分的委托专署，专署审计权限复部分的委托了县，因此审计部门对用款机关之实际情况，能随时了解，并能掌握情况"，④ 较好地解决了预决算与实际执行之间的弥合问题。虽然预决算制度在抗战中实行有年，且算严格，但仍然存在很多问题。到 1943 年，太岳区有相当多的县"预计算不按时造报，按时报审，各县的存款不交，埋藏地下，致制度废弛"，

---

① 《健全财政制度，开展财政工作》（1941 年 10 月 1 日），《晋绥边区财政经济史资料选编·财政编》，第 86—87 页。
② 《晋西北行署的财政报告》（1942 年 10 月），《晋绥边区财政经济史资料选编·财政编》，第 74 页。
③ 《健全财政制度，开展财政工作》（1941 年 10 月 1 日），《晋绥边区财政经济史资料选编·财政编》，第 79 页。
④ 《一年来太行区财政工作》（1943 年 9 月 12 日），《抗日战争时期晋冀鲁豫边区财政经济史资料选编》第一辑，第 619 页。

"各县审计掌握不了县的数目字，财政收支搞不清楚"，在太岳区审计会议上，"八专署各县大都没有财政数字"。[①] 甚至"许多专署、县府抛弃制度，隐瞒上级，私自任意开支报款"，仅太行区各专区在1944年不完全统计"收款不报"的金额就高达"12083267元"，"相当于全区专署、县及区三级全年行政费的2倍"，此数尚不包括区级政府，而"区级政府收款不报的恐也不在少数"。此外，专署、县府还违规借给部队大批款项，边区政府对一位专员和一位县长进行记过处分并通报。同时，也有很多专署和县府遵守预决算制度，"左权、武乡、榆社、沙河等县府坚持制度，从未借支粮款"，其各县长"均予通令嘉奖"，也有县长被记过后改正，"武安县长李承文同志，于去年4月间因任意出借粮款受到记过处分后，回县即召集区以上干部开会进行自我批评，组织了到会干部的反省检讨，改变了过去县区会计混乱的现象，而且再未随意支借，这种转变的精神，应予通令嘉奖，并撤销4月记过一次的处分"。[②] 这些奖罚处置，改善了晋冀鲁豫边区包括预决算在内的各种审计制度。

（二）支粮证与军用粮票

公粮要拨给军队食用，在拨粮过程中，各个根据地大致都经历了从支粮证到军用粮票的过程，或者说，二者通常并行不悖。支粮证或者粮票成为各根据地粮食支付过程中重要的一环。

陕甘宁边区"在支粮制度上，一九四二年，绝大多数部队机关已经遵守没有支粮证不能支粮的制度。各县负责同志也已注意这一制度，不乱借公粮。同时，一九四二年各县已能做到统一使用公斗，这也减少

---

① 《太岳行署为加紧完成第一工作阶段任务的指示信》（1943年4月11日），《抗日战争时期晋冀鲁豫边区财政经济史资料选编》第一辑，第611页。
② 《晋冀鲁豫边区政府关于奖励坚持审计制度人员并处分违犯审计制度人员的通令》（1945年2月7日），《抗日战争时期晋冀鲁豫边区财政经济史资料选编》第一辑，第1432页。

了许多纠纷"。① 边区实行支粮证。1937 年 10 月制定的《救国公粮保管
分配条例》规定："救国公粮由边区粮食局统一支配，凡各领用粮食机
关，须在事前编具预算，送粮食局核准后，即发给支粮证，交领粮机关
持向指定仓库领取，如无粮食局所发一定格式，经局长签名盖印支粮
证，仓库不得支付粮食给任何机关或部队。"②

晋绥边区也通过拨粮证支付粮食，拨粮证由行署发给，有拨粮证，
"方准发粮"，但不以审计，"政府不得自行拨给公粮"。在敌人"扫
荡"时，"一律要用行署二联收粮证，没有此证不得自行支用公粮"。③
由于敌后根据地不时处于战争环境下，拨粮证使用也不得不根据实际
情况进行调整。平时拨粮必须要有行署或专署的拨粮证，但在战时特
殊情形下，为解决战时急需，"县区村长可以拨粮"，同时规定，县区
村长拨粮时，"须取得支粮部队负责人信件及正式收据，拨付数目按
当时部队人数，至多不能超过三天，拨付后必须将收据迅速解上以便
转账"。④

晋冀鲁豫边区太岳区则用米票进行公粮支付。太岳行署要求，
"严格执行拨粮制度，无拨粮支付命令与米票，坚决不予支粮。同时
米票兑粮应限制。除战时与部队转移时，可大批兑支外，在一般情况
下不予大比兑支。零星兑支仍照以前规定，由村公所行之，按月领支
报销。"⑤

---

① 《经济问题与财政问题——一九四二年十二月陕甘宁边区高干会上的报告》，《毛泽东
　选集》，东北书店 1948 年版，第 882 页。
② 《救国公粮保管分配条例》（1937 年 10 月），《陕甘宁革命根据地史料选辑》第二辑，
　第 28 页。
③ 《中共晋绥边局审计委员会颁发〈审计条例〉》，《晋绥边区财政经济史资料选编·
　财政编》，第 142 页。
④ 《公粮工作的经验教训与决定》（1941 年 10 月 1 日），《晋绥边区财政经济史资料选
　编·财政编》，第 175 页。1942 年 11 月又制定《救国公粮支付办法》，其内容基本上
　与 1941 年的办法相同。
⑤ 《太岳区 1945 年财政工作方针与任务》（1945 年 1 月 7 日），《抗日战争时期晋冀鲁豫
　边区财政经济史资料选编》第一辑，第 636 页。

支粮证解决了部队的领粮问题，政府机关和部队人员临时出外的粮食问题则通过饭票来解决，同时在一些根据地，粮票也是支付公粮的凭据。

粮票或饭票是"为适应敌后战争环境及各部队机关团体人员外出工作之需要"产生的。[①] 在华北各根据地中，陕甘宁边区较早发行粮票。1941年，陕甘宁边区发行大批粮票，但是"发生很多流弊"，于是在1942年废止旧粮票，重新"发行三种小型饭票，只供机关人员往来吃饭流通，也是一个进步"，但是"小型饭票不能在民间流通，使出差人员吃饭困难，这也是一个缺点"。[②]

晋绥边区也发行饭票，实行饭票和客饭制度，"凡本边区范围内之往来人员，一律严格执行客饭制度，不带饭票者不准吃客饭，不收饭票者不准报销"。[③] 旅途粮票全称为"晋西北行政公署旅途公用粮票"，只能在"村公所或村设的招待所及来往在部队机关团体吃饭用，民众不能以粮票交纳公粮，免得粮票成为货币"，[④] 且"每次最多不得超过三十斤为原则"。[⑤] 1943年《晋西北贯彻制度厉行节约办法》规定："严格执行粮票制度，在职人员不得开客饭，各机关临时召集之会议、训练班，其参加人员均由原机关部队携带粮食或粮票，一概不许另列预算重领粮食。"[⑥]

晋察冀边区在1938年11月就制定了《晋察冀边区军用粮票使用办法》，该办法规定：军用粮票分20斤票、100斤票、500斤票、1000斤

---

① 《晋冀鲁豫边区暂行粮食会计及出纳制度》（1943年），《抗日战争时期晋冀鲁豫边区财政经济史资料选编》第一辑，第1427页。

② 《经济问题与财政问题——一九四二年十二月陕甘宁边区高干会上的报告》，《毛泽东选集》，东北书店1948年版，第882页。

③ 《中共晋绥边局审计委员会颁发〈审计条例〉》，《晋绥边区财政经济史资料选编·财政编》，第142页。

④ 《公粮工作的经验教训与决定》（1941年10月1日），《晋绥边区财政经济史资料选编·财政编》，第176页。

⑤ 《救国公粮支付办法》，《晋绥边区财政经济史资料选编·财政编》，第211页。

⑥ 《晋西北贯彻制度厉行节约办法》（1943年2月），《晋绥边区财政经济史资料选编·财政编》，第421页。

票四种，领用粮食分小米、玉黍面、小麦、花料四种。每月终由晋察冀边区行政委员会按各部队人数、马匹驮骡应需给养花料数目，发给下月适量的粮票，各部队凭票通过区公所向村中领用救国公粮，各部队未持军用粮票者均不准向地方要粮食。各村收到之军用粮票，于每月终呈解区县政府核算，就其储存救国公粮项下核销，如某村支付粮食数量超过所存救国公粮，县区政府应从他村输入补还。同时规定，军用粮票，只限军用，不得转移民商，违者以贪污论；伪造军用粮票，以伪造钞票论罪。[①] 但是，军用粮票在使用过程中，不久就流弊丛生。彭真曾专门指出晋察冀的"公粮票领用手续还不严密"。[②] 在战争环境下，粮票逐渐成为通货，有着各种各样的用途，甚至还有打白条的："有将公粮票转变为他种东西者，有用麦票收面者"，[③] "粮票起了货币的作用，秘密流通起来，因此，公粮中就发生了贪污现象，军队的粮食就不够了"。[④] 粮票不仅成为货币，还成了万能的："今天粮票问题最多，就是管票的人掌握不紧，只顾支出，不要截旷，使粮票变成通货，成了万能的东西，贩卖，嫖女人等现象都发生了。"[⑤] "有的供给人员把粮票送给'情人'或家属，有的用粮票顶公粮，或者换其他东西吃。粮票变成了通货。有的机关报'空子'，还有的把粮票用完，打条子用粮食的，在游击区尤多。去年除九十月反'扫荡'中，粮票没有发下者不计以外，条子即有三百五十多万斤，合一万数千石。如从民国二十八年清下来，则有二千一百多万斤，等于去年反'扫荡'中军民损失之半数。此外，

---

① 《晋察冀边区军用粮票使用办法》，《抗敌报》1938 年 11 月 23 日，第 1 版。
② 彭真：《关于财政经济政策的实施》（1940 年 9 月），魏宏运主编《抗日战争时期晋察冀边区财政经济史资料选编》第四编《财政金融》，第 113 页。
③ 刘澜涛：《财政经济政策》，《边政往来》创刊号，1940 年 7 月 25 日。
④ 聂荣臻：《晋察冀边区的形势》（1940 年 2 月 28 日），魏宏运主编《抗日战争时期晋察冀边区财政经济史资料选编》第一编《总论》，第 76 页。
⑤ 朱其文：《关于财政工作的几个问题》（1944 年 2 月），魏宏运主编《抗日战争时期晋察冀边区财政经济史资料选编》第四编《财政金融》，第 143 页。

各机关种菜用粮食或粮票交地租的很多。"① 此外，粮票在战争中也容易遭受损失，1939 年反"扫荡"战役中，阜平一地就"丢了五十多万斤粮票"，折合"二十万元钱"。②

晋冀鲁豫边区太岳区一些地区不用粮票，而使用"白条子仍旧继续"，向各县发领"粮票通知"，但各县"均未来领"，"对这一问题的严重性还认识不够，对粮票制度的彻底执行还没有决心"。对此太岳区一再重申："坚决坚持执行粮票制度，白条子必须肃清，无粮票不支粮，不执行制度的份子经说服无效者应予惩处。"③

粮票的上述问题，是多种因素汇集之后的结果。其中最主要的原因有二，一是华北抗日根据地普遍存在重财轻粮的习惯和观念。正如晋冀鲁豫根据地一位财粮工作者所称的那样：

> 我区自实行财粮合并后，在统一意志，集中领导上，起了很大的作用，但是很可惜有一个严重缺点，是把重要的粮食工作削弱了，检讨其原因主要是重财轻粮的观点在作祟。固然也有一些地方重粮轻财，这当然也是不妥的，可是大多数是重财轻粮。丢了一元钱，咕咕呱呱，吵个不休，"坏了一石粮食，谁也不管。"在会计往来，开支审核上，对款项是相当认真的，对粮食就可以模糊一点。在保管库存上，对一元货币，是相当谨慎用心，牢掌钥匙，对粮票即可大堆的在那里放着。货币之印用十分精细，粮票制发，反漫不经心。对假冀钞之反对还可引起注意，对假粮票之横行，倒比较轻视。对鬼票之行使，要辑拿报告，对粮票之买卖，熟视无睹。贪污 10 元 100 元，稽查反对，埋伏粮食，没人过问。凡此等等，

---

① 邵式平：《几年来粮食工作之经验教训与今年度的工作布置》，《战线》第 93 期，1942 年 9 月 11 日。
② 宋劭文：《论合理负担、县地方款、预决算制度》，《边政导报》第 2 卷第 6、7 期合刊，1940 年 2 月 12 日。
③ 《太岳行署为加紧完成第一阶段任务的指示信》（1943 年 4 月 11 日），《抗日战争时期晋冀鲁豫边区财政经济史资料选编》第一辑，第 610 页。

都不是重财轻粮的表现吗?![1]

这种重财轻粮的观念，直接造成了粮票的诸多问题。

二是如何处理游击战争的环境下粮票制度的刚性与权变，过于强调制度的刚性则无法适应战争环境，过于强调适应战争环境则对粮票制度有危害。"有两种不正确的倾向：一种是机械的坚持制度，另一种是灵活到根本不要制度。这两种倾向都是有害的，目前是后一种的倾向比较起来更为严重。""比如某部在平时无故没有粮票，领取粮食是绝对不许可的。这个时候坚持凭票付粮是完全正确的，可是部队已经战斗中，同时又未领得粮票或者负责粮票人未在，偶然没有粮票，但是必须即时领粮，如果仍然坚持凭票付粮不顾部队是否饿肚子，就会变成绝大的错误。"在战争紧迫的环境下，这的确是一个大问题，如何应对呢？晋察冀边区认为，"这就应灵活办理，可以由该部队首长写一个信说明自己番号及无粮票领票的原因，领粮数目及以后负责清理等并签名盖章出具领条即可付粮。同时付粮机关应把该信件和领条保存，届时通知该部队清理，假若该部队系过路部队，应迅速把信件和领条送报上级，上级立刻审核。自己能解决即找该部队清理，否则上报，以便及时解决"。[2]

基于以上考虑，晋察冀边区政府慎重考虑采取措施，以杜绝粮票流弊，规定："一、某月的粮票只能在某月用；二、粮票要编号码，发给部队；三、粮票用三联单的办法。政府要建立粮食局，粮食局可以随时收回粮票，这样才能保证军食问题的圆满解决。"[3] "新粮票制度实行后，客人吃饭要粮票，该要多少，就要多少，出门或参加开会的人，自己也应当自动的付给人家的粮票，因顾情面而不收粮票，而向上级请求

---

[1] 滋禾：《反对重财轻粮的观点》（1943 年 9 月 1 日），《抗日战争时期晋冀鲁豫边区财政经济史资料选编》第一辑，第 618 页。

[2] 邵式平：《晋察冀边区现阶段的粮食工作》（1941 年 4 月），魏宏运主编《抗日战争时期晋察冀边区财政经济史资料选编》第四编《财政金融》，第 605 页。

[3] 聂荣臻：《晋察冀边区的形势》（1940 年 2 月 28 日），魏宏运主编《抗日战争时期晋察冀边区财政经济史资料选编》第一编《总论》，第 76 页。

报销亏空时，概不补发。"① 此外，关于游击区吃饭问题，晋察冀边区要求"可能用半粮半钱的办法，粮票不通行之地区，另颁办法"，但"来往客人自带粮票草料票的制度必须坚持"。②

但是即便有上述这些制度，粮票的弊病仍然难以根绝，而应对办法则更多的是就事论事的补救措施。比如进行道德说服："坚持粮票（或柴票、支票、鞋袜票）制度，要靠支付双方，任何一方不坚持都办不到，例如吃客饭开白条，不给粮票，双方都要负责，姑息一次是对于财政上的损失，加重了人民负担，实等于多造一次罪恶。"粮票在使用过程中产生了很多问题，其中比较普遍的问题是粮票成为通货。对此，解决的方法只能是"这些人的粮票今后希望就发他一个月的，回家吃饭时随时交粮票，月底清理，这样可以减少弊端"。对于截旷者，则规定"截旷要上交，不许吃空额，节余可作为改善生活之用，但要经过负责人处理。旧粮票过期不收，村中粮票要设法让村干自动送区，区干亲身去收"，"今后，村中粮票限每月五日前将上月粮票交到，过期作废。粮票再不用款去收，亦不许转作别用。伙会区所存之旧粮票，非经县批准不得收回"，而对于"口外使用之粮票，可加盖'口外专用'字样，口里不许通用，以免口外粮票流入口里"。③

冀中是晋察冀边区主要的产粮区，其在领粮支用方面具有代表性，以下以冀中的情形来做一个较详细的说明。

在公粮的领用上，冀中经历了从白条收据到粮票的过程。1938 年 7 月以前，在粮秣、柴草筹措上，一般都是由部队自行向地方索要，开给白条收据（但要加盖公章和主管、经手人手章）。从 1938 年 8 月起，由军区供给部统一印发了二联单的正式领取收据（由团以上单位统一

① 宋劭文：《用大力来建设我们的财政》（1943 年 9 月），魏宏运主编《抗日战争时期晋察冀边区财政经济史资料选编》第四编《财政金融》，第 137 页。
② 刘澜涛：《在区党委粮食会议上的结论》（1942 年 8 月 30 日），魏宏运主编《抗日战争时期晋察冀边区财政经济史资料选编》第四编《财政金融》，第 204 页。
③ 朱其文：《关于财政工作的几个问题》（1944 年 2 月），魏宏运主编《抗日战争时期晋察冀边区财政经济史资料选编》第四编《财政金融》，第 143 页。

填发）。① 二联单必须加盖团以上单位公章、供给主任章，以及粮秣员或经手人章，方为有效，一联为存根，据以报销，一联向地方领粮。其样式如下：

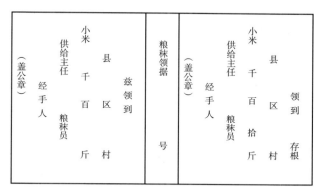

图7-1　冀中粮秣领用二联单

资料来源：《冀中人民抗日斗争资料》第5期，1984年7月，第65页。

1939年8月，冀中为严格控制部队领粮数目，由军区供给部在领粮二联单上统一印上了粮秣数量，如一百斤、五百斤等，为以后使用粮、柴、草票打下了基础。② 在"重财轻粮"思想的影响下，对粮食不如对财务那样重视，因而对领取粮秣的手续也不够认真。这一问题的解决，经过开白条、盖章，到实行二联单，及进一步在二联单上加印数字等办法逐步实现。1941年初，粮秣领取手续，在二联单的基础上，改由冀中印刷室统一印制粮、料、柴、草票证，由冀中行署根据军区供给部的预算拨发。这样，每年征收公粮数、公粮消耗数、印刷粮票数，就有了比较准确的数字。粮票的票面数额有五百斤、一百斤、五十斤、十斤、一斤、半斤等六种。1941年7月，根据晋察冀边区政府的指示，进一步加强了财政的统收统支，规定军政一切开支计划要完全统一到边

---

① 《冀中人民抗日斗争资料》第5期，1984年7月，第6页。
② 《冀中人民抗日斗争资料》第5期，1984年7月，第7页。

区政府，一切收支都要有年度预算和决算，据此，冀中行署提出："不造预算，不发粮票。没有粮票，不发粮食。不服决算，不批下次预算。"①

冀中使用粮票的具体办法是：粮票规定使用月份，过期不能用，剩余要上缴，不准"打埋伏"。粮票存根在领粮时当面撕下，事先撕下者作废。领麦子另附麦票，但麦票只作领麦时粮票的附加票据，报销时仍按小米计。出差人员持粮票到村公所，村公所付给粮票和菜金，村干部便须领群众家中去吃饭。未经村公所介绍不能随便使用粮票，否则粮票在群众手中一律作废。因为所有村庄都存有公粮，随时可以领取，所以部队不得存入现粮，更无须到外地去背运，在每顿饭前才向村公所领取粮食，这样既不妨碍部队行动，也不会丢掉粮食。平时粮票发到营（分散活动才发到连），每次饭前由营供给员统一率领各伙食单位（并检查人数）到村公所付给粮票，领取粮食，避免发生多领现象。如果驻军的村子缺粮，区政府即及时调拨调整。部队一到村庄，村干部即自动前来接洽，问明需粮数目、种类，并告之领粮的路线地点。领取原粮后，如需碾磨，则政府按折合规定，发动群众碾磨。报销时，把已用粮票的存根和未用的粮票全部交回，这样既不能先撕下（撕下作废），又不能兑换现粮储存，更不能将粮食换菜或变卖。采取自下而上逐级统计报销办法，连队按旬上报团，填写每天人数、应领数、实领数、结余数，团汇总按月上报分区，分区按月汇总上报军区供给部。②

山东根据地的粮食支票和粮票情形与上述根据地又略有不同。山东根据地处在敌后较远的地区，各战略区皆处在敌人四面包围之中，一切需要和供给赖后方之补充是不可能的，为了坚持敌后抗战，必须自行解决这些问题。1940年，山东省战时行政工作推行委员会成立，但由于各地"支付粮食不统一，随便可以向人民要粮食，发生浪费粮食、食

① 《冀中人民抗日斗争资料》第5期，1984年7月，第15页。
② 《冀中人民抗日斗争资料》第5期，1984年7月，第66—67页。

粮人数无限制，特别是区乡村政府及群众团体不按照一定编制吃粮，致使整个负担粮食数目太大"。① 1941 年 2 月，山东根据地成立山东省粮秣委员会，以一一五师政委朱瑞为主任，代师长陈光、山东纵队政委黎玉为副组长，艾楚南为委员。粮秣委员会决定："第一，建立粮票制度，由各主任公署及专员公署制发粮票，各县政府及部队按票领粮；第二，各主任公署设粮食局，各专员公署设粮秣科，各区设粮秣助理员，负责统筹粮食。"② 同一年，成立山东省粮食总局，山东根据地统一征收救国公粮，"确定粮食供给制度，纠正过去随吃随征各自筹用的现象，切实执行统筹统支，使用粮票，以免浪费粮食"。③ 山东根据地要求严格预决算和粮票使用，"以保证抗战粮食供给与节省粮食开支，减轻人民负担。今年还未切实执行者，应以一切努力于秋收时做到"。④以胶东区的粮票制度为例。胶东区的粮票制度可分为两种，一种是军用，一种是机关团体及地方武装之用，统由行政公署印发，并印以各海区名称，以免相互流通（军用者可以不印地区）。在使用上凡有固定地区者，尽可能以粮食支票向粮库领粮，粮票只作零星出发之用。主力部队转移过远不能调剂粮食者，应带军用粮票机动领取，为避免出卖粮票及将粮票当货币流通的弊病，应限期使用，并只准用一次，限期收回。此外各机关往来人员或召开会议时，要坚决执行携带粮票办法，不得额外追加报销。⑤ 但是由于粮票问题太多，到抗战胜利前夕，山东根据地停印粮票，问题却并没有解决，"粮票制度久而废弛，一面不印，一面

---

① 陈明：《山东抗日民主政权目前的中心工作》（1940 年 11 月 11 日），《山东革命根据地财政史料选编》第一辑，第 42—44 页。

② 《粮秣委员会成立，决议建立粮票制度组织筹粮机关》，《大众日报》1941 年 2 月 4 日，第 1 版。

③ 艾楚南：《四年来山东财政经济建设的成绩和努力的方向》，《大众日报》1941 年 7 月 7 日，第 7 版。

④ 《山东省战时工作推行委员会关于响应中共山东分局建设山东抗日根据地十项建设运动号召的决定》（1941 年 7 月 7 日），《山东革命根据地工商税收史料选编》第二辑，第 111 页。

⑤ 《中共山东分局财委会关于胶东粮食工作的指示》（1943 年 11 月 15 日），《山东革命根据地财政史料选编》第一辑，第 392 页。

就开白条子，至于开会铺张会餐请客，民兵与各种集训都存在着各种浪费现象"。①

晋冀鲁豫边区"为适应敌后战争环境及各部队机关团体人员外出工作之需要，特发行各种粮票，以供零星出差人员及少数部队战时活动，随地兑取公粮之用"。粮票由边区政府统一印发，为防止流弊，"只能在各机关、政府团体或部队间流通使用，兑取公粮，不得买卖抵押，或换取其他物品，并严禁流通商贩及民间，违者严予法办"，同时规定粮票流通期限"暂定为 1 年"，以粮票兑取粮食，"须按兑粮机关或人员实有用粮人数、马匹计算，每人每马不得超过 1 日之食粮，以粮票所兑出粮食，只能就地食用，不得大批携走"。② 这些措施虽然不见得都能执行，但也禁绝了一些问题的产生。

（三）公粮贪污与浪费

虽然有各种粮食方面的证件和制度，比如在支出方面，规定预决算制度、粮票制度、客饭制度等，以期收支得当，避免浪费，但在实际情形中，公粮的浪费现象层出不穷。如在晋绥，有许多机关虚报人数，超支公粮，或不经上级批准变卖乱用公粮，有些机关则不重视公粮的保管和运输，致损失者亦非少数，其他如经营贸易、商店、油坊、糟坊、粉坊、煤窑，以及喂猪、打豆腐、交租子、开工资，甚至调换别的食用品，无不动用公粮。以上所有这些浪费，据不完全统计，约占公粮的10%。③ 晋西北在抗战中，由于日军的"蚕食"、掠夺，以及"机关部队之用公粮上的浪费"，有些机关部队"不按时造报预决算，有些单位虽然造报预决算，却虚报人数浮领粮食，不按制度，任意开支，有的以

---

① 《中共山东分局关于一九四五年经济工作指示》（1945 年 3 月 3 日），《山东革命根据地财政史料选编》第二辑，第 194 页。
② 《晋冀鲁豫边区暂行粮食会计及出纳制度》（1943 年），《抗日战争时期晋冀鲁豫边区财政经济史资料选编》第一辑，第 1427—1428 页。
③ 《严格执行公粮预决算肃清浪费现象》，《抗战日报》1942 年 9 月 1 日，第 1 版。

公粮付地租，有的以公粮移作自力更生资本，有的擅卖公粮、补充经费"，一些单位的存粮"大批被盗与腐蚀"，给根据地的粮食造成"很大的损失，使得我们在去年不能不预借今年的公粮"。[①] 1941 年一年，晋西北实有 58090 人及马、骡 4851 匹，计全年共应需 132904.428 大石，但据当年 9 月份粮食局统计，全年实支量在 161110.32 大石以上，一年浪费的粮食计有 28205.892 大石。[②] 1942 年，粮食浪费的情形并没有多大改观，仍然有"惊人的粮食浪费现象"。[③]

1943 年，为纠正虚报人数浮领粮食的问题，晋西北行署要求"各机关学校应作两份人员花名登记册，一份留本机关，一份送审核部门，以后造预决算，领粮食、津贴、服装、鞋子……等等即依此名册为依据，不必再行另造各种领物名册，于月终应该将本月人员调动情形（调入或调出）据实报告，如不报告而领双分粮吃空子者，以贪污论罪"。同时规定："人员调动时，调出机关须填制人员调动物资供给介绍证，由双方报告审核部门，调出机关交介绍证存根，调入机关交介绍证，以免重领的现象。"[④] 二专区实行公粮统一支拨：划分军队食粮地区；坚持公粮预决算，实行粮票制度，不准浪费公粮。[⑤] 晋绥边区原则上"可以划定公粮地区"，规定某部吃某处的粮，但取粮必须有政府的拨粮证。[⑥] 在支付公粮上，晋绥还规定了"由外向内"的总支付原则，各机关部队必须按人数编造预算批准，其后发给拨粮证，凭证向指定地区的地方政府支用食粮，每月终了时，须按实际支用数目编造决算，核

① 《如何克服今年粮食的困难》，《抗战日报》1943 年 3 月 20 日，第 1 版。
② 《晋西北公粮工作总结》（1941 年 12 月），《晋绥边区财政经济史资料选编·财政编》，第 237 页。
③ 《关于晋西北今年财政经济建设工作的决定》（1943 年 1 月 1 日），《晋绥边区财政经济史资料选编·总论编》，第 472 页。
④ 《晋西北贯彻制度厉行节约办法》（1943 年 2 月），《晋绥边区财政经济史资料选编·财政编》，第 421 页。
⑤ 《二专区实行公粮统一支拨》，《抗战日报》1943 年 1 月 5 日，第 2 版。
⑥ 《公粮工作的经验教训与决定》（1941 年 10 月 1 日），《晋绥边区财政经济史资料选编·财政编》，第 175 页。

实报销。为解决部队机关人员之旅途食粮，还制发了旅途公用粮票，以便持票向村公所或自然村支取食粮。① 按照"由外向内"原则，"十一、十二两月不拨内地的粮食，只拨靠近敌区的粮食，因为这时正是农闲，就是雇些民众帮助也更容易并且可报销运输费"。② 同时，晋绥边区游击区试用八分区的保管支付抵销办法，把部队供给员调归政府，由政府设粮站管理粮秣行政及部队供给，使粮秣保管和部队食用在手续上结合一致，既抵销清结，又保证便利军食。③

陕甘宁边区"干部犯贪污的现象，亦十分严重"，1941 年征粮中"发现此类案件将近十件之多"。如鄜县太乐区仓库主任张秉权在"一九四二年二月间，贪污公粮十几石，逃出边区"。④ 新宁县四区仓库主任胡典长，在 1941 年收粮期间，"私卖公粮三石，驮回家一石三斗，又私下借给亲友麦子三石九斗二升"，其亲友胡典功、胡清荣、刘子孝等三家"应出公粮七担，颗粒未交，就扯给公粮收据。收粮时不许群众扫收地下的粮食，却由他扫集，和帮助收粮的人员分用。公粮寄存民家，支完实短粮二斗，却向五科谎报为一石"，经五科查出，"送裁判所究办，判处徒刑，并追回贪污的粮食"。华池县水泛区仓库，1939 年9 月"卖粮之后，公粮短欠十四担七斗"，仓库主任王文斌向上级呈报是"老鼠吃了十二担七斗，霉坏了二担"，1942 年去调查，发觉在卖粮期间，王文斌曾到县上开会，由区书毛羽鹏代替将粮食卖完，而"就在卖粮期内，毛羽鹏生活格外阔绰，买了一群羊，两件皮袄，又买布，

---

① 《晋西北行署的财政报告》（1942 年 10 月），《晋绥边区财政经济史资料选编·财政编》，第 72 页。
② 《公粮工作的经验教训与决定》（1941 年 10 月 1 日），《晋绥边区财政经济史资料选编·财政编》，第 175 页。
③ 《晋绥边区财政经济会议——财政部分的报告》（1944 年 8 月 15 日），《晋绥边区财政经济史资料选编·财政编》，第 111 页。
④ 《经济问题与财政问题——一九四二年十二月陕甘宁边区高干会上的报告》，《毛泽东选集》，东北书店 1948 年版，第 883 页。

有很大贪污嫌疑"。①

除了那些明目张胆的粮食贪污，还有各种各样的贪污手法。1942年，"在志丹、延川、固临、延长、安定、华池等七个县十七个区的统计，贪污亏空的粮食有204.1石之多，每石50元合洋为10205元"。具体来说，主要有如下形式。

（1）用大斗收，用小斗支出，将公粮据为己有。如志丹县四区仓库主任高明顺用这种办法贪污了30多石，八区仓库主任金永彪用这种办法贪污了3石多，安定南区仓库主任出粮时把斗底围小，延川禹居区仓库主任杨某和区长冯学德用这种办法共同贪污了30多石。共同舞弊伙分贪污粮款的，如志丹五区仓库主任和区级干部有组织的偷卖了2石5斗，得洋108元，大家分用。延川禹居区贪污的30多石也是这样，延川永胜区仓库主任和区长贪污5石余，固临县保安队管理员等三人前后偷卖机关生产粮食21石。

（2）空收账簿，虚报损失。如志丹县四区仓库本来存粮10石，二科长将其调换后，以为人家不知道，反报告说短少了26—27石；志丹县八区金永彪收公粮时，把自己与亲戚应出的空收一笔款，又随时拿公粮的麦子给他的亲戚；延安东一区仓库主任给他亲戚空打2石粮食收据；等等。

（3）用买粮款做私人生意，在买粮时乘机渔利或少给群众粮价。如志丹县四区在春季天未落雨时，代公家定买了若干粮食未付粮价，及至天落了雨，粮价下降，他们就另找农户买粮，粮价还是按以前的报公家，赚了其中差价；延川县仓库主任刘竟成拿自己保管的款做生意；志丹县八区仓库克扣卖粮人的零头；志丹县六区仓库主任袁正春把应给群众的几分或几角扣下，总计有20余元之多。至于因贪污了数目不对，可以用许多方法支吾，例如华池县水汽台区短粮14石7斗，向上级报告说是老鼠吃了12石7斗，另外坏了4石等。至于数目字的前后差错，

---

① 《经济问题与财政问题——一九四二年十二月陕甘宁边区高干会上的报告》，《毛泽东选集》，东北书店1948年版，第885—886页。

亦有不少，如关中 1939 年度在检查后发现和原先报告数字相差 500 多石。①

晋冀鲁豫边区的贪污情形也不断发生。例如，"边府总务科张祺屡次贪污，最后一次承认 80 元。事务股王某某自造单据重作报销"，"前一办秘书处虚报伙食 300 元"，偏城办事处"出卖公粮，集体贪污 200 元"，"前一办干训班张某潜逃，携走 17.70 元"，"税务二分局李民贪污 500 元"，粮食总局陈孝贤"在磁县拐伪钞 3700 元潜逃被获"，等等。② 晋察冀边区早期管理的手续不严，个人负责制度、会计制度、供给制度等一套手续坚持得不够，"因而使粮食发生差额，有的地方照我们算还有存粮，照他们算就没有了，中间问题很多"，致使出现"过去惊人的吃'空名字'办法"，③ "有的卖公粮，有的供给人员把粮票送给'情人'或家属"。④

除了贪污，公粮的浪费情形也相当严重。陕甘宁边区在 1942 年底之前，"各县对粮食管理，亦做得很差，鼠咬、虫伤、腐烂等等损耗，不一而足"。⑤ 公粮浪费的情形复杂多样。陕甘宁边区"一九四一年的正杂折合率，也因不估计各地产粮情形与供需关系，把它一般化，使得有些地方（如警备区）征收杂粮很多，发不出去。有些地方（如延安）需要马料，去又找不到杂粮，各机关不得不降低折合率，用细粮去换，倒转过来造成了粮食的浪费"。⑥ 晋察冀北岳区"各机关种菜用粮食或

① 曹力如：《陕甘宁边区三年来粮食工作的检讨》，《新中华报》1940 年 12 月 29 日，第 4 版。
② 《1941 年度太行区财政总结》（1942 年 1 月），《抗日战争时期晋冀鲁豫边区财政经济史资料选编》第一辑，第 663 页。
③ 刘澜涛：《在区党委粮食会议上的结论》（1942 年 8 月 30 日），魏宏运主编《抗日战争时期晋察冀边区财政经济史资料选编》第四编《财政金融》，第 203 页。
④ 邵式平：《几年来粮食工作之经验教训与今年度的工作布置》，《战线》第 93 期，1942 年 9 月 11 日。
⑤ 《经济问题与财政问题——一九四二年十二月陕甘宁边区高干会上的报告》，《毛泽东选集》，东北书店 1948 年版，第 883 页。
⑥ 《经济问题与财政问题——一九四二年十二月陕甘宁边区高干会上的报告》，《毛泽东选集》，东北书店 1948 年版，第 881 页。

粮票交地租的很多，用'粮食改善伙食'的现象更普遍，一斤小米可买一斤四、五两豆子，用小米换豆子则十一斤换十斤，吃亏很大，至于喂猪浪费粮食者亦很多"。[1] 山东根据地公粮方面最严重的问题是浮支公粮，各部队机关在"公粮上一般的预算是粗枝大叶不老实，想多报人数，多要钱粮，多开支，且不量入为出，不照料群众负担，不打算革命家务"，[2] 从而造成"粮食的浪费浮支现象，就达到异常严重的程度，首先是地方政府及群众团体的吃粮人数没有按照规定随便吃粮，一些地方政府，如乡政权，或群众团体、工作机关，如青救会、农救会，吃饭人数可以超过编制人数一倍至五倍，武装部队，特别是地方武装，团、营、连、排、班，甚至几个扩军人员，可以自由的不按照编制人数随便要给养，甚至要了粗粮，就以很低的代价去换细粮或熟粮锅饼馒头吃。部队移防时，吃不完的粮食，就是要变卖、寄存或浪费，到另一个地方又重新再要，因此一百人的部队，要吃到一百五十人至二百人的粮食"。[3] 同样的事情在晋冀鲁豫边区也存在，太行区"五区有一个编村吃公粮者达三十多人"；[4] 太岳区的浪费同样惊人，"襄垣县区村吃饭的有 2000 人"。[5]

此外，公粮的消耗损失相当严重。山东根据地公粮存在"粮食霉烂损失相当惊人"的问题。[6] 晋察冀北岳区发现，"粮食收下来是一百斤，发出就成了九十斤，今年完县粮运到易县，一百斤就成了八十五

---

① 邵式平：《几年来粮食工作之经验教训与今年度的工作布置》，《战线》第 93 期，1942 年 9 月 11 日。

② 《中共山东分局关于一九四五年经济工作指示》（1945 年 3 月 3 日），《山东革命根据地财政史料选编》第二辑，第 194 页。

③ 陈明：《一个紧急的战斗任务，克服春荒解决军食民食》，《大众日报》1941 年 2 月 4 日，第 2 版。

④ 《北方局高级干部会议有关财政经济问题结论》（1940 年 4 月 24 日），《太岳革命根据地财经史料选编》（上），第 63 页。

⑤ 杨尚昆：《在黎城会议上的报告（节录）》，《抗日战争时期晋冀鲁豫边区财政经济史资料选编》第一辑，第 83 页。

⑥ 《中共山东分局关于一九四五年经济工作指示》（1945 年 3 月 3 日），《山东革命根据地财政史料选编》第二辑，第 194 页。

斤。这是由于征收时弱点太多，有的掺沙，有的和糠，有的和水和土，只要一清理就有损失"，"十石粮食只能顶八、九石用，其余一、二石，就从消耗、损失、折差、贪污浪费中丢掉了"。① 此外，公粮运输也有消耗，从巩固区到巩固区也要发生减额。其中的原因很多，"有的驮粮中掉在河里，如果这次收下，下次他就都'掉在河里'。还有从袋子里倒粮时，不往净倒，过秤时的损失那就更大，规定不得超过百分之三，有的则达百分之六或百分之八"，还有就是"秤不一致，越往东秤越小，曲阳秤比行唐的公开小三斤，行唐到灵寿又小三斤，灵寿到平山又小三斤，走路越多，小的越多"。② 这其中，有些消耗是合理的，有些是本可以避免的。虽然规定消耗损失不得超过3%，但实际上有的高达6%—8%，相当令人吃惊。

抗战时期征收救国公粮是一个复杂的系统工程，救国公粮征收之后，还面临如何保存、运输和支付的问题。而华北各抗日根据地在此之前对此并无经验可资借鉴，各根据地在处理救国公粮的保存、运输和支付问题时都是在实践中不断地摸索，根据不同的具体情况而采取各不相同的措施。陕甘宁边区处于华北根据地的后方，战事较少，因此在公粮保存上多采取了仓库制集中保存，而其公粮运输则由于地形不便、交通较为落后而成为一个较大的问题。晋察冀边区、晋察鲁豫边区、晋绥边区和山东根据地则由于处于华北抗战前线，战事频仍，因此在公粮保存上基本上以分散保管为主，以仓库集中保管为辅。在公粮运输上，以平原为主的根据地运输方便，基本上不构成太大的困难，冀中的运输队、冀南创造的道沟，都为公粮运输创造了便利，这些根据地面临的是如何调剂其内部山地与平原之间粮食，由此带来的运输压力是主要问题。在

---

① 邵式平：《几年来粮食工作之经验教训与今年度的工作布置》，《战线》第93期，1942年9月11日。
② 邵式平：《几年来粮食工作之经验教训与今年度的工作布置》，《战线》第93期，1942年9月11日。

公粮支付上，从陕甘宁开始，各根据地都创造了粮票制度，对日后产生了深远影响。同时，如何因应公粮保管和支付中产生的浪费和贪污问题一直困扰着各根据地，与其的斗争贯穿了整个抗战时期，甚至在解放战争时期也仍面临这一问题。

第八章

华北抗日根据地的救国公粮与农民负担

华北敌后抗日根据地是以华北乡村为根基的，其能在艰苦的敌后得到生存、发展与乃至壮大，实源于华北乡村民众对于根据地在人力和财力上源源不断之供给，尤其是华北乡村的农民提供了数量巨大的公粮，乃使根据地军队战斗力得以维持、政府效率得以改善。在残酷的游击战争环境中，农民承受了超过其供给能力的负担，而根据地军队和政府也努力减轻农民负担。对于华北抗日根据地农民负担的历史场境，学界给予了相当的关注，[①] 但是关于农民负担问题的研究仍属薄弱环节，且多限于某个根据地的部分场域，较少给予全景式的观照。[②] 农民负担问题是研究华北抗日根据地之一重要问题，本章拟在学界已有研究的基础上，对此一问题做一全景式的考察。

---

① 比较全面的成果如《中国农民负担史》第三卷。此外尚有一些论文，如魏宏运《论华北抗日根据地的合理负担政策》，《历史教学》1985 年第 11 期；徐建国《抗战时期晋冀鲁豫边区减轻农民负担历史考察》，《阴山学刊》2004 年第 5 期；郑立柱《晋察冀边区农民负担问题研究》，《抗日战争研究》2005 年第 2 期；李建国《试析抗战时期陕甘宁边区民众的负担及边区政府减轻民众负担的措施》，《抗日战争研究》2010 年第 2 期；等等。

② 李成瑞：《抗日战争时期几个人民革命根据地的农业税收制度与农民负担》，《经济研究》1956 年第 2 期。这是少有的全景式的研究，但带有较明显的时代印记，需要在其基础上做进一步研究。

一　农民负担的构成

抗战前，华北区域一般的农民负担主要有田赋及其附加、"防共捐"、警捐、保卫团捐、户口捐、车捐等数十种苛捐杂税。税目苛细，贪污中饱，不一而足。尤其田赋，弊端丛生，附加超过正税数倍至十数倍，有粮无地，有地无粮，征收过程中贪污现象极其严重。敌后根据地建立之后，政府着手废除原来的苛捐杂税，建立了"有钱出钱、钱多多出"的合理负担政策，田赋虽然在一些根据地得到了保留，如山东根据地、晋冀鲁豫边区，但在另一些根据地，如陕甘宁边区、晋察冀边区等，田赋被废除，开始在合理负担的基础上实行农业统一累进税和统一累进税。合理负担政策和统一累进税比原有田赋等旧税更易于征收，且更强调各阶层负担的平衡，较大程度上得到了华北根据地农民的认可。

在合理负担或统一累进税之下，华北根据地的农民负担主要有以下几个方面。

1. 财物负担

财物负担是指合理负担或统一累进税中农民交纳的财物，包括粮食、花料和布匹，有的也包括军鞋。例如，晋冀鲁豫边区的财物负担主要有款项、粮食、军鞋和花布四种，其中款项按照合理负担来征收，公粮则按照屯集粮食来征收，而军鞋负担也不小，是合理负担款的"一倍半"。[①] 山东抗日根据地"农民负担主要有公粮、田赋和税收三部分"，而在三者中，公粮是"最大的负担"，1944年每亩负担"十八斤"，大概占到产量的"百分之十二"；田赋"一年由两次，每亩共合五至七斤粮，约占产量百分之四，与公粮合计起来，则占百分之十六"；

---

① 《太岳区一九四五年政府工作报告》，《太岳革命根据地财经史料选编》（上），第213页。

契税在 1945 年"估计也可能占到百分之二"。这样，1945 年的农业负担，"将达到百分之十八—二十，每人平均负担估计在五十斤以上"，这一数据尚不包括"村财政的负担"，而一般来说村财政负担"数字很大，有些地区超过公粮田赋数额"。税收方面，山东的"税率重于其它地区，全部税收（包括专卖利润）可与公粮田赋合计约略相等"。①

在实行统一累进税的边区，如晋察冀、陕甘宁等边区，因为取消了田赋，财物负担主要包括公粮、村款（村米）和税收（出入口税和契税）。1942 年"五一大扫荡"后，冀中人民负担中的财物负担，"一般的每分四十元左右，约折小米二十四斤（每市斗以二十五元计，以市秤十五斤计），较多的由六十元到八十元，约折小米三十六斤到四十八斤，最多的竟达一百四十元到一百六十元，约折小米八十四斤到九十六斤，最少的也在二十元以上，约折小米十二斤"。② 这一负担，也是相当重的。

财物负担中，除了上述款项之外，还有一些零星的负担，如运盐代金、公债、羊子税等。

2. 人力负担

人力负担是华北抗日根据地农民负担中的重头，在某些地方此时期甚至超过财物负担，而研究中对这一问题又往往容易忽视，因此有必要更多地予以关注。

人力负担中，主要是支差和参战工作。山东根据地除公粮、田赋和税收外，"人民负担最重的是出夫"。③ 敌后根据地处于战争环境中，农民及其所属之畜力也经常要参加军事行动。晋冀鲁豫边区规定如果是参加军事行动，则属于参战工作，"与支差不同"，包括农民"跟随各部队行动，三天以内自带给养（由县政府统筹），第四天起伙食由部队供

---

① 薛暮桥：《抗日战争时期和解放战争时期山东解放区的经济工作》，山东人民出版社 1984 年版，第 33—34 页。
② 《关于冀中区人民负担问题》（1943 年 6 月），魏宏运主编《抗日战争时期晋察冀边区财政经济史资料选编》第四编《财政金融》，第 501—502 页。
③ 薛暮桥：《抗日战争时期和解放战争时期山东解放区的经济工作》，第 34 页。

给"，"战时运输军需品及胜利品"，"战时抬运伤病员及平时转运伤病员"，"战时带路送信"，等等。如果并非战时，而是平时农民协助"军事机关之迁移"、"平时军事机关运送军需品或公用物品，以及卫生机关搬运食粮"，则属于支差。军事行政机关凭用差证，经专署和专署办事处批准，填写拨差证，得征用农民支差，如支差"超过规定里数，并须给换差证，用差部队机关，应先持此证，过换差地点之县政府或区公所办理换差"，同时用差者要"按规定发价"，并"须于出发前，先行发给差价全部或一部，不实行此项规定者，民夫可拒绝支差"，其所发价，"不论有无回脚，均须按来回路程计算"。[①] 晋察冀边区冀中区估计人力负担，"曾提到一个非常严重的地位，甚或不亚于财物负担"。[②]

除了繁重的支差，人力负担中还有一部分负担是运输公粮（见表 8-1）。

表 8-1　1942 年 7—11 月晋冀鲁豫边区涉县支差和义运统计

	人差		差力		畜差		畜力				
	支差	义运	16—50 岁人数	15 岁以下 50 岁以上	支差	义运	驴子	骡子	马匹	牛匹	其他
第一区	409	30	18190	18189	396	30	2532	146	17	102	
第二区	569	84	10346	10123	483	84	2899	67	8	621	
第三区	449	184	11990	11800	449	184	3294	141	10	159	
第四区	462	184	18038	18137	441	164	2810	45	12	210	9
第五区	554	122	9063	9064	554	122	1288	66	8	275	
第六区	485	129	9908	9509	485	120	2283	228	28	414	
第七区	—	—	5142	5080	—	—	764	47	2	207	
合计	2928	733	82677	81902	2808	704	15870	740	85	1988	9

资料来源：《涉县县政府抗勤工作报告》，《抗日战争时期晋冀鲁豫边区财政经济史资料选编》第一辑，第 1490—1491 页。

①　《晋冀豫军事支差条令》（1941 年 4 月 1 日），《抗日战争时期晋冀鲁豫边区财政经济史资料选编》第一辑，第 1478 页。
②　《关于冀中区人民负担问题》（1943 年 6 月），魏宏运主编《抗日战争时期晋察冀边区财政经济史资料选编》第四编《财政金融》，第 501—502 页。

从表 8-1 看，涉县在 1942 年 7—11 月支差和义运的人差数量占了 16—50 岁人口的 4.4%，畜差占了全部畜力的 21.0%，负担不可谓轻。但这可能还不算太重。表 8-2 统计的三个典型村，即使是偏僻少差的太平庄，其支差也不算少：

表 8-2　晋冀鲁豫边区三个典型村 1942 年 9—11 月人力畜力负担调查

人力负担项目	河南店（支差繁忙）				城里（零差频繁）				太平庄（偏僻少差）			
	人力	占全差数比例（%）	畜力	占全差数比例（%）	人力	占全差数比例（%）	畜力	占全差数比例（%）	人力	占全差数比例（%）	畜力	占全差数比例（%）
支差	125	23.1	115	17.9	150	45.4	125	69.1	—	—	—	—
义运	—	—	—	—	—	—	—	—	87	66.4	87	88.7
雇差	—	—	—	—	5	1.4	5	2.8	29	22.1	6	6.2
助差	223	41.5	195	77.7	93	27.5	51	28.1	—	—	—	—
零差	191	35.4	11	4.4	87	25.6	—	—	75	11.5	5	5.1
差的总数	569	100	251	100	335	100	181	100	131	100	98	100
日平均差	176.3	—	84	—	118.7	—	60.3	—	43.7	—	32.7	—
全村所有数	454	—	104	—	381	—	95	—	156	—	114	—
平均每人畜占差数	38.9	—	88	—	28.3	—	63.5	—	28	—	28.7	—

资料来源：《涉县县政府抗勤工作报告》，《抗日战争时期晋冀鲁豫边区财政经济史资料选编》第一辑，第 1492 页。

晋绥边区的情形也类似。支差也是一项繁重的工作，"村公所的经常工作绝大部分是要粮与支差，而要粮与支差多半又混在一起，分不清，共占全部工作时间的十分之九。要粮包括要村米与起公粮，要村米占时间较多，因为太零星。支差包括给过路人员找住处（每天够三五人），派担架差驴（每月担架约 20 付，驴约 40 头）与给驻军借用具。此外还有十分之一的时间处理：解决土地婚姻打架等纠葛，开会（多在晚上开），办公事，填表记帐"。① 支差的繁重，也影响了合理负担等别的负担的完成。1939 年晋察冀北岳区农民认为"自卫队驮骡的支差，是影响了合理负担，老百姓这样讲，有的出了力而没有收入的机会"。② 从整体上来说，公粮和支差是农民负担中两项主要的负担。

3. 罚款和募捐

华北抗日根据地初期，合理负担尚未真正实行，各地为了筹措地方的经费，一度经常采用罚款和募捐的办法筹款，有些地方甚至到了滥罚、滥捐、滥募的地步。在晋察冀边区，"因为地方款不够，有些县份发生了以罚款、募捐来解决财政问题的恶劣现象。不仅是县区政府，即县区游击队、自卫队、各团体也都自行罚款。甚至有的专署在行政会议来布置罚款，某县工作团在七天以内为瞒地罚款在 7 万元以上；在村里花样就更多了，有的自己规定了公约与罚则，不站岗罚，不开会罚，婆媳打架罚，有的因被罚而破产。募捐也是头绪太多，政府募捐，各团体募捐，基于自动捐出的固有……不自动不行的募捐方式是很普遍的。……因此在 1940 年 8 月规定区村均无罚款权，行政罚款权属于县级以上的政府，每案不得超过 100 元，汉奸案一律禁止罚款，这些纠正的结果，有的县份 1941 年比 1940 年罚款减少到十分之一，甚至是四十分之一"。③ 在陕甘宁边区，罚款的现象也不鲜见，因此林伯渠指出，"捉人罚款来解决收入的办法，必须严厉禁止"。④ 神府县"秦家坡一带的群众说共产党二次拉豪绅，并对收税罚金等，说公家用着钱了"。⑤

---

① 牛荫冠：《从一个行政村看到的问题》，《抗战日报》1943 年 2 月 13 日，第 4 版。
② 耘夫：《平山县救国公粮是怎样完成的?》，《抗敌报》1939 年 2 月 25 日，第 4 版。
③ 张佳等：《冀中五年来财政工作总结》，魏宏运主编《抗日战争时期晋察冀边区财政经济史资料选编》第一编《总论》，第 697—698 页。
④ 《1941 年 2 月 27 日林伯渠在边区县长联席会议上的报告提要》，中共中央党校党史教研室编《中国近代经济史资料选编》，中共中央党校科研办公室 1985 年版，第 425 页。
⑤ 《神府县政府关于五月二十七日至七月五日的工作报告》（1940 年 7 月 5 日），《陕甘宁边区政府文件选编》第二辑，第 382 页。

晋冀鲁豫太岳区 1942 年罚款收入有 193854.15 元，占总收入的 11.55%，[1] 这一比重并不小。罚款和募捐持续时间并不太长，以后各根据地基本上都按照合理负担政策筹集粮款。

4. 游击区、敌占区对日伪的负担

华北抗日根据地处于敌后，除了巩固区，还有游击区和敌占区。在游击区和敌占区，农民还有着对日军和伪政权的负担，其主要有以下几种。

（1）日伪"征发"。日伪的"征发"，包括财物负担和人力负担。日伪在华北占领区和游击区征收各种各样的捐税："什么'户口税'、'牲畜税'、'门牌税'、'居住证捐'、'电杆费'、'护路费'、'照像费'……名目多到不能计算，几乎衣食住行，无一无捐。"[2] 除了这些捐税，还有繁重的日常供应。在"征发"粮食上主要有"田赋征实"、"设法收购"、"强令勒征"和"强令献粮"等，所掠夺粮食数量尤大，"仅河北一省之密云、通县、香河、大兴、良乡、三河、顺义、昌平、涿县等九县于三十二年七月间对小麦一项即一次被征去三千七百三十八吨。他如山西之汾阳、文水、孝义、交城等地每年每县被掠去之粮食，均在十万石以上，全省则在五百万石以上"，[3] 其数量不可谓不巨。就某个镇或者区村来说，1942 年晋冀鲁豫边区冀南战略区在日军的进攻下成为游击区，游击区内的冀南广宗县镇办公处在 1942 年 11 月仅一个月的开支清单，就相当惊人（见表 8-3）。

---

[1] 《1942 年太岳区上半年财粮工作总结》，《抗日战争时期晋冀鲁豫边区财政经济史资料选编》第一辑，第 678 页。

[2] 齐武编著《一个革命根据地的成长：抗日战争和解放战争时期的晋冀鲁豫边区概况》，人民出版社 1957 年版，第 72 页。

[3] 《敌伪在华北的粮食设施》（1945 年 8 月），中央档案馆、中国第二历史档案馆、吉林省社会科学院合编《日本帝国主义侵华档案资料选编·华北经济掠夺》，中华书局 2004 年版，第 787 页。

表8-3　冀南广宗县镇办公处开支清单（1942年11月）

开支项目	开支金额
洗衣费	联银券57.3元,冀钞250元
买皮鞋	联银券54元
日本兵长	联银券60元
杂货	冀钞18064.7元
菜	联银券260.8元,冀钞2640.5元
梨	冀钞1009.9元,联银券20元
西瓜	冀钞224.45元,联银券60元
日兵长	联银券20元
部队长	联银券40元
买生熟肉	冀钞2457.8元
"花姑娘"	吃肉1斤,粮1斤
日本狗	吃肉45斤,花生3.5斤
请王太太	饼3斤,肥皂5块,肉3斤
合计	全月共开支冀钞57060元,联银券4321.65分

资料来源：齐武编著《一个革命根据地的成长：抗日战争和解放战争时期的晋冀鲁豫边区概况》，第72页。

　　除了上述开支，各村被迫送交伪镇办事处的物品还有："纸烟三千盒；酒三百斤；点心一千三百二十二斤；鸡二十九只；鸡蛋一千三百四十七个；西瓜二百六十八斤；梨一百○一斤；白菜六千二百一十六斤；豆腐七百十五斤。"游击区对日伪的负担由此可见一斑。据一般估计，冀南全区平均每人要对日伪负担冀钞"三百二十八元"，冀南全区对日伪负担的地区约有耕地"三千万亩"，"每亩以百元计（这是很低的估计），则敌人每年由冀南搜刮以去的款项约达二十亿元，按前述小米最高价折合，约为十亿斤"。[①]

　　1942年"五一大扫荡"后，冀中在对敌的人力负担上十分沉重，根据对"晋深极周家庄等三个村统计，共出夫26540工，每天平均出夫102人，敌要走青年18人，再加上常备团，以及在村支应敌人的人员，

---

　　① 齐武编著《一个革命根据地的成长：抗日战争和解放战争时期的晋冀鲁豫边区概况》，第72页。

折成整日夫不下 200 人，这三个村共有男女 1624 人，除了儿童及不能出夫的老年外，青壮年约千余人，共出约百分之二十。这种负担也是相当严重的"，① 冀中"人民负担能力最多每分不得超过二〇斤，我之财政需要每分得为一〇斤；敌之掠夺征发最低不下二〇斤，这是一个极为严重的问题"。② 具体负担数据见表 8-4。

表 8-4　1942 年"五一大扫荡"后晋察冀边区冀中对敌对我负担比例统计

县别	村名	对敌		对我		合计（斤）
		每分负担折米（斤）	占比（%）	每分负担折米（斤）	占比（%）	
深南	东安庄	41.5	90.3	4.54	9.7	46.04
深南	南斜庄	20.408	88.8	2.576	11.2	22.984
献县	河头店	46.84	84.9	8.33	15.1	55.17
河间	五党	41.224	83.28	8.176	16.12	49.4
晋深极	东北马	45.875	83.4	9.125	16.6	55
定南	西赵庄	38.225	78.86	10.17	21.14	48.395
安平	杨各庄	46.8	80.0	11.7	20.0	58.5
安平	彭家营	41.375	78.6	11.25	21.4	52.625
合计		322.247	—	65.867	—	388.114
平均		40.3	83.1	8.2	16.9	48.5

资料来源：《关于冀中区人民负担问题》（1943 年 6 月），魏宏运主编《抗日战争时期晋察冀边区财政经济史资料选编》第四编《财政金融》，第 511 页。

（2）强制低价收买。在老敌占区、老近敌区及新变质地区，后期对敌有形负担有所减轻，而无形负担则日益加强。根据冀中区七专区材料，在赵县、束鹿、栾城等产棉区域，日伪强制种棉，在耕地面积 60% 以上所产棉花，予放青苗贷款，要尽数低价卖敌伪洋行。棉花每百斤定官价为伪钞 40 元，而其在非统制区域则可卖伪钞 80—100 元，官

① 《关于冀中区人民负担问题》（1943 年 6 月），魏宏运主编《抗日战争时期晋察冀边区财政经济史资料选编》第四编《财政金融》，第 501—502 页。
② 《关于冀中区人民负担问题》（1943 年 6 月），魏宏运主编《抗日战争时期晋察冀边区财政经济史资料选编》第四编《财政金融》，第 500 页。

价只当高价 40%—50%，其 50%—60%价款被敌人掠夺去。此外，每亩麦子要交 16 斤，按每百斤伪钞 11 元给价。十专区白洋淀各县被安寨商会强制收买稻子，每百斤给边币 70 元，而保定稻子市价为每百斤伪钞 40—52 元，当时边币对伪钞是 3.8：1，则保定稻子市价折合边币 159.6—196.6 元，日伪给价还不到市价的 50%，甚至不到 40%。其收买大米亦是用同样办法。此外，掠夺人民财物也是非常严重的。晋深极周家庄、东北马、马铺三村，被掠去边币 29917 元、粮食 16660 斤、衣被 33861 件、家具 150 余件、损坏家具 111 件、农具 68 件、锅 20 余口、碗 420 余个。[①]

（3）掠夺毁坏。粮食是日伪掠夺的主要目标，日军的口号就是"决战第一，吃饭第一"。1942 年，日军打算在华北"抢粮二千万石，当年夏季，太行区驻敌在太谷、榆次、祁县、沁县、武乡、襄垣、潞城等县，均提出抢粮目标：多则两三万石，少则七、八千石，秋季更增至每县八、九万石"。1942 年日军第四次、第五次"治安强化运动"的重点，就是掠夺粮食。1943 年 3 月，山西日伪拟在 4—6 三个月内"抢粮 58 万石"，上党日伪拟从 1943 年 4 月起到 1944 年"在晋东南抢粮 50 万石"，[②] 而日军"对根据地的许多'扫荡'，几乎全是为了抢夺粮食"。[③] 粮食成为抗战时期各方争夺的焦点。

以上四种负担构成了华北抗日根据地农民负担。抗日根据地因为处于农村，主要依靠农业收入维持，而华北乡村的农业收入主要来源于粮食，根据地军政人员的供给主要依靠粮食。于是粮食成为根据地政府收入中的主要部分，同时也是农民负担中最重的一部分。晋察冀边区的

---

① 《关于冀中区人民负担问题》（1943 年 6 月），魏宏运主编《抗日战争时期晋察冀边区财政经济史资料选编》第四编《财政金融》，第 503 页。
② 《一年来太行财政工作》（1943 年 9 月 12 日），《抗日战争时期晋冀鲁豫边区财政经济史资料选编》第一辑，第 626 页。
③ 齐武编著《一个革命根据地的成长：抗日战争和解放战争时期的晋冀鲁豫边区概况》，第 71 页。

"征税主要是公粮",① "我们是靠了公粮合理税收解决财政问题的,过去是这样,今后依然要这样";② 在冀中区,"粮食是我们最主要的收入,最主要的财富";③ 在晋冀鲁豫边区的太岳区,粮食占其"财政80%以上的比重,而由于粮价之空前高涨,粮食在整个财政中之比重,目前已达到95%以上";④ 太行区的情形也类似。对于山东根据地、陕甘宁边区和晋绥边区来说,公粮同样是财政收入的主要部分。

换言之,公粮负担,是华北抗日根据地农民负担的主要部分,"公粮所加于人民的负担是人民最大负担之一"。⑤

二 农民的公粮负担

公粮是华北抗日根据地农民最大的负担之一。那么,公粮负担的情形究竟如何呢?

抗日救国公粮的征收办法,正如我们在绪论里所描述的那样,同土地革命时期征收土地税的办法相似,以每户人口平均收获细粮之多寡为标准分级累进(扣除最低生活需要的免征点)。主要征收对象是地主、富农,其次是中农。陕甘宁边区从抗日战争后期起,一直按土地的常年产量计算,常年产量是按土地的一般自然条件和当地一般经营水平,经过民主评定的标准产量,一般比正常年景的实际产量低,且规定若干年不变。

抗日根据地几乎都位于贫困地区,不少地方粮食不能自给,大多数

---

① 宋劭文:《关于边区财政经济政策若干问题的答复》(1942年2月2日),魏宏运主编《抗日战争时期晋察冀边区财政经济史资料选编》第一编《总论》,第446页。
② 宋劭文:《论合理负担、县地方款、预决算制度》,《边政导报》第2卷第6、7期合刊,1940年2月12日。
③ 《冀中历史文献选编》(上),第469页。
④ 《太岳区党委关于全区财粮工作的指示》(1942年9月15日),《太岳革命根据地财经史料选编》(上),第110页。
⑤ 《晋西北行署一九三九年至一九四二年公粮工作总结》(1943年7月),《晋绥边区财政经济史资料选编·财政编》,第243页。

农民难以温饱。公粮实行 5%—40% 超额累进税率的，税前每人扣除原粮 120 斤或 150 斤，远远低于最低生活标准，所以应当说，边区农业税对于农民是一项比较沉重的负担。1940 年以后，各敌后抗日根据地在财政工作中，逐步注意到认真贯彻合理负担的原则。晋察冀边区政府以行政村为单位，每年进行两次合理负担检查。"具体办法是，先由各家民户据实填表，经村评议会核定后上报县政府备案。村中一切负担皆按分数负担，未得分数者不负担。负担数约占全户数的 30%—40%。"[1]

抗战前期，华北根据地的"人民反映公粮的负担倒不算重，重的是村款"，[2] 而且由于此一时期根据地还有国民政府拨款和海外华侨的捐款，也不太追求公粮的完成程度。在抗战初期，各个根据地都面临较大的公粮尾欠问题。以晋察冀边区为例，1938—1940 年，公粮的分配数量和完成额度之间都存在较大的差距（见表 8-5）。

表 8-5 1938—1940 年晋察冀边区公粮完成分配数目的比例

单位：%

年份		1938	1939	1940
公粮征收数量指数		100	112	184
北岳区	一专区	35.4	37.6	105
	二专区	21.4	25	52
	三专区	89.2	78.6	78.9
	四专区	79.4	84.5	100
	五专区	92.4	95.1	82.5
	六专区	—	—	74.1
冀中		—	—	47.6
总计		58	65.6	61.3

资料来源：张帆记录《边区廿九年度救国公粮征收总结——邵局长在二月十六日边区首届粮食会议报告》，《晋察冀日报》1941 年 3 月 23 日，第 4 版。

---

[1] 项怀诚主编《中国财政通史·革命根据地卷》，中国财政经济出版社 2006 年版，第 98 页。

[2] 项怀诚主编《中国财政通史·革命根据地卷》，第 98 页。

从表 8-5 中看，若以 1938 年全边区征粮指数为 100，则 1939 年为 112，1940 年为 184。可见 1940 年公粮任务比 1938 年增长了 84%，这一增长幅度还是比较大的。当然，这一指数的增长是因为要归还以前的借粮，所以实际公粮的增长幅度并没有那么大。1940 年"征粮过程中，做了一次空前未有的工作，把过去借的公粮全部归还了。这是中国历史上罕有的事情，但是我们做到了，不能不说是个伟大的成就。计各地还借粮：一专区为 10825 石，四专区为 17000 石，五专区为 15740 石 7 斗，共计 43565 石 7 斗。这不仅使老百姓高兴，不仅大大提高了政府威信，并且说明了只有民主政府才能做到这样事情"。[1]

同时，在某些地方，虽然公粮在 1940 年有了较大的增加，但"群众的负担不但没有增加，而且相对的减少"，[2] 如北岳区灵寿县张家庄，1940 年公粮虽然增加了，但公粮占实际收入的比例是下降的（见表 8-6）。

表 8-6　1938—1940 年晋察冀边区灵寿县张家庄公粮占实收总数比例

年份	1938	1939	1940
实收总数（石）	250	200	410
出纳公粮（石）	30	20	28
公粮占实收比例（%）	12	10	6.8

资料来源：张帆记录《边区廿九年度救国公粮征收总结——邵局长在二月十六日边区首届粮食会议报告》，《晋察冀日报》1941 年 3 月 23 日，第 4 版。

但到了 1941 年之后，由于战争环境恶化，日军不断对根据地进行"扫荡"，同时根据地的外援断绝，因此公粮负担增加较大。以晋察冀边区北岳区的历年农民负担情况为例。晋察冀边区是华北抗日根据地的"模范根据地"，北岳区是晋察冀边区政府所在地，应当说有一定

[1]　张帆记录《边区廿九年度救国公粮征收总结——邵局长在二月十六日边区首届粮食会议报告》，《晋察冀日报》1941 年 3 月 23 日，第 4 版。
[2]　张帆记录《边区廿九年度救国公粮征收总结——邵局长在二月十六日边区首届粮食会议报告》，《晋察冀日报》1941 年 3 月 23 日，第 4 版。

的代表性，我们可以从中可以看出农民负担的一些基本情况（见表 8-7）。

表 8-7　晋察冀边区 1938—1945 年负担情况

单位：市斗米

年份	每人平均分数	中心区负担情况（折为"负担人口"后负担情况）			全北岳区情况		备注
		每分负担量	每人负担量	负担占收入比例（%）	每分负担量	负担占收入比例（%）	
1938			1.318	6.59	0.673	3.36	另有县款
1939			1.496	7.48	0.753	3.71	另有县款
1940			2.04	10.2	1.061	5.03	另有县款
1941	2.33	1.35	3.145	15.72	1.612	8.06	开始统累税
1942	2.156	1.326	2.86	14.29	1.578	7.89	
1943	2.35	0.9	2.115	10.517	1.363	6.81	加进优抗粮
1944	2.2	0.85	1.87	9.35	1.262	6.31	
1945	2.2（估计）	0.85	1.87	9.35	1.667	8.33	拟征款

资料来源：边委会财政处《关于边区人民负担能力问题》，魏宏运主编《抗日战争时期晋察冀边区财政经济史资料选编》第四编《财政金融》，第 545 页。

从表 8-7 我们可以看出，1938 年、1939 年、1940 年三个财政年度农民负担略有升高。这主要是因为随着抗日根据地的发展壮大，边区脱产军政人员逐渐增多，所需费用增加。1941 年、1942 年两个财政年度，由于日军对边区更加残酷的破坏和边区境内发生灾荒，边区财政极端困难，边区农民负担急剧加重。1941 年人均负担达 3.145 市斗米，占总收入的 15.72%。1942 年的人均负担有所下降，但变化不大。从 1943 年起，人均负担开始有了较大的下降。1944 年、1945 年北岳区中心区农民负担，每人平均为 1.87 市斗米，占总收入的 9.35%，比 1941 年有了明显的下降。以标准负担量作比，1942 年为 100%，1943 年为 86%，1944 年、1945 年为 64%。一般来说，公粮负担达到总收入的 15% 时，基本上已经到了农民承受能力的极限，因为除了公粮，农民还承担村款

213

或村米，并要承担支差等人力负担。可以说，1941 年和 1942 年的公粮负担，实际上已经达到农民所能承受的极限。

除了公粮负担在内的各种负担历年的嬗变，在战争环境中还要将农民负担放在战争破坏性之下来考量。以冀中为例，虽然 1941 年公粮的负担已经相当沉重，但冀中平原物产丰饶，农民尚能承受沉重的公粮负担，1941 年冀中"各阶层人民生活向上，对于负担胜任愉快，这说明三十年（指 1941 年——引者注）的分配数字，人民是负担得起的"，但是，在经过 1942 年"五一大扫荡"及灾害之后的 1943 年，"人民的生活是空前的困难而急剧下降了，绝大多数的人民陷于饥饿的境地"。例如，"安平报子营过去是一个最富庶的村庄，全村二二〇户，现在能够凑合着够吃的有五〇户，稍有富裕的（外边有买卖，有外来钱）七、八家外，其余的都没有存粮，不够吃的有一六〇户，大部分都是吃糠，这可说是情形最好的，最坏的是晋深极的东河町，全村无论贫富，放弃了春耕去讨饭者有百分之九〇以上，深南一个富农，三顷多地，粮食只能吃到今年四月。晋藁县县长家里五口人，七十多亩地，现在经常吃糠，很少吃粮食"。冀中"现在人民生活普遍下降，一般吃糠咽菜，个别的发生卖儿鬻女的惨状现象，说明着人民负担能力已减至极限"，不论如何，"人民生活状况是人民负担能力最真实的表现"。[1] 对此，晋察冀边区政府也承认公粮负担"不太轻"。[2]

除了晋察冀边区，其他边区在 1941 年之后的公粮负担也比较重。在陕甘宁边区，边区政府也直陈："以一百三十多万人口要负担八万人的用度，负担是很重的。"[3] 在山东抗日根据地，1944 年公粮"是最大的负担"，"按全省地亩及公粮征收总数计算，则平均每标准亩负担十

---

① 《关于冀中区人民负担问题》（1943 年 6 月），魏宏运主编《抗日战争时期晋察冀边区财政经济史资料选编》第四编《财政金融》，第 507 页。
② 《踊跃缴纳统一累进税》，《晋察冀日报》1941 年 7 月 26 日，第 1 版。
③ 《中央对于边区财政经济问题的意见》（1941 年 6 月 15 日），《抗日战争时期陕甘宁边区财政经济史料摘编》第六编《财政》，第 49 页。

八斤"，山东每标准亩常年产量为 150 斤，因此，每标准亩公粮占常年产量的"百分之十二"，1944 年"山东是丰年，每标准亩平均产量在二百斤以上"，则 1944 年公粮负担"大概不超过其收入的百分之十"。① 在晋冀鲁豫边区，据太行区 1945 年春在赞皇等 12 个县 13 个村的国民经济调查，1944 年国民总收入，"每个人平均为 6 石 2 斗零 8 合谷子（副业及其他收入占总收入 18%），平均生活消耗每年是 4 石 5 斗 1 升，再生产费 5 斗零 7 合，当年负担每人是 4 斗 2 升 4 合，负担点总收入 6.5%，除负担外，每人尚剩余 6 斗 2 升 3 合。1944 年太行九成年景，如按八成计，只能收入 5 石 5 斗 9 升，除去生活消耗，再生产等费用 5 石 1 斗 7 升，只余 5 斗零 2 合，以六成合小米只剩 3 斗零 1 合，太岳农业收入可能比太行多，但副业收入少，平均起来差不多。冀鲁豫、冀南估计，平常年景（七成—八成），每人连副业可收入小米 535 斤到 565 斤，平原人生活程度较高，除生活和再生产费用外，所余也比山地不会太多"。按照晋冀鲁豫边区政府对于农民负担能力的估计，"据抗战几年来的经验，一般年景人民负担占其总收入 10%左右就负担得起，如到 14—15%，即感到勉强，16—17%就很重了"。② 在 1941 年的太岳区，"每人平均负担公粮达四斗小米。群众对屯粮害怕，客籍民走了很多，佃农有的再不愿种地。这个问题是由于我们缺乏真正的调查统计，不知道群众的真正的负担能力到底有多大。……而另一方面，我们的干部对群众的真正粮食产量几乎都是一无所知，有的群众一些假的反映也当真实。如在沁源根据调查，有许多村庄，每人只能合上三石至四石的杂粮，群众自己都不够吃的，这也是全年财粮任务不能完成的原因之一"。③

---

① 薛暮桥：《抗日战争时期和解放战争时期山东解放区的经济工作》，第 33 页。
② 《晋冀鲁豫的财政经济工作（选录）》，《抗日战争时期晋冀鲁豫边区财政经济史资料选编》第一辑，第 335 页。
③ 裴丽生：《一九四一年财政经济工作》，《太岳革命根据地财经史料选编》（上），第 94 页。

于是，华北各根据地采取多种措施，减轻人民负担。

（1）减少公粮的征收。为了减轻农民负担，毛泽东提议陕甘宁边区"从一九四三年起，每年征收公粮十八万担，以后若干年内即固定在这个数目上，不仅在目前全边区粮食总产量约一百五十万担时是收这个数目，就是由于生产发展，总产量增至更大的数目时（据许多同志估计，就现有劳动力加以调剂，能使边区粮食总产量达到二百万担），我们也只收这个数目，这个数目以外的一切增产概归农民"。① 晋冀鲁豫边区减少了 1942 年的公粮数量。"根据民国 30 年度与民国 31 年度，两年派征的粮款（不包括地方粮款）比较：首先以公粮数字计算，根据民国 30 年度与民国 31 年度按原派数是减 144500 石；就实派数计算，减少 129069 石；就征起数计算，则减少 82294 石。其次再以各种款项比较，如单从数字来看，按原派数，民国 31 年比 30 年系增加 19.68%；就征起数，系增加 40.09%，但以物价的上涨，特别是粮价的飞腾，一般系高涨到二倍、三倍以上，即以一倍计算（其实平均不只一倍），数字虽然是加大了 40.09%，而实质却是减少 36.91%。"②

（2）开展大生产运动，发展公营经济。以陕甘宁边区为模范，各根据地都转变此前只在财政上转圈解决公粮负担过重的问题，开始从"发展生产，保障供给"入手。陕甘宁边区的大生产运动如火如荼地开展，取得了丰硕的成果。1945 年 4 月 9 日，《毛泽东关于开展生产自给运动及群众工作给郑位三、李先念、陈少敏的指示》指出："你们除粮食外，其他费用应由主要依靠税收转到主要依靠生产自给，放手由各区自己生产解决，只有这一办法才是最可靠办法。一九四〇、四一、四二整整三年，陕甘宁边区财政困难情形比你们还要厉害，从四三年起就是

① 《经济问题与财政问题——一九四二年十二月陕甘宁边区高干会上的报告》，《毛泽东选集》，东北书店 1948 年版，第 873 页。
② 《一年来太行财政工作》（1943 年 9 月 12 日），《抗日战争时期晋冀鲁豫边区财政经济史资料选编》第一辑，第 621 页。

依靠这一办法解决了问题。仅有人口一百五十万的边区，却养活十五万公家人而民不伤。五台、太行两区的困难也比你们大，去年一年大生产运动，情形就变了。"① 1942 年之后，陕甘宁边区的 "财政供给是从取之于民与取之于己这两方面来解决的"， "取之于己" 的这部分包括 "政府的、军队的、机关学校的三类" 所组成的公营经济，公营经济是陕甘宁财政供给的 "第一个基础"，1942 年就已经占到整个财政供给 "五分之三的地位"。② 1942 年之后公营经济占财政供给大头的这种情形，是由陕甘宁边区特定的地理位置和政治区位决定的。第一，陕甘宁边区处于抗日根据地的后方，除了遭受过日军战机的轰炸外，很少受到战争的影响，公营经济发展的环境相对稳定。第二，陕甘宁边区是中共中央所在地，集中了大量政府、军队和机关学校的人员，约有 15 万人。这一数量庞大的人员从事大生产运动，因此生产了数量不少的粮食。第三，陕甘宁边区作为所有中共领导的抗日根据地总后方，有各根据地的财政支援。如 1940 年 2 月 1 日，中共中央在《中央关于财经工作的指示》强调："各地有援助中央财政的任务，其数目除山东已规定外，由各地按照可能条件与中央财政经济部商定之。"③ 此外，各根据地也有协助陕甘宁边区经济的义务，如晋绥边区为配合陕甘宁光华商店在晋绥边区境内出售特产，而专门开辟了一条连接陕甘宁边区的商路。而这些条件，其他抗日根据地一般是不具备的。所以，对于其他抗日根据地来说，财政问题更多的是通过 "取之于民" 这条路径来解决的。在发动生产自给的情况下，逐年减少了农民负担。1943 年征公粮 16 万石，

---

① 《毛泽东关于开展生产自给运动及群众工作给郑位三、李先念、陈少敏的指示》（1945 年 4 月 9 日），中央档案馆编《中共中央文件选集》第十五册（1945），中央党校出版社 1991 年版，第 84 页。

② 《经济问题与财政问题——一九四二年十二月陕甘宁边区高干会上的报告》，《毛泽东选集》，东北书店 1948 年版，第 872 页。

③ 《中央关于财经工作的指示》（1940 年 2 月 1 日），《中共中央文件选集》第十二册（1939—1940），第 267 页。

1944 年征 16 万石，1945 年征 12.4 万石。①

在晋冀鲁豫的太行区和太岳区，朱德和彭德怀在 1942 年 1 月间提出，"所有太行、太岳两区八路军，旅和军分区以上机关人员要在本年内每人生产 100 元，五分之二交公家，团以下部队战士要每人生产 60 元，三分之一交公（所余作为改善伙食及自己学习之用），军营工商生产事业要在全年赚 320 万元交公（决死队也完全仿效此办法）"；太行和太岳政府方面则提出，"在本年县以上机关人员，每人生产 60 元，三分之一交公，其余则改善伙食或协助办公费"。这些做法，对"财政补助很大"。② 1943 年太行区旱灾严重，"部队机关自上而下工作人员都开荒种菜，采摘野菜，就如领导华北抗战与坚持敌后根据地的彭副总司令，疟疾初痊即亲自种地生产，其全体指战员之情形亦可想见。边区政府亦规定今年每人必须完成二百斤菜之任务"。③ 山东根据地在 1943 年起在各地开展生产节约运动，滨海区军队减发了全年经常费的 90%，政权机关减发了三个月的经常费，秋季公粮征收数量平均仅占总生产量的 12%，仍能保证部队每人每天一斤菜、五钱油、五钱盐的供给。④

（3）"精兵简政"。1942 年 10 月，陕甘宁边区在公营经济中"实行彻底的精兵简政，中管后勤两系统合并为一，工业亦统一管理，并作新的调整，交通、团结两厂及被服厂，拨归财政厅；制药厂、酒精厂、制铁厂、玻璃厂，拨归留守处；自然科学院亦随该院一起拨交政府。其余各厂则实行裁减合并，统归中央管理局管理"。⑤ 晋冀鲁豫边区在

① 《陕甘宁边区历年公粮负担表》，《抗日战争时期陕甘宁边区财政经济史料摘编》第六编《财政》，第 152 页。
② 戎伍胜：《太行区一年来的财粮工作》（1942 年 9 月 20 日），《抗日战争时期晋冀鲁豫边区财政经济史资料选编》第一辑，第 601 页。
③ 《一年来太行财政工作》（1943 年 9 月 12 日），《抗日战争时期晋冀鲁豫边区财政经济史资料选编》第一辑，第 623 页。
④ 《山东军区、山东省战时行政委员会关于生产节约联合训令》（1944 年 1 月 22 日），《山东革命根据地财政史料选编》第二辑，第 1 页。
⑤ 《经济问题与财政问题——一九四二年十二月陕甘宁边区高干会上的报告》，《毛泽东选集》，东北书店 1948 年版，第 860 页。

1942 年"灾荒中普遍实行了精兵简政，减轻人民负担，平原减去一半人员，减少三分之二的负担，山地减少负担三分之一"。[①] 1942 年冀南行署规定，"我占区人民不到 300 万，即可根据精兵简政原则，政民工作人数与粮数可按比例缩减，不能加重人民负担"。[②] 太行区强调，"人民负担平均最高不超过小米 2 斗 8 升到 3 斗"，"军队方面每个人连一切经费在内，每人平均约 7 石到 9 石小米，1945 年春曾增加到 14 石 5"。1941 年，太行区"每百人养活脱离生产人员 4 至 5 人，1942 年精兵简政减到 4 个，1943 年 3 个，1944 年 2 个半，1945 年 2 个"。[③] "精兵简政"后，太行区 1942 年度比 1941 年度所需粮食"减轻 9 至 10 万石，以现在时价可值 2000 万元。这是个了不起的数字"。[④]

（4）厉行节约。在晋冀鲁豫边区，左权副参谋长号召"八路军每个战士每年节省一双布鞋一双草鞋，每人电台每年要节省电池两筒，几枝铅笔"。边区政府 1941 年"两人补充一身棉衣"，1942 年则"改为五人补充两身棉衣"；粮食总局在 1942 年 3—5 月"没有买过一张纸，办公尽用作废纸张。其他部队和政府，民众团体等节约事实，不胜枚举"。[⑤] 1943 年夏，因灾荒严重，晋冀鲁豫边区政府和军队决定自 1943 年 8 月 15 日起，军政民机关团体一律实行节约，减发供给，并分期递减（见表 8-8）。

---

① 《晋冀鲁豫的财政经济工作（选录）》，《抗日战争时期晋冀鲁豫边区财政经济史资料选编》第一辑，第 315 页。
② 《冀南行署关于 1942 年财粮征收方针和工作计划》，《抗日战争时期晋冀鲁豫边区财政经济史资料选编》第一辑，第 585 页。
③ 《晋冀鲁豫的财政经济工作（选录）》，《抗日战争时期晋冀鲁豫边区财政经济史资料选编》第一辑，第 335 页。
④ 戎伍胜：《太行区一年来的财粮工作》（1942 年 9 月 20 日），《抗日战争时期晋冀鲁豫边区财政经济史资料选编》第一辑，第 598 页。
⑤ 戎伍胜：《太行区一年来的财粮工作》（1942 年 9 月 20 日），《抗日战争时期晋冀鲁豫边区财政经济史资料选编》第一辑，第 601 页。

表 8-8　1943—1944 年太行区分期减发供给情况

单位	人均原发	第一期(1943 年 8—10 月)人均减发后	第二期(1943 年 11—12 月,1944 年 1—2 月)人均减发后	第三期(1944 年 5—6 月至麦收)人均减发后
战斗兵团	1 斤 8 两	1 斤 5 两	1 斤 3 两	1 斤
区基干队	1 斤 6 两	1 斤 3 两	1 斤 1 两	15 两
后方机关	1 斤 6 两	1 斤 2 两	1 斤	13 两
政府	1 斤 4 两	1 斤 2 两	1 斤	13 两
民众团体	1 斤 4 两	1 斤 2 两	1 斤	13 两

注：此处 1 斤为 16 两。
资料来源：《一年来太行财政工作》（1943 年 9 月 12 日），《抗日战争时期晋冀鲁豫边区财政经济史资料选编》第一辑，第 623 页。

经过上述减负行动，太行区农民负担有了较大的改善。太行区 1941 年"粮款收支概算（地方粮款约占全部人民负担 15.82%），占其总收入约 17% 至 19%"，到 1942 年减至"占总收入 15%—17%"，而太岳区 1941 年"粮款收支概算，每人负担约占其总收入之 15%—17%（因为去年的地区尚没有大的开辟）"，而在 1942 年"每人负担约占其总收入 15%—13%"，农民负担同样有所减轻。具体表现在数量和金额上，太岳区粮款 1942 年比 1941 年"总数减轻十分之一"，太行区"粮不说，款项数字，虽然表面上比去年增大 30%（按 4 月第三次临参会驻委会议通过的是增加了 28%），但以物价增涨的指数计算，还比去年少得多，因为这一年间的物价增涨平均在 60% 到 100%，甚至几倍"。①

---

① 戎伍胜：《太行区一年来的财粮工作》（1942 年 9 月 20 日），《抗日战争时期晋冀鲁豫边区财政经济史资料选编》第一辑，第 599—601 页。

表 8-9　太岳区 1942 年减轻人民负担情况

	合理负担(元)	公粮		马料		合计
		粮数(石)	合洋(元)	粮数(石)	合洋(元)	
1941 年	1900000	221100	15477000	28160	1313900	18690900
1942 年	3500000	180000	12600000	15000	700000	16800000
增或减	+1600000	−41100	−2877000	−13160	−613900	−1890900
占比						−10.1%

资料来源:《太岳区精兵简政后执行情形及减轻人民负担情况》,《太岳革命根据地财经史料选编》(下),山西经济出版社 1991 年版,第 966 页。

从表 8-9 看,太岳区 1942 年合理负担、公粮和马料合计比 1941 年减少了人民负担 189 万余元,减轻了 10.1%。具体到县,则减轻负担的效果更为明显,"岳北沁县、安泽及绵上为太岳区过去负担较重的三个县。公粮及合理负担统计,沁县减轻百分之二十九,安泽减轻百分之二十三,绵上减轻百分之十二。此三县人民今年交负担非常踊跃"。[1]

(5)向敌占区和游击区征税,以增加财收入。抗日根据地单靠根据地和游击区的人民来供给抗战建设费用已很困难,因此,客观上要求进入敌占区征集粮款,扩大负担面。同时,敌占区同胞"均系我民族一分子,按理他们也应向抗日政府负担,且好多敌占区老百姓,认为给抗日政府负担是光荣的、应有的任务"。但是,"必须依靠我们的政策法令和一套制度办法,采取动员方式,去有手续地征收,不能'抓一把'地乱来,必须仔细分别照顾其给敌人负担情形,决定对根据地负担的比例,适当减免负担","同时还须说明向敌占区征粮款,基本上用于开展敌占区敌伪军工作,而不是完全用在根据地"。[2]

但敌占区和游击区毕竟情形特殊,征收上比较困难,如果视同巩固

---

[1]　《太岳区精兵简政后执行情形及减轻人民负担情况》,《太岳革命根据地财经史料选编》(下),第 967 页。

[2]　戎伍胜:《太行区一年来的财粮工作》(1942 年 9 月 20 日),《抗日战争时期晋冀鲁豫边区财政经济史资料选编》第一辑,第 604 页。

区，则易出现问题。晋察冀边区反思在敌占区和游击区征收公粮的疏失，指出过去边区"未看具体情况，只是估计分配，结果收不到粮食，尤其去年，不管分数在敌据点和游击区，每分担负一样多的粮食，由于分配上的主观主义，完不成任务，而被迫买粮"。[①] 不仅征收、运输困难，敌占区和游击区还容易产生拖欠不交的情形。太岳区 1941 年"不论财政和粮食，拖欠的数目百分之九十是在游击区和敌占区。比如田赋单是铁北办事处即欠二十万元，我们如果要想解决明年的严重财粮任务，则必须开展敌占区工作，否则，仅仅分限于根据区很少的一块地方，是没法完成的"。[②]

因此，对于敌占区、游击区要"有所考虑，酌情减收"。冀南在巩固区"凡能推行公负的地区，一律以公平负担亩推行，征收每亩暂收款 3 元，粮 10 斤，柴 20 斤，草 5 斤（村款柴草包括在内）"，而在敌占区即"敌人长期统治，敌占优势我们很难进行工作之地区，可按红粮地亩征收，每亩征款 1 元，粮 2 斤，柴 4 斤，草 2 斤，但征收时着重说服教育，反对强迫命令"，对于游击区"敌人统治强我们工作基础薄弱而敌人掠夺区域，能造新公负者，即按新公负征收；不能按新公负者按旧公负者征收，如既无新公负又无新公负者，按红粮地征收，每亩征款 2 元，粮 5 斤，柴 10 斤，草 5 斤"。[③] 在反"蚕食"的斗争中，晋冀鲁豫边区的征收面扩大，"敌占区几年对我不负担的人，已给我们负担一点了，几年来对我欲缴纳而不敢缴纳的人，也敢缴纳了。甚至于敌占区点线的村庄和老百姓都要求向抗日政府缴纳负担"。[④]

---

① 邵式平：《几年来粮食工作之经验教训与今年度的工作布置》，《战线》第 93 期，1942 年 9 月 11 日。

② 裴丽生：《一九四一年财政经济工作》，《太岳革命根据地财经史料选编》（上），第 94 页。

③ 《冀南行署关于 1942 年财粮征收方针和工作计划》，《抗日战争时期晋冀鲁豫边区财政经济史资料选编》第一辑，第 585 页。"公负"即公平负担。

④ 《一年来太行财政工作》（1943 年 9 月 12 日），《抗日战争时期晋冀鲁豫边区财政经济史资料选编》第一辑，第 626 页。

三　各阶层的公粮负担

华北抗日根据地实行抗日民族统一战线政策，强调平衡各阶层负担。但在抗战初期，统一战线政策实际上并未得到很好的实施。尤其国共小摩擦频仍，更使统一战线政策未得到认同。1939 年 12 月"晋西事变"后，晋东南"有些同志认为统战时期已经过去，工农小资产阶级专政来到，因此，也就产生了过左行为"。这种观点并不是个案，各根据地普遍认为"负担是富人的事情"。在晋东南太行根据地和太岳根据地，直到 1940 年 7 月，"联合统战精神的合理负担办法"公布后，一些"干部仍存在着左的思想，不肯认真地实行，阳奉阴违，曾经过很多思想斗争，到 1942 年才认真转变，确实执行起来"。①

在这种背景下，从抗战初期直至 1942 年，公粮负担表现在阶层上，就是公粮负担主要压在地主和富农身上，但在某些地区和某些时段，中农的负担也会较重，不过从总体上看，中农的负担相对不重。

陕甘宁边区 1937—1939 年的公粮，"偏重于富农地主的负担，中农很轻，一般贫农则完全无负担"。② 在晋察冀边区的冀中根据地，1939 年 1 月公布"暂行村合理负担实施办法"，首先在村级实行，废除旧的摊派制度，公粮、村款一律按合理负担征收。这个办法的主要内容是：免税点每人除一亩半（抗日军人除三亩），其超过亩数按累进法计算，负担税等五亩为一级，共分六级，六级以上土地按六级计算；税率按二分累进，最高累进率为二亩，出租土地由地主负担，典当地由承典人负担。为了使负担更加合理，1940 年 1 月又颁布了"土地分等"与"动

---

① 裴丽生：《在专员会议上关于财政经济工作报告提纲》（1943 年），《太岳革命根据地财经史料选编》（上），第 112 页。

② 《经济问题与财政问题——一九四二年十二月陕甘宁边区高干会上的报告》，《毛泽东选集》，东北书店 1948 年版，第 877—878 页。

产合理负担"两种办法,将土地分上、中、下三等(年收两季每亩产理在 20 市斗以上者为上等地,只收一季产量在 12—20 斗者为中等地,产量在 12 斗以下者为下等地),上等地每亩折合中等地 1.5 亩,下等地1.5 亩折合中等地 1 亩。这些规定比旧的负担办法合理,但是合理负担在立法上也存在一些缺点,以致在实行中产生了一些不好的影响。首先由于土地分等草率,一般中农利用这个弱点联合贫农把中等地改为下等地,上等地降为中等地,无形中把免税点提高到 2.5 亩,这样负担面进一步缩小。有些地区负担更加集中,全村只有十几户甚至三五户拿负担(如深南、定南、深极等有些村庄),更承担不了。① 在 1942 年"五一大扫荡"前,各阶层的负担中,地主、富农负担占其总收入的比例是比较大的(见表 8-10):

表 8-10　"五一大扫荡"前冀中区统累税代表村代表户
各阶层再生产消费负担分配情况

单位:斗,%

阶层	贫农	中农	富农	经营地主	合计
总收入	1148.211	2956.431	6420.915	6467.468	16633.025
再生产	55.725	366.912	1555.178	2154.536	4132.352
占总收入比例	4.854	14.13	24.22	33.31	24.84
消费	981.91	1537.167	2563.432	2303.14	7385.649
占总收入比例	85.52	59.2	39.92	35.61	44.4
钱粮负担	43.748	253.4705	1904.058	1407.629	3608.905
占总入比例	3.81	9.76	29.65	21.77	21.70
盈余	66.828	438.882	1208.247	602.152	2316.089

注:[1] 数据来源于三县六村,各阶层代表地主人口 48 人,富农 66 人,中农 49 人,贫农 38 人。贫农、中农、富农总收入包括免税的副业收入。
　　[2] 原表中数据有误,此处不作改动,仍保持原样,特此说明。
资料来源:《关于冀中区人民负担问题》(1943 年 6 月),魏宏运主编《抗日战争时期晋察冀边区财政经济史资料选编》第四编《财政金融》,第 504 页。

① 张佳等:《冀中五年来财政工作总结》,魏宏运主编《抗日战争时期晋察冀边区财政经济史资料选编》第一编《总论》,第 696 页。

224

从表 8-10 看，富农的钱粮负担占到了其总收入的 29.65%，经营地主情形稍好，但也占其总收入的 21.77%。应该说，这一负担比例是相当高的。

地主负担过重，导致地主逃亡。由于村财政严重的混乱与浪费及长期战争的消耗，村里负担重，"地主大量当地，甚至赔钱送地的现象。因为土地分散太快，没地的或地少的得了一部分土地，依然够不上负担，或负担很少。这样就使负担面更加缩小，负担越发集中，而土地分散就越快，一般人只看见地主去地影响村里拿负担，因而限制当地，致使地主进退两难，被迫逃亡"。①

地主和富农之下，就是中农。对于中农，华北各根据地普遍有一种声音，认为中农的负担实际上是相当重的。从上述材料，可以看到中农负担占其总收入的 9.76%，比较接近于华北经验中负担得起的10%。

关于中农负担，可以再看晋西北的一则材料："在晋西北，负担人口从临县几个村子看，最高为 85%，最低为 71.1%，平均为 81%，这是适合的。实征公粮占总产量的比例，从临县六村看，最高为方山的21.8%，最低为离石的 12.7%，平均为 18.2%。根据这个材料看，在其每人平均粮食一石三四升的中农，给国家拿出百分之十九的即一斗九升的粮食，是并不多的也不重的，如此说来每个人尚余八斗五升，因此，我们的结论是中农并不重。去年的时候，中农在负担上是较轻的。有些甚至占了某些便宜，今年这种负担法，在他们说来既不习惯，也觉得重些。"② 由此材料，中农的负担也不太重。

山东抗日根据地此一时期也认为中农负担偏重，地主、富农负担轻了："今天（1940 年——引者注）人民最感痛苦的就是负担给养太

---

① 张佳等：《冀中五年来财政工作总结》，魏宏运主编《抗日战争时期晋察冀边区财政经济史资料选编》第一编《总论》，第 697 页。
② 膺庸：《四行政区完成公粮工作的几个问题》，《抗战日报》1941 年 12 月 18 日，第4 版。

重。……其原因，第一是村中各户负担不公平，许多村乡长不按照有粮出粮原则、公平负担办法去分派给养，或者曲解公平负担办法，致使许多粮食负担加重在中农以下人民中，而村乡长自己或地多粮多者负担很少。"①

再来看太行区的一则关于各阶层负担的材料。在这个材料中，各阶层的负担都比较重，贫农的负担占到其收入的10%左右，中农普遍在20%左右，地主和富农的负担占其收入的比例，除了少数情况低于30%，绝大部分在30%以上（见表8-11）。

表8-11　1941年太行区合理负担中各阶层负担占其收入比例

单位：%

阶层	偏城县	榆社复余沟	武东马村
地主	31—46	67	—
富农	22—30	35.3	38—55.5
中农	20以下	22	20—33
贫农	11以下	9	9.5—23.6

资料来源：《1941年度太行区财政总结》，《抗日战争时期晋冀鲁豫边区财政经济史资料选编》第一辑，第666页。

在这里需要指出的是，关于各阶层的公粮负担，还有一种衡量方法，即各阶层负担占总负担的比重。这一方法是好处是可以清晰地看出各阶层作为整体在总负担中所承担的比例，缺点是由于各阶层人数多寡不一，无法衡量某一阶层的负担水平，其数据之所指含混不清。但华北各根据地中有一些根据地偶尔会采用这一统计方法。比如，1941年太行区曾采用这一统计方法，其指出："平北豆口村全村总负担中，各阶层所占之比例：地主15%，富农39%，中农43%，贫农3%，全年全村收入中各阶层所占的比例：地主12%，富农35%，中农46%，贫农

---

① 陈明：《山东抗日民主政权目前的中心工作》（1940年11月11日），《山东革命根据地财政史料选编》第一辑，第42—44页。

7%。这□□〔情况〕一则证明了不是少数富户负担，负担中最多的是富农、中农二阶层，二则证明是累进而不是平均摊派，故□种百分比不一致。"① 这一数据我们认为是可信的，但是如以这一各阶层的负担比例来证明其结论——"证明了不是少数富户负担，负担中最多的是富农、中农二阶层，二则证明是累进而不是平均摊派，故□种百分比不一致"，则是大可商榷的，因为仅以各阶层负担占总负担的比例，尚不能确定各阶层真正的负担轻重，还需要结合各阶层的户数和人口的比例来加以判断。而一般来说，按照华北的各阶层结构，地主阶层户数、人数是少的，富农的户数和人数稍多，最多的是中农的户数和人数。因此，倘若中农阶层户数和人数占比很高，则中农阶层的负担占总负担的比例较高，仍无法说中农的负担很重。同理，如果地主阶层户数、人数很少，则虽然其负担占总负担的比例并不高，也无法断定地主的负担轻。那么，华北根据地为什么偶尔会用这一统计方法呢？我们推测，也许正是因为按照各阶层负担占其收入的比例，得出的人数结果较高，最终这一方法被弃用，转而使用所指含混不明的阶层负担占总负担比重这一统计方法。

也许华北各根据地也注意到了地主、富农阶层负担过重的现实，因此，各根据地大多都规定了负担占收入比重的最高限。例如，晋冀鲁豫边区规定，"负担'最高以全年收入30%为标准'的问题，这按全区每人平均来说，是没有超过的，但就个别户口来说，是超过了"，"负担政策的基本精神，是既照顾这一阶级，又照顾那一阶级，是有钱出钱，钱多多出，如果我们要死执行不超过30%的原则，个别少数的富户，虽然要轻一点，但大多中级阶层、中下人家是受不了。所以为了照顾各阶层人士的生活，则不得不超过30%，但也不是无限制累进。而是到了一定程度，即明白规定要停止的。至个别户口甚至有超

---

① 《1941年度太行区财政总结》，《抗日战争时期晋冀鲁豫边区财政经济史资料选编》第一辑，第666页。

过 60% 者，那在全边区来说也是极少数的，而且我们已经分别纠正"。①

1942 年，中共中央调整土地政策，进一步落实减租减息和抗日民族统一战线，华北各抗日根据地相应地也开始强调要平衡各阶层负担，减轻地主、富农阶层的公粮负担，纠正此前将负担主要放在地主和富农阶层的做法。比如，太岳区强调："我们负担政策的主要原则是有钱的出钱，钱多的多少，钱少的少出，无钱的不出。……根据这一总原则，其主要根据则为（1）以每人收入为准的富力情况。（2）生产消耗。（3）生活消费。这就是说，我们考虑其负担时，首先即考虑到其是如何生产的，其生活状况如何，规定适当的负担比例，这是完全正确的。但我们过去有一种错觉，一种错误的提法，即某一阶段或阶层应负担多少，这是不正确的。在政府面前各阶级、各阶层是平等的，不能厚此薄彼，但根据其富力多寡规定不同负担比例，这又是完全应该的，这就是我们统一累进税的基本精神。今后我们应该改变提法，主要根据富力确定各富力负担标准。"②

上述强调"各阶层平等"，"不厚此薄彼"，主要根据"富力确定各富力负担标准"的做法，代表了 1942 年之后各根据地的主流做法。

在陕甘宁边区和"模范根据地"晋察冀边区，1941 年就已经注意到上述问题并开始着手纠正，其办法是实行统一累进税。1941 年，陕甘宁边区公粮任务达到了空前的 20 万担，为了"照顾各阶层的利益，扩大了征收面，中农负担提高，贫农已开始有了负担，纠正了过去偏重少数富有者的现象"。1942 年公粮任务减为 16 万担，"征收政策上亦稍

---

① 戎伍胜：《太行区一年来的财粮工作》（1942 年 9 月 20 日），《抗日战争时期晋冀鲁豫边区财政经济史资料选编》第一辑，第 600—601 页。
② 《太岳区 1945 年财政工作方针与任务》（1945 年 1 月 7 日），《抗日战争时期晋冀鲁豫边区财政经济史资料选编》第一辑，第 633 页。

减轻了贫农的负担",① 同时准备于 1943 年实行农业统一累进税,以代替公粮。晋察冀边区于 1941 年实行统一累进税,负担较去年轻一些的地主富农,由于对统一累进税满意而自动缴纳,即使是负担较去年繁重的佃农、雇农与贫农,也都在高涨的政治觉悟之下,争取模范。由于负担面的扩大,负担人口一般达到全部人口的 80% 以上,这使得每分的负担面额,比以前减轻了。冀中每分全年的负担量,合小米 21 斤,比上一年的每分负担减少了 5 斤,地主、富农和一般中农的负担,都比以前减轻了些,上一年没有负担而当年起缴纳的佃农和贫农的负担,自然要稍重一些,但是一般都在他们负担能力容许的范围以内。② 冀中统一累进税"纠正了地主偏重的现象"。③ 由此观之,统累税是平衡各阶层负担的一个方法,事实上也是如此。统累税"负担面是适当扩大了,土地价钱回涨了,逃亡敌区的人士大批回来"。④

在山东抗日根据地,1942 年后也实行了减轻地主、富农阶层负担的做法。山东是处在敌后较远的地区,各抗日根据地皆处在敌人四面包围之中,一切需要和供给要赖后方之补充是不可能的,为了坚持敌后抗战,必须自行解决这些问题。为此,山东抗日根据地强调:"我们的财经建设原则应当是:甲,'自力更生'、'自给自足';乙,照顾各阶级利益,必须顾及富有者的利益,使他们也能参加到经济建设中来,以免资本之逃避或流出资敌;丙,统一收支,厉行节约。"⑤ 在此值得注意的是,材料中特别提出"照顾各阶级利益,必须顾及富有者的利益",在具体的实践中,这一原则也得到了体现(见表 8-12)。

---

① 《经济问题与财政问题——一九四二年十二月陕甘宁边区高干会上的报告》,《毛泽东选集》,东北书店 1948 年版,第 877—878 页。
② 《冀中统一累进税征收工作的胜利完成》,《晋察冀日报》1941 年 8 月 14 日,第 1 版。
③ 《中共冀中区党委关于统一累进税工作给各级党委的第二次指示》(1941 年 1 月 15 日),《冀中历史文献选编》(上),第 421 页。
④ 《冀中历史文献选编》(上),第 469 页。
⑤ 艾楚南:《四年来山东财政经济建设的成绩和努力的方向》,《大众日报》1941 年 7 月 7 日,第 7 版。

表 8-12 1943—1944 年山东根据地胶东区牟平县五区埠后村各阶层负担统计

单位：斤，%

阶层	年份	公粮	田赋	木柴	教育粮	共计	各阶层负担占总负担比例	人均负担
地主	1943	1702.2	397.5	236.2		2335.7	6.26	667.3
	1944	1735.25	519.75	428.53	347	3030	5.17	550.92
	差数	+33	+122.3	+192		+694		
富农	1943	9782	3371.4	1255		14408.4	38.67	102.9
	1944	12004.18	4538	3187.41	2400.8	22199.8	37.8	157.44
	差数	+2222.18	+1166.6	+1932		+7791.4		
中农	1943	9031	6046	1156.3	16233.3		43.57	33.9
	1944	11864.5	9757.63	3144.12	2372.9	27139	46.50	56.13
	差数	+2833.5	+3711.63	+1987		+10905.7		
贫农	1943	1508.5	1852	192.1		3552.6	9.53	9.28
	1944	1553.5	2877.64	421.23	310.7	5163	8.80	13.41
	差数	+45	+1025	+229		+1610.4		
雇农	1943	28.3	34.8	3.8		66.9	0.17	4.6
	1944	29.06	45.75	5.1	8.1	88.01	0.16	6.78
	差数	+1.09	+10.5	+3.9		+21.11		
其他	1943	396	209.5	56.3		661.8	1.77	32.28
	1944	455.6	394.5	119.78	91	1060.35	1.81	40.01
	差数	+59	+185	+63.48		+398.55		

注：原表中数据有误，此处不作改动，仍保持原样，特此说明。

资料来源：《山东革命根据地财政史料选编》第四辑，第 174—175 页。

表 8-12 中有"各阶层负担占总负担比例"一栏，如上所述，在缺乏各阶层户数、人口数的情况下，这一指标的所指是相当含混不清的。我们之所以采用这一数据，是因为其"人均负担"一栏的数据包含了各阶层人数的因素，所指就相当明确了。按照表中"人均负担"一栏

的数据，地主 1944 年的人均负担比 1943 年降低了将近六分之一，达到 116 斤；富农 1944 年的人均负担比 1943 年增加了近一半，达到 55 斤；中农 1944 年的人均负担比 1943 年则增加三分之二，达到 22 斤；贫农增加近一半，达 4 斤多；雇农则增加了 2 斤。在整体负担都上升的大趋势中，地主的负担能够得到降低，显然是要纠正此前将负担主要加上地主和富农阶层的做法。

抗战形势的发展，使抗日根据地的公粮负担在绝对数量上呈上升趋势，而同时还要减轻地主、富农阶层的负担，这在本质上是冲突的，解决这一冲突的办法，就是扩大负担面，让更多的中农及一部分贫农和雇农也来承担公粮负担。质言之，阶层负担与负担面大小有很大关系。负担面过小，则地主和富农的负担就比较重，负担面扩大，地主和富农的负担就相对较轻。为减轻一直过重的地主和富农的公粮负担，1942 年后，各抗日根据地一般都要求负担面达到 80%。太岳区强调，要"适当的减轻地主的负担，保障财权、地权，适当地再扩大一些负担面，贫农只有低微的负担，保障群众生活"。"北岳区实际免征点降低之后，有些去年没有负担的贫农今年会负担上，能不能负担得了呢？答案是能。因为贫农的负担量是很小的，而且今年的家庭副业免税，对于贫农的生活是不会影响的。"[1] 各阶层负担比例，"地主应负担占其收入 40% 左右，富农 25%，中农 14%（稍重），贫民 5%。如年成无大变化，全区负担占国民总收入 16%，负担面应到 80%"。其征收方针是"扶助贫中农，奖励富农（但不是如去年某些地方加重小户来奖励），削弱和联合地主"。[2] 负担面扩大后，"过去三年来一向没有负担的比较贫苦的人民，一以民族国家为重，爱护边区，不肯后人，勇于负担，不出怨言"。[3]

---

[1] 宋劭文：《统一累进税则的修正公布》，《晋察冀日报》1942 年 5 月 10 日，第 1 版。

[2] 戎伍胜：《太行区一年来的财粮工作》（1942 年 9 月 20 日），《抗日战争时期晋冀鲁豫边区财政经济史资料选编》第一辑，第 595 页。

[3] 宋劭文：《统一累进税则的修正公布》，《晋察冀日报》1942 年 5 月 10 日，第 1 版。

四 农民的合作与支持

救国公粮作为一种"粮食税，它也是税收的一种，因其关系整个军需与公需，关系全边区百分之八、九十的人民与共产党八路军边区政府之间的相互态度"。① 对于公粮负担，华北农民的心态是极其复杂的，既有合作，也有抗拒。

公粮作为一种赋税，华北农民在心理上是认同的。第一，根据地政府发现，"财政中的赋税本来在群众中的观念上历史上早就建立起来的"，"就是在旧政权条件下，群众也认为不交赋税也过不去，种地纳税是祖传的习惯，不论贫富都如此"。② "人民欢迎保障人权法令，亦甚欢迎合理负担和屯积公粮。因为这是对国家应有的负担。"③ 第二，农民认为合理负担和统一累进税每年只征一两次，"人民自身感觉到此种单一负担，较之抗战前的苛捐杂税还好些、轻些。临屯路南的群众常常羡慕我们的政策说：'北边有三好，保障人权好、合理负担好、屯积公粮好'。有许多的地主、资本家都搬到本区来往，认为保险"。④ 第三，经过抗战初期几年"征粮工作的经验。干部方面，承继着以往宝贵的经验，驾轻就熟"。⑤ 第四，抗战中日军的残暴也激起了华北农民的义愤，"一般人民基本已认识交公粮是人民的义务，人民对国家对抗战应

---

① 《经济问题与财政问题——一九四二年十二月陕甘宁边区高干会上的报告》，《毛泽东选集》，东北书店 1948 年版，第 873 页。
② 裴丽生：《一九四一年财政经济工作》，《太岳革命根据地财经史料选编》（上），第 94 页。
③ 薄一波：《太岳区在不动摇的方针下向前迈进——纪念"七七"抗战四周年》，《太岳日报》1941 年 7 月 9 日。
④ 薄一波：《太岳区在不动摇的方针下向前迈进——纪念"七七"抗战四周年》，《太岳日报》1941 年 7 月 9 日。
⑤ 《陕甘宁边区政府一九四〇年征收九万石救国公粮运动的总结》，《陕甘宁边区政府文件选编》第二辑，第 554 页。

有负担","别人能上前线抗战牺牲性命，我们还不能出少数公粮吗？"甚至如"关中某老太婆自愿多出公粮'权当给前线上我娃吃的'"。①因此，农民心理上对公粮并不抗拒，在抗战初期公粮负担较轻，一些公粮征收工作做得也比较深入的根据地，农民对于公粮是积极交纳的。

陕甘宁边区在1937—1939年的公粮负担较轻，因此农民是积极拥护的。从1937年起，历次征收救国公粮及购买粮食，都是得到全边区广大人民的热烈拥护和积极赞助完成的（见表8-13）。

表8-13 陕甘宁边区1937—1939年实征公粮超过计划数

单位：石

年份	计划征收	实际征收	超出数
1937	11900	13859	1959
1938	10750	15955	5205
1939	48800	52251	3451
合计			10615

资料来源：曹力如《陕甘宁边区三年来粮食工作的检讨》，《新中华报》1940年12月26日，第4版。

从表8-13中可以看出，1937—1939年，陕甘宁边区实征公粮在数量上超过计划数。同时，群众踊跃交粮，一般都按期完成交粮计划，1938年"并较之预定期间提前一个月而完成。尤其延安、延长、固林、延川、甘泉等县许多区域实际只有三五天便完成了任务。许多抗日军人家属和贫农本来照例应当免税，但他们自动的送粮食捐给政府，更有许多农民自动超过规定标准而缴纳公粮等。由此看来，边区人民是在热烈的拥护政府，帮助政府的抗日经费"。②

① 《陕甘宁边区政府一九四〇年征收九万石救国公粮运动的总结》，《陕甘宁边区政府文件选编》第二辑，第554页。
② 林伯渠：《陕甘宁边区政府对边区第一届参议会的工作报告》（1940年），中国社会科学院近代史研究所《近代史资料》编译室编《陕甘宁边区参议会文献汇辑》，知识产权出版社2013年版，第27页。

在冀中，1941 年统累税工作"各地普遍地掀起了争先缴纳的热潮，不仅负担比较去年轻一些的地主富农，由于对统一累进税满意而自动缴纳，即负担比较去年繁重的佃雇与贫农，也都在高涨的政治觉悟之下，争取模范，踊跃缴纳"，相当多的地方"两三天以内即告完成"。①

但在 1940 年和 1941 年之后，华北根据地公粮负担转趋沉重，而有些根据地政府和军队为了解决粮食问题，其征收方式流于简单粗暴。同时，农民对于合理负担的征收计算方法也有不同意见。于是，华北农民对于公粮负担的态度开始变得复杂，合作之中寓有抗拒，合作与抗拒交织。

1940 年，陕甘宁边区的公粮负担加重引起部分群众不满。延川县自征收 5000 石的数目字宣布以后，一般群众都嫌太重，对完成这一数目很有些困难。一般群众都说："重，大家都重啊。"② 1941 年公粮负担空前沉重，在公粮之外，又"两次借粮，一次买粮，动员频繁，近于苛扰，引起群众不满"。③ 陕甘宁边区 1941 年公粮最重，当年公粮征收数量占到了农业实产量的 13.72%，加上羊子税等，负担占农副业总收入的 15.31%，军政人员占边区人口的比例达到 6.56%，负担后的人均剩余，按农业实产量减去公粮计算为 280 斤，按农副业总收入减去各项负担计算为 296 斤，不到 1 石细粮。④ 沉重的公粮负担引发了陕甘宁农民的不满，导致了农民的信任危机。

沉重负担也引起了农民对于合理负担以及公粮政策某些规定的不同看法。晋察冀北岳区农民对于合理负担有这样的反映："（1）资产五十元即担负不大合理，本来一个人的资产，×五十元，已经是生活上不可维持的现象，虽说担负的分数很少，但实际上是什么也拿不出来，这是

---

① 《冀中统一累进税征收工作的胜利完成》，《晋察冀日报》1941 年 8 月 14 日，第 1 版。
② 《延川县征收救国公粮报告》（1940 年 1 月 23 日），《陕甘宁边区政府文件选编》第二辑，第 48 页。
③ 《经济问题与财政问题——一九四二年十二月陕甘宁边区高干会上的报告》，《毛泽东选集》，东北书店 1948 年版，第 880 页。
④ 南汉宸：《陕甘宁边区的财经工作》，1947 年版。

第一点。（2）对合理负担的收入，应除去生活费，再施行担负，比如以三十元为最低生活费，应使三十元以下的不负担，这样才避免在实行担负后而生活费降低到三十元以下。"①

抗日根据地的粮食组织本身也有缺陷，即过于重视上层机构，而到下层，征粮机构基本上很少，"一般来说是头大脚小——上面粮食组织很大，区上健全，村无组织，不能很好开展"。② 这一缺陷导致有些地方为了完成公粮任务，采取简单粗暴的征收方式，从而引起农民对于公粮的抗拒。晋西北一些地方出现了"捆人打人的做法，还有把整个村子包围起来，征收公粮，还有区长以手枪威胁群众"。③ 此类情形还不是个案，在晋冀鲁豫边区太岳区，也发生以军队包围村庄征收公粮的情形。在晋北、晋沁、长子、高平等县，征收公粮时"不按合理负担原则分配，又无一定征收方法，只是包围村庄，不论谁家有粮即拿"。④

农民对于公粮负担的抗拒也反映在交纳公粮的态度和质量上。"陕甘宁边区农民在交纳公粮时，采取了交差谷、拖欠等方式"，入仓的公粮"一则质量太差，有百分之十五至二十的谷皮者；二则造成群众拖欠公粮的现象，征收数和入仓数之间有了一个距离"。1941年征粮任务空前沉重，农民交粮"质量虽有所提高，但夹带谷皮之米仍属不少"，"没有入仓的还有三千九百余担，将近于全部征收数的百分之二"。⑤ 而晋察冀边区北岳区也面临类似的问题："征收的技术掌握的不够，粮食收下来是一百斤，发出就成了九十斤，今年完县粮运到易县，一百斤就成了八十五斤。这是由于征收时弱点太多，有的掺沙，有的和糠，有的

---

① 耘夫：《平山县救国公粮是怎样完成的？》，《抗敌报》1939年2月25日，第4版。
② 《公粮工作的经验教训与决定》（1941年10月1日），《晋绥边区财政经济史资料选编·财政编》，第170页。
③ 《公粮工作的经验教训与决定》（1941年10月1日），《晋绥边区财政经济史资料选编·财政编》，第169页。
④ 《太岳区党委关于全区财粮工作的指示》（1942年9月15日），《太岳革命根据地财经史料选编》（上），第111页。
⑤ 《经济问题与财政问题——一九四二年十二月陕甘宁边区高干会上的报告》，《毛泽东选集》，东北书店1948年版，第879、880页。

和水和土，只要一清理就有损失。"① 不仅交粮的质量有欠缺，不少根据地完成公粮任务也很困难，太岳区"实际 1940 年的合理负担征收中，全收上党票还没有收足原派数的 60%，而 1941 年的田赋征收截至现在计，尚没有完成应征数的 70%，粮食的屯集同样在根据区的名县中只完成了原派数量 2/3"。②

在公粮运输上，也遭遇到农民的抗拒。晋察冀边区北岳区"从巩固区到巩固区也要发生减额。原因很多，有的驮粮中掉在河里，如果这次收下，下次他就都'掉在河里'，还有从袋子里倒粮时，不往净倒，过秤时的损失那就更大"。③

此外，农民拖欠公粮的情形也不少，各根据地都面临公粮尾欠问题。在陕甘宁边区、晋察冀边区、晋绥边区、晋冀鲁豫边区等根据地，公粮的尾欠都是一个较为突出的现象（见表 8-14）。

表 8-14　冀南 1942 年 1—3 月征收公粮尾欠折价（包括田赋、生建费）

单位：万元

专区	尾欠金额
第十专区	32
第十一专区	20
第十二专区	50
第十三专区	13
第十四专区	65
第十五专区	30
合计	210

资料来源：《冀南行署关于 1942 年财粮征收方针和工作计划》，《抗日战争时期晋冀鲁豫边区财政经济史资料选编》第一辑，第 586 页。

① 邵式平：《几年来粮食工作之经验教训与今年度的工作布置》，《战线》第 93 期，1942 年 9 月 11 日。
② 裴丽生：《一九四一年财政经济工作》，《太岳革命根据地财经史料选编》（上），第 94 页。
③ 邵式平：《几年来粮食工作之经验教训与今年度的工作布置》，《战线》第 93 期，1942 年 9 月 11 日。

公粮尾欠固然与各根据地分散保存公粮的存粮体制有关，与华北农民拖欠田赋的习惯有关，但究其实质，恐与农民对于公粮负担的抗拒不无关系。

公粮负担是华北抗日根据地农民的主要负担之一，华北民众以其坚忍卓绝，提供给根据地的军队和政府粮食，他们认为供给粮食军需是应尽的义务。总体来说，华北农民的公粮负担是沉重的，但相比同时期大后方，华北农民的公粮负担又不是最重的："这样的负担是不是重呢？我说是重，又是不重的。重的地方，第一，是因为敌人烧杀抢掠，封锁割裂，摧残了我们的国民经济。第二，抗战抗了五年了，我们人民已对国家民族尽了相当大的贡献，积蓄一般很少或者说没有了。第三，战争频繁与劳动力缺乏，各种生产普遍的低下，但主要是敌人的摧毁，这一点我们必须清楚认识。为什么说不重呢？因为比较其他参战国（按收入与负担比例说）是不重的，比较大后方是不重的，比较其他抗日邻区是不重的，比较我们做的工作——抗战建国事业来说是不重的。至敌国人民和敌占区人民负担是更不必说了。"[1]

华北各根据地政府虽然认为"国民总税［收］入并不都归人民所有，要有负担"，[2] 但也充分考虑到农民的负担沉重，"政府不能单拿供给需要来增加民负，而主要应从群众负担力来规定负担标准。超过一定负担标准，即不能再行增加，而应其他方面设法。不唯如此，我们还要设法减轻民负"。[3] 不仅如此，政府强调农民的负担是多重的，需要全面加以考量："人民实际负担的数量，单从财物负担的数字上了解是不

① 戎伍胜：《太行区一年来的财粮工作》（1942 年 9 月 20 日），《抗日战争时期晋冀鲁豫边区财政经济史资料选编》第一辑，第 598 页。
② 魏宏运主编《抗日战争时期晋察冀边区财政经济史资料选编》第四编《财政金融》，第 539 页。
③ 《太岳区 1945 年财政工作方针与任务》（1945 年 1 月 7 日），《抗日战争时期晋冀鲁豫边区财政经济史资料选编》第一辑，第 632 页。

完全的，必须把人力负担、强制收买，以及掠夺等所加予人民的重负，综合起来，才能想象其真实情况的。"①

从各阶层出钱出粮的绝对数看，在抗战初期，有相当一部分是地主、富农和工商业者拿的。这主要是由于负担面小，负担的大部分集中在地主、富农身上。以晋察冀边区北岳区为例，1941 年前后，该区的地主负担，平均占到总收入的 60% 以上。② 1942 年修改统一累进税办法时，规定了各阶层负担的最高限额，同时由于负担面扩大，地主、富农负担过高的问题逐步得到改变。到了抗战中后期，随着地权的分散和农村经济的发展，中农经济成了农村经济的主要成分，抗日的经费也就相应地主要直接取自农民，中农成为主要的负担者，至于劳力负担，则从头到尾是由农民承担的。

就抗日战争整个过程来说，农民负担是逐渐减轻的。这是因为，第一，农民经过减租减息运动，地租负担大大减轻，高利贷剥削和商业剥削基本上免除，由此增加了收入。第二，政府大力扶持农民发展生产，使农民经济不断得到补充和改善。"虽然人民负担很重，但因土地改革连年丰收，和副业生产的发展，人民生活仍有显著改善。"③ 而只有在"人民总的负担较前大大减轻，人民才会拥护我们"。④ 第三，政府严格控制了税收以外的各项负担。第四，由于公营经济和"精兵简政"的实施，政府的各项税收逐年有所减轻。到抗战后期，农民负担占其收入的比重逐年下降。以晋察冀边区为例，1941 年统一累进税占总收入的比例为 15%，1945 年降到 9%。晋绥边区 1941 年公粮负担占总收入的比例为 24.6%，1942 年为 17.4%，1943 年为 19.6%，1944 年为 19.4%，1945 年为 21%，虽然各年有

---

① 《关于冀中区人民负担问题》（1943 年 6 月），魏宏运主编《抗日战争时期晋察冀边区财政经济史资料选编》第四编《财政金融》，第 500 页。
② 《中国农民负担史》第三卷，第 329 页。
③ 薛暮桥：《抗日战争时期和解放战争时期山东解放区的经济工作》，第 33—34 页。
④ 边委会财政处：《关于边区人民负担能力问题》（1945 年 7 月），魏宏运主编《抗日战争时期晋察冀边区财政经济史资料选编》第四编《财政金融》，第 542 页。

高低，但总趋势是有所下降的。① 因为上述这些措施，华北农民虽然公粮负担沉重，而仍然支持根据地政府和军队的抗战事业，最终取得了抗战的胜利。

---

① 《中国农民负担史》第三卷，第 222 页。

第九章

华北抗日根据地累进税的表达与实践

华北抗日根据地在公粮征收中，基本上都适用了累进税，其中晋察冀边区最早在 1941 年推行了统一累进税，陕甘宁边区和晋冀鲁豫边区在 1943 年也在部分地区试行了农业统一累进税和统一累进税，其他如晋绥边区、山东根据地等虽然没有统一累进税之名，但公粮征收中也都体现了累进税原则。本章将对中共的累进税表达和实践做一回溯，以探察华北抗日根据地公粮征收中极其重要的原则——累进税的思想之源及其实践。

一 土地革命时期累进税的表达

中国共产党痛感于中国农民遭受封建主义和资本主义的双重剥削："中国农村的经济生活，大半尚建筑在封建的关系上。大部分的田地（约百分之六十六）为收租的大地主所占有"，"只有百分之三十四属于农民"，虽然"寺庙、祠堂所属之地，占有耕地之数目，亦实有可观"，但"此等田地的主有权，已为乡绅所篡夺，耕田者反而失却享有的权利，乡绅等得变为地主"。"军阀的统治，就建筑在这种土地关系之上"，同时，"初期的资本主义式的剥削，亦已深入于农村经济之中。

所以中国农民同时受两种剥削：一是资本主义以前的（即封建制度式的）剥削，一是资本主义式的剥削。其结果，中国农民日就穷困，国民经济制度特别落后"。① 根据这一判断，中共迭次表示要废除封建主义和资本主义对于农民的双重剥削，并提出在废除双重剥削之后，通过征收累进税使富有者承担税收的主要部分，从而使贫穷者能稍息其力，活跃农村的社会经济。

1922 年，中国共产党列举了十一项"奋斗目标"，其中第十项为"征收累进率的所得税"。② 在中国共产党第二次全国代表大会宣言中，中国共产党又一次强调，"为工人和贫农的目前利益计"，其奋斗目标之一是"废除丁漕等重税，规定全国——城市及乡村——土地税则"，"废除厘金及一切额外税则，规定累进得税"。③ 1923 年在《中国共产党党纲》中，又提出"最小限度的党纲"十八条，其中第十一条规定，"废止厘金，征收所得税及遗产税，每年审定租税一次"；第十七条规定，满足"农民利益的特别要求：A. 划一并减轻田赋，革除漏［陋］规。B. 规定限制田租的法律；承认佃农协会有议租权"。④

上述这几次提及累进税，是针对厘金、丁漕、田赋等时弊，是针对时局的有感而发，并从中国共产党的意识形态出发的原则性提法，尚缺少具体的操作性方案。随着国民革命的推进和第一次国共合作的深入，中共开始深刻地介入中国社会，尤其是 1926 年前后，随着其领导的农民运动的不断展开，对于农民土地与累进税问题的思考也不断深入。

1926 年，中国共产党提出了国民革命中的农民政纲："无代价的没

---

① 《土地问题议决案》，《中共中央文件选集》第三册（1927），第 60—61 页。
② 《中国共产党对于时局的主张》（1922 年 6 月 15 日），《中共中央文件选集》第一册（1921—1925），第 45 页。
③ 《中国共产党第二次全国代表大会宣言》，《中共中央文件选集》第一册（1921—1925），第 115、116 页。
④ 《中国共产党党纲》，《中共中央文件选集》第一册（1921—1925），第 142 页。

收地主租与农民的土地，经过土地委员会，将此等土地交诸耕种的农民"，"小地主土地不没收"，"耕种已没收的土地之农民，除缴纳累进的地税于政府外，不纳任何杂税。未没收的土地之租税，应减至与累进的田税相当的程度。耕种未没收的土地之农民，只缴纳确定的佃租，不纳其他杂税，并永久享有租佃权"。① 在这一总的目标之下，1927年，中国共产党在《中央通告农字第八号——农运策略的说明》中又提出具体的斗争策略："经济斗争之进行，在阶级分化没有明显的地方，减税运动可与富农小地主等共同作战；在阶级已有明显分化的地方，减税运动以及实行统一的农业累进税之要求，仍是各种农民作战的共同目标，就是反对高利贷，也不特为佃农之问题，应即竭力领导他们努力斗争。至于减租运动，则尤为重要，这实是没收大地主运动之第一步。"这里值得特别指出的是，农民对于减租减税运动与统一的农业累进税要求，是"各种农民作战的共同目标"，可以说，减租是农民较近的目标，是没收大地主土地之前的目标，"没收后之土地则征收农业累进税"。② 可见农业累进税，是农民较远的目标，是没收大地主土地之后的目标。

1927年大革命失败后，中共走上了土地革命的武装斗争之路，随后在井冈山根据地以及不断扩大的赣南、闽西根据地征收土地税。此一时期的土地税，虽然也强调累进，但实际上实行的还是比例税，只不过按比例对不同阶级有所区别。1930年，共产国际对赣南、闽西根据地的土地税等税制提出意见，要求"必须根据累进税的原则，制定简单的显明的税收制度——征收对于资本及所入的税费。免除工人与城市贫民的捐税。在捐税制度下应注意小商人与小手工业者的利益，应该将捐税的重担移在最有财产的阶级身上。……只要在环境许可的地方，我们

---

① 《土地问题议决案》，《中共中央文件选集》第三册（1927），第70页。
② 《中央通告农字第八号——农运策略的说明》，《中共中央文件选集》第三册（1927），第181页。

便必须给红军以金钱，设法使红军尽可能的用金钱购买食物"。① 在此之后，中国革命军事委员会于 1930 年颁布《苏维埃土地法》，规定"暴动推翻豪绅地主政权后，须立即没收一切私人的或团体的——豪绅、地主、祠堂、庙宇、会社、富农——田地、山林、池塘、房屋，归苏维埃政府公有，分配给无地、少地的农民及其他需要的贫民使用"，"分田以乡为单位"，"依乡村总合数目，男女老幼平均分配，不采以劳动力为标准的分配方法"，"分田后，由苏维埃制定木牌插于田中，载明此田生产数量，现归某人耕种"，"苏维埃得向农民征收土地税"，土地税"以保护贫农、联络中农、打击富农为原则"，并"按照农民分田每年收谷数量，分等征税"。②

苏维埃土地法虽然规定了"分等征税"的累进原则，但在实践中并未贯彻得很好，一纸法令，如果缺少动员，是不会自动在现实中落实的。为此，1931 年，中共中央批评赣东北特委在此前"在你们的一切工作中，不去发动广大群众的斗争，不去鼓动和赞助乡村基本农民群众彻底平分一切土地的要求，以消灭封建残余的剥削，反而在分配土地时依照人口计算，连地主的残余也算入，富农可分得好田。在征收土地税时，从一亩算起，使赋税的担负落在贫苦农民身上而不是落在富农身上，这是富农的路线"。③ 因此，"东北（指赣东北——引者注）党关于土地税的规定，必须立即改正从一亩田起便征税的富农办法，而应使土地税的担负落到富农身上。要免除贫农（雇农与工人更不用说）与城市贫民的一切负担，营业税的担负也要放在有盈余和有雇佣劳动的商人身上。不论是土地税或营业税，都应是统一的累

---

① 《共产国际东方部关于中国苏维埃政权的经济政策》，《中共中央文件选集》第六册（1930），第 642 页。
② 《苏维埃土地法》，《中共中央文件选集》第六册（1930），第 656—657、659 页。
③ 《中央给赣东北特委的指示信》（1931 年 2 月 19 日），中央档案馆编《中共中央文件选集》第七册（1931），中共中央党校出版社 1991 年版，第 101 页。

进税"。①

此后，随着"围剿"和反"围剿"斗争形势的不断演进，苏区对于累进税制的侧重点也发生变化，强调要强化富有者的负担，让富有者承担大部分的负担，可以适当减轻一些贫苦家庭的负担，乃至完全免除贫穷者的负担。在中央苏区，1931 年通过的《中华苏维埃共和国关于经济政策的决定》主张："消灭国民党军阀政府一切的捐税制度和其一切横征暴敛，苏维埃另定统一的累进税则，使之转由资产阶级负担，苏维埃政府应该豁免红军，工人，乡村与城市贫苦群众家庭的纳税，如遇意外灾害亦豁免或酌量减轻。"② "关于税收必须使富农与商人担负起来，工人与贫农雇农绝对不应纳税，一亩田便抽税的富农政策必须根本取消。临时征发，更应由商人及富农担负，但已经举行税收的地方，这种征发，便应尽量减少。"③ 对于湘鄂西苏区，中共中央也指出不足："你们所收的公益捐，群众认为是苛捐杂税，这完全是富农路线派捐来加重农民担负的办法，你们必须立即停止，而代之以统一的累进所得税，在乡村则为土地税，城市则为营业税，一切税款的担负应落在富农与资本家商人的身上，要完全免除贫农与城市贫民的一切担负，雇农及工人更不用说了。"④ 这在某种程度上偏离了累进税制的原则。如果说在苏区的初期，实行比例税是因为实行累进税的条件还不充分，那么在 1933 年前后，对于累进税制的实行又过于强调富有者的负担。

1933 年，中共中央强调，除了累进税外，还可以向富有者征收临时捐款，"在削弱富农的政策下，在国内战争时期中，除了实行分给坏

---

① 《中央给赣东北特委的指示信》（1931 年 2 月 19 日），《中共中央文件选集》第七册（1931），第 108—109 页。

② 《中华苏维埃共和国关于经济政策的决定》（中华工农兵苏维埃第一次全国代表大会通过），《中共中央文件选集》第七册（1931），第 796 页。

③ 《中央给苏区各级党部及红军的训令》（1931 年 6 月 10 日），《中共中央文件选集》第七册（1931），第 316 页。

④ 《中央给湘鄂西特委信》（1931 年 3 月 10 日），《中共中央文件选集》第七册（1931），第 177—178 页。

田没收多余的房屋耕牛农具，征收较高的累进税，这些基本办法外，再
向富农要求临时捐款，是应该的。但必须按照富农家况及过去是否交
过捐款，适当的规定捐款数目。并且要有国家财政机关的命令才能实
行，一般的富农捐款数目的最高限度，应在命令上规定之。……例如
一九三三年中央苏区因战争需要临时规定富农捐款的最高限度为不超
过富农现有活动款项全数百分之四十"。[①] 而随着反"围剿"斗争的发
展，苏区经济的各项开支不断膨胀，支出浩繁，不得不向富有者索
取。在第五次反"围剿"时期，战争形势不得不要求富有者承担大部
分开支。1934 年 1 月通过的《关于苏维埃经济建设的决议》决定，在
长期国内战争的条件下，"苏维埃政府必须采取一切办法把革命战争
的负担放到剥削阶级的身上，尽量在苏维埃经济的发展中增加各种税
收的收入"。[②]

二　土地革命时期累进税的初步实践

1928 年 12 月，中国共产党第一个土地法《井冈山土地法》明确提
出了土地税。该土地法很简单，全文只有三小条，123 字，将税率分为
三种情形："（一）15%；（二）10%；（三）5%。以上三种方法，以第
一种为主体，遇特别情形，经高级苏维埃批准，得分别适用二、三两
种。"[③] 此后，闽西赣南大多参照此一税制征收土地税。

---

① 《中华苏维埃共和国中央政府关于土地斗争中一些问题的决定》（1933 年 10 月 10
　日），《中共中央文件选集》第九册（1933），第 557 页。
② 《关于苏维埃经济建设的决议》（1934 年 1 月第二次全国苏维埃代表大会通过），中
　央档案馆编《中共中央文件选集》第十册（1934—1935），中共中央党校出版社 1991
　年版，第 634 页。
③ 《井冈山的斗争》（1928 年 11 月 25 日），《毛泽东选集》第一卷，人民出版社 1966
　年版，第 70 页。

1. 闽西土地税的征收

1929 年 7 月，中共闽西党通过《土地问题决议案》，规定"土地税之征税，分三等：最高 15%，其次是 10%，再次 5% 或免税"。这一土地税法规并没有规定以什么标准进行分等，也未明确以什么标准计算征收，基本上只是参照井冈山土地税的征收办法。10 月，中共闽西特委又规定："在未分田以前土地税之征收分为三等，米谷够吃者收一成，有余粮者成一成半，有余粮 20 担以上者抽二成，只有半年粮者半成，不够半年者不征。"土地税"由乡政府征收分配，乡政府得五成，县政府得二成，区政府得二成，闽西政府得一成"。这种按余粮征收的土地税，一定程度上体现了富裕者多负担、贫穷者少负担的原则。不过由于闽西分田进展很快，这一土地税实际上很快变得不适用了。

于是中共闽西特委在 1929 年 11 月又根据分田情况，重新规定了土地税：以农所得田地数目为标准分等计征，每人分田 3 担以下者收半成，5 担以下者收一成，5 担以上者收一成半，以双季田为标准，单季田折半征收。1930 年 4 月通过的税则条例也基本沿袭了上述计征标准：双季田，分田 3 担以下者征 10%，3 担以上者征 15%，5 担以上者征 20%；单季田，分田 3 担以下者征 5%，3 担以上者征 10%，5 担以上者征 15%。但是，闽西的财政非常困难，土地税数量不足，希望进行募捐，但农民不愿募捐，愿意增加土地税。[1] 9 月，闽西又通过《修正土地法令决议案》等一些条例，规定每担田按照干谷 100 斤，作为各户的计税标准，税率以分田多少为标准，每人分 5 担田者，按扣算产量征 10%，每人分 5 担以上者，按扣算产量征 15%，单季者征一次，双季者征两次；受灾者，受灾部分豁免；开垦荒田者，六年之内不征土地税。与修正前相比，一是提高了税率，修正前每人分 3 担以下者只征 5%

---

[1] 连新：《闽西经济状况的报告》（1930 年 10 月 13 日），转引自《中国农民负担史》第三卷，第 64、65 页。

（半成），同时双季收两次，也是提高了税率；二是规定了一些减免办法，适当地照顾了受灾和开垦荒田者，有利于培植税基，恢复农村经济活力。[①]

总体上来说，闽西土地税还处于草创阶段，与后来抗日根据地实行的细致的累进税还有相当差距。

2. 赣西、赣南土地税的征收

赣西的苏维埃区域在 1929 年 10 月前后，已定有对农民征税的简单办法，并对少数地方进行征收。该征税办法规定：农民的收获，除供给终年食用外，以其剩余，用累进办法征收。剩谷 1 石征 1 桶，剩 2 石征 2 桶，剩谷 3 石征 4 桶。[②] 依照 1 石约合 120 斤，1 桶约合 28 市斤计算，剩谷 1 石的户税率为 23%，剩谷 2 石的户税率为 27%，剩谷 3 石的户税率为 31%，剩谷 4 石的户税率为 35%。除了对农民余粮征收累进税外，还对商贩征收极低的税，商店也按照累进的原则征税。

此一时期，赣南闽西还处于“打土豪”阶段，尚未进行大规模的分田。1930 年二七会议后，赣西南土地革命普遍深入展开，3 月，由毛泽东主持制定了《兴国苏维埃土地法》，8 月，颁布《中国革命军事委员会土地法》和《赣西南苏维埃土地法》[③]，明确规定了土地税的征收制度，“按照农民分田每年收谷数量，分等征税”，[④] 实行一种类似于累进制的税率（见表 9-1）。

---

① 《中国农民负担史》第三卷，第 66 页。
② 克珍：《赣西苏维埃区域的现状》（1930 年 2 月 19 日），江西人民出版社编《中国共产党在江西地区领导革命斗争的历史资料》第一辑，江西人民出版社 1958 年版，第 146—149 页。
③ 上述三个土地法，除个别字和提法有所修改和补充外，其余全部相同。
④ 《苏维埃土地法》（1930 年中国革命军事委员会颁布），《中共中央文件选集》第六册（1930），第 659 页。

表 9-1　1930 年苏维埃土地税税率

单位：担，%

等级	每人分田收谷产量	土地税税率	累进率
1	0—5	0	0
2	5.1—6	1	1
3	6.1—7	1.5	0.5
4	7.1—8	2.5	1
5	8.1—9	4	1.5
6	9.1—10	5.5	1.5
7	10.1—11	7	1.5
8	11.1—12	8	1
9	12.1—13	9.5	1.5（从 13 担开始，每增加 1 担，加收土地税 1.5%）
10	13.1—14	11	
11	14.1—15	12.5	

资料来源：《苏维埃土地法》（1930 年中国革命军事委员会颁布），《中共中央文件选集》第六册（1930），第 659 页。

　　从表 9-1 来看，这种按分田数量确定的税率，较之闽西土地税已经有更细致的累进。虽然表中的等次相对分得较多，税率订得较细，但赣西赣南的税率"同闽西的规定一样，实际上也是一种地区差别的比例税，而不是累进税"，当征税的范围"具体到一个乡的范围内，对于各阶级的收入仍然起不到多大的调节作用，只是对乡与乡之间，县与县之间的收入起到了一定的调节作用"。① 但是，这一土地税率与闽西的税率相比，又有三点不同：一是有起征点，规定每人分田 5 担以下免税；二是税率比闽西要低一些，同时由于分等较多、税率较细，对地区之间的调节作用较大；三是明确规定按分田产量计税，而不是按扣算产量计算。从这三点看，这一土地税又前进了一步。

　　总之，土地革命时期，虽然中共对于累进税的思想已经较为成熟，

---

① 《中国农民负担史》第三卷，第 68 页。

但在实践上受各种因素的影响，还是比较粗疏，更为成熟的累进税要到抗战时期才能付诸实施。

三　抗战时期累进税的表达

1. 开辟敌后抗日根据地之前："有钱出钱"及没收汉奸财产

西安事变后，国共两党在抗日问题上意见趋于一致，双方进行了多次谈判后，基本确定了国民党着手准备抗战，红军为团结抗战起见接受改编的原则。在此基础上，1937 年 2 月 15 日，中国共产党在《中央关于西安事变和平解决之意义及中央致国民党三中全会电宣传解释大纲》中声明"停止推翻国民政府之方针"，同时"停止没收地主土地，实行抗日民族统一战线之共同纲领"，"红军改名为国民革命军，并不能放弃工农主要成份与党的政治上组织上的领导而要继续保障之。在全国停止没收地主土地，并不能恢复苏区土地剥削制度"，中共"苏区中苏维埃制度取消，施行普选的民主制度"，但仍要"继续保障土地在农民手中"，"必须没收汉奸分子的土地"。[①]

红军改编为国民革命军后，"服从中央军委会及蒋委员长之统一指挥，准备国防需要时调赴前线参加作战，其编制人员给养及补充统照国军同样待遇"，其给养原则上由国民政府拨款，关于红军的粮食问题，蒋介石决定由中共和顾祝同联系，"粮食接济令顾设法"。[②] 在与国民党方面达成供给红军给养之前，中共中央一再强调将粮款负担置于富有者一方的累进税原则，在给新四军的指示中，明确说："部队给养问题，

---

① 《中央关于西安事变和平解决之意义及中央致国民党三中全会电宣传解释大纲》（1937 年 2 月 15 日），中央档案馆编《中共中央文件选集》第十一册（1936—1938），中共中央党校出版社 1991 年版，第 160、161 页。

② 《中央关于同蒋介石谈判经过和我党对各方面策略方针向共产国际的报告》（1937 年 4 月 5 日），《中共中央文件选集》第十一册（1936—1938），第 178、181 页。

在未与对方谈判好以前，我们可采取由富有者募捐的方式筹集钱粮。只有确实是汉奸的财产，才采取没收的办法。"①

七七事变爆发后，1937年8月25日，中共提出了《中国共产党抗日救国十大纲领》，其中第六条纲领规定战时的财政经济政策为："以有钱出钱及没收汉奸财产作抗日经费为原则。"② 此一时期，八路军和新四军甫经改编，以配合友军作战为原则，尚未开辟敌后根据地，因此与友军常常因筹措粮草而起纠纷。于是，1937年12月，中共中央连发指示："（一）八路军应带符号，从新规定证章，凡无此据者，应一律取缔，并将规定报阎及通报友军及地方行政机关，出布告发表谈话登报。（二）扩大之地方部队，应与地方政府以合理负担解决给养，避免以八路军此面摩擦。（三）现在征集粮食资材，应秘密保存，不应现在送回陕北……（五）征钱粮布等应即停止，应向当地政府借拨准予筹还。"③"因征兵或抽捐税的事，引起群众与政府磨擦，磨擦时我们应居调解，避免对立。……在统一战线内，立即停止募捐筹粮的行动，已经借用的仓库存粮，须即归还，没收汉奸财产及处理捉汉奸，必须取得政府的同意，最好是交给他们处理。"④

综上所述，在开辟敌后根据地之前，中共对于累进税的表达局限于两点：一是"有钱出钱"，使富有者承担粮款的大部分；二是没收汉奸的财产作为粮款筹措的一个手段。但是中共军队在改编后事实上缺乏独立的防区，常常因为筹集粮款与友军起纠纷，这可能在某种程度上促成

---

① 《中央关于南方各游击区域工作的指示》（1937年8月1日），《中共中央文件选集》第十一册（1936—1938），第302页。
② 《中国共产党抗日救国十大纲领——为动员一切力量争取抗战胜利而斗争》（1937年8月25日），《中共中央文件选集》第十一册（1936—1938），第329页。
③ 《关于我军应坚决执行统一战线的方针及加强统战教育问题》（1937年12月6日毛泽东、周恩来、彭德怀致朱德、任弼时、邓小平等），《中共中央文件选集》第十一册（1936—1938），第400—401页。
④ 《关于红军在友军区域内应坚持统一战线原则的指示》（1937年12月24日毛泽东、肖劲光、谭政致边区各军政首长），《中共中央文件选集》第十一册（1936—1938），第409页。

了日后中共决定开展独立自主的山地游击战，从而走上了开辟敌后根据地之路。

2. 开辟敌后根据地之后：在"有钱出钱"的原则下，实行统一累进税

忻口战役后，八路军转向敌后，开辟敌后根据地。此前1937年9月21日，毛泽东致电彭德怀："今日红军在决战问题上，不起任何决定作用，而有一种自己的拿手好戏，在这种拿手好戏中，一定能起决定作用，这就是真正独立自主的山地游击战（不是运动战）。要实行这样的方针，就要战略上有有力部队处于敌之翼侧，就要以创造根据地发动群众为主，就要分散兵力，而不以是集中打仗为主，集中打仗则不能做群众工作，做群众工作则不能集中打仗，二者不能并举。然而只有分散做群众工作，才是决定地制胜敌人援助友军的唯一无二的办法，集中打仗在目前是毫无结果之可言的。"[①]在这一思想指导下，八路军分兵转入敌后，一一五师一部在副师长聂荣臻的率领下进入晋冀交界一带，开辟晋察冀根据地；一二〇师在贺龙率领下进入晋西北，开辟晋绥根据地；一二九师在刘伯承率领下进入晋东南一带，开辟晋冀豫根据地，随后进入冀南，开辟晋冀鲁豫根据地；一一五师另一部在代师长陈光和政委罗荣桓率领下进入山东，与山东纵队一起开辟山东根据地。这样，中共在抗战开始后不到两年的时间里，在华北广袤的山地和平原上建立了独立自主的敌后抗日根据地。

敌后根据地甫一建立，中共就面临筹措粮款，以支撑日渐扩大的抗日军队的问题。1938年，毛泽东在《论新阶段》中指出："在有钱出钱的原则下，改订各种旧税为统一的累进税，取消苛杂和摊派制度，以舒

---

① 《关于独立自主山地游击战原则的指示——一九三七年九月二十一日，毛泽东同志给彭德怀同志》，魏宏运主编《抗日战争时期晋察冀边区财政经济史资料选编》第一编《总论》，第1页。

民力，而利税收。"① 2 月 5 日，刘少奇在《关于抗日游击战争中的政策问题》指出，"为了补充抗日部队的给养及其他费用的开支，在保持政府财政统一的原则之下，征收一些捐税是必要的"，"根据有钱出钱的原则，使有钱人的负担增加一点，贫苦人民的负担减少一些，对于团结全体人民坚持抗日是有利的。但是无限限制的增加富人负担也是不应该的"。② 6 月 15 日，陈绍禹、周恩来和秦博古在《我们对于保卫武汉与第三期抗战问题底意见》中提出："为的开始实现'有钱出钱'的口号，提议政府一方面可明文规定根据各界人民的财产和收入多寡为应购公债数之标准，另方面，以民族大义国家光荣去激励存款外国银行之中国存户尽量购买金公债；此外，应继续征求累进所得税。"③ 从上可见，在抗战全面爆发一年内，在敌后抗日根据地已经初步成形之际，中共已经提出两个筹集抗战粮款的主要原则：一是"有钱出钱"；二是实行统一累进税。

从 1937 年底开始，八路军转向独立自主的山地游击战。1938 年 1 月，晋察冀根据地创立，随即面临如何解决军政人员的粮食问题及抗战经费的筹集问题。此后，晋东南、晋西北、山东以及冀中等地都面临在根据地草创中如何筹集粮食和经费的问题。1938 年 10 月，在中共中央扩大的六届六中全会上，中共提出要在各草创根据地中"实行新的战时财政经济政策，渡过战争难关"。大会报告第五条提出，"在有钱出钱原则下，改订各种旧税为统一的累进税，取消苛杂和摊派制度，以舒民力而利税收"；第六条提出，"用政治动员与政府法令相配合，征募救国公债、救国公粮，并发动人民自动捐助经费及粮食，供给作战军

---

① 刘澜涛：《论晋察冀边区财政建设的新阶段》（1941 年 3 月 18 日），魏宏运主编《抗日战争时期晋察冀边区财政经济史资料选编》第四编《财政金融》，第 292 页。
② 刘少奇：《关于抗日游击战争中的政策问题》（1938 年 2 月 5 日），《中共中央文件选集》第十一册（1936—1938），第 841—842 页。
③ 陈绍禹、周恩来、秦博古：《我们对于保卫武汉与第三期抗战问题底意见》（1938 年 6 月 15 日），《中共中央文件选集》第十一册（1936—1938），第 877—878 页。

队，以充实财政收入"。①

抗战转入相持阶段后，中共开辟的敌后根据地所面临的从正面战场回调占领区之日军的压力越来越大。而敌后根据地也需要建立更为完善和严格的预决算制度，以及一系列财政制度，以满足持久抗战的需要。1939 年 6 月，中共中央颁布《中央关于严格建立财政经济制度的决定》，要求各根据地"（一）严格统一收支（甲）各机关部队的收入，不得于未报解中财经部以前，自行开支。（乙）所有公营企业，应按党政军系统统一领导，集中营业，所有盈余，概须报告中财经部，确定支配办法，不得自由支配，并将资金及营业状况于六月内确切报告中央。（二）严格建立预决算制度（甲）照中财经部通知第四号规定认真执行，每月开支预算必须负责在节省原则下切实估计，一次提出经中财经部切实审核发给，如经中财经部批准之预算有不同意时，必须经中央书记处的审查批准，中财经部始能作第二次的修改。（乙）任何机关部队必须照批准之预算限度内开支，如有浪费或超过情事，概不批准。（丙）预决算及一切应缴单据必须按规定期限送交中财经部，如不按时送出者，停止发给经费"。②

华北各根据地对于旧税制的田赋，初期大多予以保留。但是，田赋有很多问题，比如有粮无地、有地无粮，以及附加繁多，甚至重于本税很多倍。因此，各根据地对于田赋，都采取了整理措施。为此，中共北方局在 1940 年 4 月 1 日颁布了《北方局关于财政经济政策的指示》："应该是有地征粮的原则去整理田赋，纠正地少粮多，有粮无地及有地无粮等积弊。田赋附加通常一般太重，有害农民利益，应注意减少附加，一般规定目前征收田赋，其附加不应超过正赋二分之一。应统一收

---

① 毛泽东：《论新阶段（抗日民族战争与抗日民族统一战线发展的新阶段——一九三八年十月十二日至十四日在中共扩大的六中全会的报告）》，《中共中央文件选集》第十一册（1936—1938），第 614、615 页。

② 《中央关于严格建立财政经济制度的决定》（1939 年 6 月 5 日），中央档案馆编《中共中央文件选集》第十二册（1939—1940），中共中央党校出版社 1991 年版，第 78、79 页。

支，建立严格的预决算制度，建立金库，一般规定行政费（各级政权用费）不得超过预算的百分之三十，党费不得由各地方政府支取，而由军政委员会（按）区党费所造预算统一拨给。"①

由于抗战粮食和经费所需浩繁，且中共有在苏区时倾向富有者多缴税的传统，所以在抗战初期，华北各根据地大多习惯于将粮款负担置于富有者一方。这一方面使公粮和抗战经费的负担面过小，另一方面富有者也感到负担太重，有些富有者甚至因为负担过重逃往敌占区。中共中央对此感到忧虑，于1940年9月18日向各根据地发布《中央关于统累税问题的指示》，指出："累进税乃是应向我区内一切人民征收的税则，特别是在民族统一战线的政策下，虽然捐税应由富有者比较多负担一些，但要富有者完全担负或负担过重，这亦是不好的。累进税则应照顾极贫苦之工农，规定对最低限度的收入者予以应有的免征，但免征者不应超过人口百分之十到二十，以使百分之八十到九十人口，即绝对多数人口，其中包含中农贫农基本群众均须予适当的负担。"而对于商业等累进税，中共中央强调要根据实际灵活应对，"对公私商业均应征以一定的税额之税金，但如实行商业之累进税，有时则又应例外，实行免税或减税，例如对抗属及退伍残废军人等之优待。冀察晋对工人免税行之已久，如果对其他阶层人民无大的反感，如果乐捐所得，不比征税相差过大，则不必改变"。总之，既要取得支持抗战的经费和粮食，又要节省开支，照顾当地的习惯。中共对于控制村级收支尤其重视，以借此减轻人民负担，强调"村一级的收入与开支，应当统筹统支，否则增加人民负担，增加开支浪费。在战时的中央苏区与和平时的陕甘宁边区，村财政均是统筹统支的"。② 而在减轻负担的同时，又能确保抗战经费

① 《中央关于财政经济政策的指示》（1940年4月15日）附《北方局关于财政经济政策的指示》（1940年4月1日），《中共中央文件选集》第十二册（1939—1940），第362页。

② 《中央关于统累税问题的指示》（1940年9月18日），《中共中央文件选集》第十二册（1939—1940），第494—495页。

的筹集，其可行的办法，就是扩大负担面，让最大多数的能负担抗战经费的民众都来负担一部分。在1941年1月15日《解放》第124期社论《论抗日根据地的各种政策》中，中共中央再一次强调："在抗日根据地的财政政策上，我们主张按照收入的多少，来规定纳税的多少。除少数最贫困的人民免税外，其余的公民，工人、农民、城市小资产阶级、资本家、地主均在内，都须负担纳税义务，而不将税款完全放在地主资本家身上。我们反对工农采取拘押罚款的办法，我们也反对对地主资本家采取这样的办法，我们主张实行适于团结抗战建国的合理的税收。"①

在减轻富有者负担和扩大负担面方面，陕甘宁边区因为战事较少，较为重视。陕甘宁边区注重提高富有者的政治地位，"民国二十六年三月以后，边区就已停止了没收地主的土地。同年五月十二日以后，根据陕甘宁边区选举条例，又在政治上恢复了地主、富农、资本家等公民权"，"凡地主土地在工农民主政府时代未被没收的，不再没收，土地所有权仍属地主"，"已经被没收土地和房屋的地主回到边区来，可由政府分给与一般农民一样的一分土地和房屋，并享有公民权利"。这些办法实行后，许多原来脱离边区的地主、富农和资本家返回边区，"保安一县便有四十余家，定边地主、绅士、富农除四户外，其余一律回乡。安塞回来的也有一〇五名。回来以后，都恢复了公民权，分得了土地房屋，青年和儿童受到了免费教育，加入了青年救国会和儿童团。有的地主、富农还被吸收到政府中工作。定边回来的四十名知识分子，其中三十二名已参加工作"。② 随后，1941年5月1日，陕甘宁边区又颁布了《陕甘宁边区施政纲领》，进一步强调抗日的各阶级统一战线："保证一切抗日人民（地主、资本家、农民、工人等）的人权、政权、财权及言论、出版、集会、结社、信仰、居住、迁徙之自由权，除司法

---

① 《论抗日根据地的各种政策》（1941年1月15日《解放》周刊社论），中央档案馆编《中共中央文件选集》第十三册（1941—1942），中共中央党校出版社1991年版，第478页。

② 《保障人权财权条例》，《陕甘宁边区参议会文献汇辑》，第112—114页。

系统及公安系统依法执行其职务外，任何机关部队团体不得对任何人加以逮捕审问或处罚，而人民则有用无论何种方式，控告任何公务人员非法行为之权利。"在经济政策方面，陕甘宁边区再次强调，"实行合理的税收制度，居民中除极贫者应予免税外，均须按照财产等第或所得多寡，实施程度不同的累进税制，使大多数人民均能负担抗日经费"。[①] 林伯渠在边区县长联席会议上特别指出，对于抗日经费"原则上人民也应担负政府经费的最大部分。基于纳税是全体人民的义务这点，能够纳税的都应负担国家赋税，而不应全部由少数富有者负担。不过征收要把握统一的累进原则，使得负担公平"。[②] 此后，在 1941 年 11 月 17 日陕甘宁边区第二届参议会上通过的《保障人权财权条例》规定，"保障边区一切抗日人民的私有财产权及依法之使用及收益自由权（包括土地、房屋、债权及一切资财）"，"在土地已分配区域，保证一切取得土地的农民之私有土地权。在土地未经分配区域，保证地主的土地所有权及债主的债权"。并特别规定："边区人民曾因反对边区逃亡在外者，自愿遵守边区法令返回边区，一律不究既往，并受法律之保护。"[③] 随后，各抗日根据地先后颁布、实行了《保障人权财权条例》。

保障人权和财权，代表了中共对于此前过于压制地主、富农这一农村富有者阶层的反思。在这一反思的基础上，1942 年 1 月 28 日，中共中央又颁布了《中共中央关于抗日根据地土地政策的决定》，强调"承认农民（包括雇农在内）是抗日与生产的基本力量"，"承认地主的大多数是有抗日要求的，一部分开明绅士并是赞成民主改革的"，"承认资本主义生产方式是中国现时比较进步的生产方式"，"富农是农村中的资产阶级，是抗日与生产的不可缺少的力量"，强调"抗日经费，除

---

① 《陕甘宁边区施政纲领》（1941 年 5 月 1 日），《中共中央文件选集》第十三册（1941—1942），第 91—92 页。
② 《1941 年 2 月 27 日林伯渠在边区县长联席会议上的报告提要》，《中国近代经济史资料选编》，第 425 页。
③ 林伯渠：《陕甘宁边区政府对边区第一届参议会的工作报告》（1940 年），《陕甘宁边区参议会文献汇辑》，第 26 页。

赤贫者外，一切阶级的人民均须按照累进的原则向政府交纳，不得畸轻畸重，不得抗拒不交"。① 在此之后，将抗战负担置于地主和富农富有者阶层的做法得到了相当程度的遏制。

1941 年和 1943 年，华北一些根据地相继实行或在部分地区试验了统一累进税和农业统一累进税。晋察冀边区的《晋察冀日报》发表社论《实行统一累进税是中国共产党一贯的主张》，强调在统一累进税之下，各阶层负担平衡得到一定程度的改善。统一累进税废除了间接税制，"廓清了过去税收制度上的混乱芜杂，废除了过去那些耗费巨大，层层中饱的林立的税收机关"；建立直接税制，"是税收制度上的一大革命，它完全革除了过去不合理的恶劣办法，而确实符合有钱出钱，钱多多出，钱少少出的合理原则"。晋察冀边区是华北抗日根据地中第一个实行统一累进税的根据地，采用"是有免征点和累进最高率的统一累进税"，既"保障穷苦人民节衣缩食后的穷苦生活，同时也顾到富裕人民或有产阶级的利益"，在具体实行统一累进税的时候，又贯彻了中共中央强调的"纳税人要在全体人口的百分之八十左右的原则，依照各地具体情况而伸缩其免征点"的要求，② 努力平衡各阶级的负担。

四　华北抗日根据地累进税的实践：从合理负担到统一累进税

从税源上看，华北抗日根据地的税收体系主要由四种制度构成。一是救国公粮制度，这是主要以农业收入为课税对象的税收制度。③ 1937

---

① 《中共中央关于抗日根据地土地政策的决定》（1942 年 1 月 28 日中央政治局通过），《中共中央文件选集》第十三册（1941—1942），第 281、282、283 页。

② 《实行统一累进税是中国共产党一贯的主张》，《晋察冀日报》1941 年 5 月 15 日，第 1 版。

③ 虽然救国公粮主要以农业收入为课税对象，但也不尽然。如陕甘宁边区救国公粮也向城市居民征收，晋察冀边区等根据地也有类似情形。

年 10 月，陕甘宁边区最先公布了《救国公粮征收条例》；此后，晋察冀边区于 1938 年、晋绥边区于 1940 年相继颁布了"抗日救国公粮条例"；晋冀鲁豫边区冀南根据地的"公平负担法"，也是一种征收救国公粮的条例。二是合理负担，这是以抗日根据地内各户的全部资产和收入（包括土地和工商业）为课税对象。在华北抗日根据地中，晋察冀边区是较早实行合理负担的根据地。1938 年 3 月，晋察冀边区成立两个月后就实行村合理负担。此前，晋察冀实行的是县区合理负担，但县区合理负担"办理未善，流弊滋多"，① 于是开始实行村合理负担。此后晋冀鲁豫边区于 1938—1939 年沿用第二战区的"战时村合理负担办法"。但是在相当大的程度上，合理负担（有些抗日根据地是公平负担）和救国公粮有很高的重合度，"合理负担征收办法及征收救国公粮暂行办法，这两个法令，表面虽是两个东西，而精神内容是完全一致的"。② 三是以土地为课税对象的田赋。抗战初期，大部分根据地保留了田赋，在加以整理后进行征税。四是以商品流转额为课税对象的工商业税收，主要是一些在华北农村延续多年的税收，如烟酒税、烟酒牌照税、卷烟特税、外货出入境税和印花税等，在一些根据地如晋察冀和山东等地，还有屠宰税、牲畜税等税种。

虽然从税源上看有以上四种税收制度，但华北根据地的纳税人只有一种，即居住于根据地内的民众，所以上述四种税收制度时有冲突，比如救国公粮、田赋和合理负担三种税收制度有时面临重叠的税源，尤其救国公粮和合理负担的重叠更为明显，也因此，这两者在一些根据地的联系非常紧密，甚至相当多的时候，征收救国公粮是以合理负担的估算作为标准。

---

① 《晋察冀边区行政委员会令各县开征二十七年上忙田赋及停止县区合理负担实行村款合理负担》（1938 年 3 月 6 日），魏宏运主编《抗日战争时期晋察冀边区财政经济史资料选编》第四编《财政金融》，第 145 页。

② 《冀太联办戎副主任向晋冀鲁豫边区临时参议会的财政建设工作报告》（1941 年 8 月），政协河北省委员会编《晋冀鲁豫抗日根据地史料汇编》（中），河北人民出版社 2015 年版，第 1390 页。

在华北，各根据地累进税制的实行有三个阶段，分别是 1937—1940 年的建立时期、1941—1943 年的改进时期、1944—1945 年的完善时期。山东根据地情况特殊，一直都是公粮、田赋和工商业税分别征收，没有一个统一累进税的阶段，在这一点上，华中抗日根据地也如山东一样。除了山东抗日根据地，陕甘宁、晋察冀、晋冀鲁豫、晋绥都有一个从田赋、公粮、工商业税分别征收，到实行统一累进税或农业统一累进税统一征收的过程。

华北抗日根据地累进税的计税标准主要有三种，一是当年实际产量和实际收入，二是常年产量，三是土地面积（主要是华中采用，华北没有采用）。抗战初期，华北各根据地一般都以实际产量和实际收入作为计税标准，每年秋收前发动群众评议。实行几年后，各地感到有很大的缺陷：一是不能更好地鼓励农民积极增加生产，勤劳耕作而提高产量的农民怕增加负担，不愿增产。二是每年调查、评议的工作量很大，尤其在战争环境下，每年调查评议更为困难。因此，1943 年后，一些抗日根据地开始改以常年产量为计税标准。"改按常年产量计税，是粮赋制度上的一项重大改进，是中国税收史上的一个创举。"[①]

在实践中，华北抗日根据地的累进税制分两种：一种是有起征点的累进税制，即按人均产量或占有的土地面积规定一个最低的标准，达不到起征点的，不予征税；另一种是扣除免征点的累进税制，按产量规定一个人均免征额，先从纳税户的计税产量中扣除人均免征额，然后就剩余计税产量进行征税。累进税制的税率也分为三种，一是分数制，二是百分比制，三是实物定额制（华中普遍采用）。分数制是按每人平均产量（收入或富力）分在若干税级，每级的税率定为若干分数，分数依税级按累进原则由低到高。分数是个抽象的税率，每分应征多少粮食，由政府根据各年情况另行规定。例如，某户应征的税率为 100 分，若政府依据当年所需粮食数量确定每分征粮 10 斤，则应纳税额为 1000 斤；

———————————
① 《中国农民负担史》第三卷，第 217 页。

若政府依当年所需粮食数量确定每分征 15 斤，则应纳税额为 1500 斤。这一税率的优点是比较灵活，有利于政府依据战争需求筹集粮食。分数制是 1938 年晋察冀边区首先采用的，后来晋冀鲁豫、晋绥边区也采用了分数制。百分比制就是按照收入的百分比确定税率，按照累进原则，人均收入高，征收的百分比就高，人均收入低，征收的百分比就低，计税收入乘以征收百分比，就是纳税户的应征税额。陕甘宁边区各年的救国公粮条例和 1943 年的农业统一累进税条例，以及华北各根据地制定的救国公粮条例都是采用百分比制。以上三种税率，在累进上又有超额累进和全额累进的区别，一般来说，采用分数制的，都采用超额累进税率；采用百分比制和实物定额制的，都采用全额累进。

在分析华北抗日根据地在实践中所采用的累进税制的一般特点之后，以下分别从田赋、救国公粮、合理负担走向统一累进税的过程做一简要归纳。

1. 田赋的整理与取消

除陕甘宁边区外，华北抗日根据地大都在日军占领的罅隙中不断扩大并创建而成，在经济和税收上所面对的主要基础是清代、北洋时期遗存下来的以田赋为主的税收体系。传统时代的田赋，附加了各种税收，"据有人调查，田赋附加多至 670 余种"，巧立名目，横征暴敛。因此"田赋是一种不合理的税收制度，主要的表现在征收上不能按有钱出钱，钱多多出，钱少少出的原则，而是一种不分贫富按亩摊派的制度，并且实行上百弊丛生，如有地无赋，有赋无地，富豪垄断，把田赋加在农民身上，自己有地不纳赋，还要从中渔利等现象"。①

虽然如此，华北大多数抗日根据地在抗战初期，各项制度草创，不得已还是沿用了田赋制度。晋察冀边区、晋绥边区、山东根据地以及晋冀鲁豫边区等都没有废除田赋，而是仍旧按田赋向根据地民众征税。这

---

① 彭德怀：《抗日根据地的财政经济政策——中共北方局高级干部会上报告提纲之一部》（1940 年 9 月 25—27 日），《太岳革命根据地财经史料选编》（上），第 67 页。

主要出于几种考虑。其一，田赋虽然不是累进征收，但也有合理成分，比如田赋征收以两为单位，考虑到了土地的好坏，这还是比较合理的，"过去田赋征收额，系以两为单位，而不以亩计算，这中间就包含有土地好坏的区别，好土地粮重，坏土地粮轻，不能把土地不分好、坏，一律看待"。[①] 其二，长期以来，田赋作为政府税收已经深入人心，人民有缴纳田赋的传统，田赋"本来在群众中的观念上历史上早就建立起来的"，"在旧政权条件下，群众也认为不交赋税也过不去，种地纳税是祖传的习惯，不论贫富都如此"。[②] 其三，田赋是一种合适的过渡方法。抗日根据地草创之初，田赋是一种可以接受的过渡，而在"抗日民主政权已经走上巩固，财经建设具有相当基础的时候，田赋征收办法可以取消"。[③] 晋察冀、晋冀鲁豫和晋绥边区都保留了按亩计征的田赋，同时经过田赋整理，基本上清除了田赋的积弊，冀中地区一度实行过"土地累进法"，山东根据地也实行按亩摊派的土地税。

在经历了草创阶段后，华北各根据地各项财政制度渐趋完善，同时，田赋作为一种过渡方法的弊端也不断凸显。田赋由于过于细碎，不易征收。晋冀鲁豫边区太岳区在征收田赋中就遇到了困难，田赋征收额度不足，"实际1940年的合理负担征收中，全收上党票还没有收足原派数的60%，而1941年的田赋征收截至现在计，尚没有完成应征数的70%"。[④] 田赋不仅在事实上难以操作，也不符合累进税的要求，"田赋带有田亩摊派的性质，不是累进的，不合进步的原则"，而且田赋这一制度"在近代国家中已经没有了，我们也应该确定更进步的直接税制，

---

① 杨尚昆：《在黎城会议上的报告（节录）》，《抗日战争时期晋冀鲁豫边区财政经济史资料选编》第一辑，第99页。

② 裴丽生：《一九四一年财政经济工作》，《太岳革命根据地财经史料选编》（上），第95页。

③ 杨尚昆：《在黎城会议上的报告（节录）》，《抗日战争时期晋冀鲁豫边区财政经济史资料选编》第一辑，第99页。

④ 裴丽生：《一九四一年财政经济工作》，《太岳革命根据地财经史料选编》（上），第95页。

代替田赋这是一个改变制度的过程，须有相当的准备工作，现在还是整理时期，不过要以整理合理负担为总的目标，从整理合理负担中整理田赋"。① 一些抗日根据地开始取消田赋。如晋冀鲁豫边区大部分地区的"田赋在1942、1943年即取消，冀南取消的更早"。②

2. 救国公粮的征收

最早进行救国公粮征收的是陕甘宁边区。红军经过长征进入陕北革命根据地后，继续进行土地革命，在陕北农村进行分配土地，到1937年国共第二次合作后，陕甘宁边区停止了分配土地，转而实行抗日民族统一战线。全面抗战爆发后，为筹集抗战军粮，陕甘宁边区于1937年10月1日颁布《征收救国公粮条例》。该条例规定以"每人平均实际收获量为征收计算标准"征收公粮，规定了一个"年人均300斤"的起征点，人均300斤以上累进征收，征收率从1%开始，一直累进到5%。③ 在征收救国公粮之前，边区主要靠借粮来筹集抗战军粮，征收救国公粮之后，"凡我边区人民，务须自动如期缴纳，不得隐瞒拖延，以多报少，如有造谣破坏，或鼓动人民抗拒不缴"，将"予以严厉处分，毫不宽贷"。④ 随后，又根据陕甘宁边区的粮食消费水平和习惯，将免征点调到年人均350斤，从年人均351斤开始累进征收，351—500斤者征1%，501—650斤者征2%，651—800斤者征3%，801—950斤者征4%，951—1100斤者征5%，1101—1300斤者征6%，1300斤以上者征7%。⑤

---

① 《北方局高级干部会议有关财政经济问题的结论》，《抗日战争时期晋冀鲁豫边区财政经济史资料选编》第一辑，第205页。
② 晋冀鲁豫财经办事处：《晋冀鲁豫的财政经济工作（选录）》（1947年5月），《抗日战争时期晋冀鲁豫边区财政经济史资料选编》第一辑，第335页。
③ 《征收救国公粮条例》（1937年10月1日），《陕甘宁革命根据地史料选辑》第二辑，第36—37页。
④ 《陕甘宁边区政府布告（第一号）——为征收救国公粮事》（1937年10月），《陕甘宁边区政府文件选编》第一辑，第18页。
⑤ 《陕甘宁边区政府关于征收救国公粮的决定》（1937年），《陕甘宁边区政府文件选编》第一辑，第39页。

随后征收救国公粮的是晋察冀边区。1938 年 11 月 23 日，边区行政委员会通过《晋察冀边区行政委员会征收救国公粮条例》，规定公粮征收采累进制，累进办法为"各家全部收入，折米计算，以其人口平均，每人年平均小米一石四斗以下者不收，一石五斗至二石者收百分之三，二石一斗至三石者收百分之五，以上每加一石递增百分之一，增至百分之二十为止"。① 自此晋察冀开始在田赋之外征收救国公粮，"把山货的收入、商业工业利息等的收入都折合粮食计算"，当年晋东北和冀西各县的"总收至少在 250 石以上"，因此确定征收数量是 16 万石，占全部收入的 5%。而救国公粮的用途，则是"除过供给相当长时的军食外，还可以救济灾荒，优待抗属"。②

上述两个根据地是华北抗日根据地中最早开征救国公粮的。从免征点看，两者都规定了免征点，陕甘宁是 350 斤，晋察冀是"一石四斗"，按晋察冀一斗为 27 斤，则免征点为 378 斤，晋察冀略高于陕甘宁，但考虑到晋东北和冀西粮食消费水平高于陕甘宁，所以两者的免征点比较接近。从累进率看，晋察冀累进率明显高于陕甘宁，前者从 3% 开始累进，后者从 1% 开始累进；在累进的速度上，前者也快于后者，前者以 1% 的速度累进，后者开始时的累进率是 2%，随后回落到 1%；在累进最高点上，前者止于 7%，后者则达到 20%。③ 累进上的这种不同，也许与陕甘宁的生活水平和抗战初期有国民政府拨给抗战经费及外援有关。当 1940 年底国民政府断绝外援与停拨经费之后，陕甘宁的救国公粮任务就猛然从 1940 年的 9 万石增加到

① 《晋察冀边区行政委员会征收救国公粮条例》，《抗敌报》1938 年 11 月 23 日，第 4 版。
② 晋察冀边政委员会：《为动员十六万石救国公粮保证军食坚持持久战而奋斗》，《抗敌报》1938 年 11 月 23 日，第 1 版。
③ 晋察冀各地在执行累进时并没有完全按照边区提出的累进率。比如，涞源在征收分配的 1 万石救国公粮时，执行的累进率远低于边区所要求的累进率，其方法是"每人平均数目一石以上抽百分之一，一石五以上抽百分之二，一石七以上抽百分之三，二石以上无变动"。见《涞源的最近工作总结》，《抗敌报》1938 年 12 月 25 日，第 4 版。

1941 年的 20 万石。

1940 年后，晋绥边区、晋冀鲁豫边区冀南区和山东根据地都开始征收救国公粮。其中晋绥和晋冀鲁豫多是参考晋察冀的救国公粮征收。

3. 合理负担的推行

合理负担是以根据地内各户的全部资产和收入（包括土地和工商业）为课税对象的一种税收制度。晋察冀边区、晋冀鲁豫边区以及山东根据地先后推行了合理负担。[①]

合理负担的推行，主要是针对田赋的缺点。田赋不是累进征收，而是按照田亩摊派，"不分土地好坏，一律以亩计算，按亩各出若干的办法（比如冀南规定按亩纳 2 角，鲁西北规定按亩纳 4 角），是不妥当的"。[②] 在中共看来，"摊派制，在人民拿负担上非常不合理，无论根据地和游击区广大的劳苦阶级与中产阶级都很重"，"而合理负担正是把广大的贫苦阶级与中产阶级从经济的压迫下解放出来"。[③] 合理负担执行的是"有钱出钱，钱多多出，钱少少出"的"抗战建国法令"，实行合理负担能够"改善人民生活""争取基本群众在经济上的优势""削弱封建制度"，因此，各根据地在保留田赋的同时，也着手开始推行合理负担。

晋察冀是最早推行合理负担的抗日根据地。晋察冀早先推行县区合理负担，后开始推行村合理负担。1938 年 3 月，晋察冀边区行政委员会颁布《晋察冀边区村合理负担实施办法》，规定"按村中所需每年实行合理负担两次"，村合理负担征收对象包括村中的土地总值及其地租、房产总值、存款存粮总值及其年入息、人力收入、工商业总值和本

---

① 晋冀鲁豫边区太行区和太岳区的合理负担借鉴自晋察冀边区；山东根据地则实行类似于合理负担的"公平负担"；此外晋冀鲁豫边区冀南区实行的也是"公平负担"，但实质上是一种救国公粮的征收办法。

② 杨尚昆：《在黎城会议上的报告（节录）》，《抗日战争时期晋冀鲁豫边区财政经济史资料选编》第一辑，第 99 页。

③ 《平北地委关于实行合理负担的工作指示》（1942 年 8 月 15 日），魏宏运主编《抗日战争时期晋察冀边区财政经济史资料选编》第四编《财政金融》，第 147 页。

金公积金等。而这些又分为资产和收入两项，资产一项"人均五十元以下免征，人均五十元以上者每五十元为一厘，一百元做一分"，依此类推；收入一项，则专门制定《合理负担累进分数表》，查照计算分数。[①] 这一村合理负担主要适用于北岳区，冀中区则另订立了《冀中村合理负担办法》。与北岳的合理负担不同，冀中村合理负担明言是"暂行合理负担"，"以地亩为标准"，"村中遇有一切摊派，须按本办法去分配负担之"。该办法以"每人除去一亩半"作为免征，扣除人均一亩半后，人均有地"五亩以下者为第一级，五亩一分以上十亩为第二级"，依此类推，以五亩为一级，共分六级，征收时按级累进，以第一级为基本单位，其"每亩仍按一亩为计算单位，如级累进其差为二分，即为二、四、六、八、十之比。余次而为一亩二分、一亩四分、一亩六分、一亩八分、二亩之比"。[②] 就是说，第一级的每亩按一亩征收，第二级的每亩按一亩二分征收，第三级的每亩按一亩四分征收，第四级的每亩按一亩六分征收，第五级的每亩按一亩八分征收，第六级的一亩按二亩征收。

　　值得注意的是，晋察冀征收救国公粮是参照村合理负担的标准进行的。最初晋察冀边区在征收公粮上使用采用的是"募"和"捐"的形式，其"募"和"捐"的标准也参照村合理负担办法。例如，晋察冀边区要求："我们希望能够有计划地定出具体的募集办法，并召开评议会，依照合理负担的原则，评定居民应捐的额数，以便避免发生应多捐者少捐，应少捐者多捐等不良现象"，[③] 救国公粮"以自动捐购为原则"。边区强调在"募""捐"救国公粮时，"要先完成村合理负担，

---

① 《晋察冀边区村合理负担实施办法》（1938 年 3 月），魏宏运主编《抗日战争时期晋察冀边区财政经济史资料选编》第四编《财政金融》，第 152—154 页。

② 《冀中村合理负担办法》（1939 年 10 月），魏宏运主编《抗日战争时期晋察冀边区财政经济史资料选编》第四编《财政金融》，第 152—154 页。

③ 《完成募集救国公粮计划》，《抗敌报》1938 年 12 月 2 日，第 1 版。同样"捐"字也出现在当时的报道中，如《王老大！捐点公粮吧》，《抗敌报》1938 年 12 月 4 日，第 4 版。

使着征粮有标准"。① 在完成村合理负担的基础上，再按照其标准"分配"给各户救国公粮的数目。

在晋察冀推行合理负担之后，晋冀鲁豫边区的太行、太岳，以及晋绥边区都参照执行。合理负担的优点是直接否定了田赋的缺点："合理负担在根据地建设中的影响极大。因为它直接否定了几千年来封建社会所推行的田赋制度，取消了一切苛捐杂税和按亩摊派的不合理办法……过去一向是有钱有势的人不出或少出负担，而现在则改变为有钱有势的人要多出。"抗战初期，在合理负担之下，地主、富农拿出了大量的粮款支援抗战，"在一九三八年至一九三九年间，百分之六七十的粮款由他们负担的情况，还是不少的"，例如，"榆社县的东清秀村，三户地主交的负担，曾占到全村的百分之六十七，左权桐峪镇地主的负担，占到全村的百分之六十六"。②

但随着抗日民族统一战线的推行，各地在施行过程中，也发现了合理负担的优点成为其不足之处。合理负担基本上"是一种战时摊派的办法，不能合于累进动员"，在太行区，其"执行合理负担方式不很好，引起贫富对立，缺乏说服和解释工作"，"但最严重的缺点，还是在合理负担的办法规定得太呆板，被摊派的等级是不变动的，群众实际负担的能力却变更了（沁县如过去五等，现已变成十等，甚至不能再摊派了），但还要按原来的等级摊派，造成屯集公粮的困难"，"村富户与县富户负担不均，村富户负担太重"。③ 富有者负担过重，是各抗日根据地的合理负担所产生的主要问题，这一现象如果长期延续，不利于抗日民族统一战线的巩固，不利于农村各阶层的负担平衡。因此，华北一些抗日根据地开始着手准备统一累

---

① 耘夫：《平山县救国公粮是怎样完成的?》，《抗敌报》1939 年 2 月 25 日，第 4 版。
② 太行革命根据地史总编委会编《太行革命根据地史料丛书之五：土地问题》，山西人民出版社 1987 年版，第 10 页。
③ 太行革命根据地史总编委会编《太行革命根据地史料丛书之七：群众运动》，山西人民出版社 1989 年版，第 146 页。

进税。

4. 统一累进税

对于抗日根据地来说，田赋是一种过渡。"一般说，田赋是一种过渡的办法，在抗日民主政权已经走上巩固，财经建设具有相当基础的时候，田赋征收办法可以取消，而改为统一的累进原则上的土地税（如晋察冀边区已实行），这是最公平而又简便的制度，国民政府在土地法中间，也有明文规定过的。"[①] 同时，累进征收的合理负担也非最终目标，华北根据地对于累进税的诉求最终所指，正是统一累进税，"合理负担是将来实行统一累进税的准备工作"。[②]

在华北抗日根据地实行统一累进税之前，"原来我国及现在大后方所实行的税收制度，是比例税制，是将负担完全转嫁到穷苦人民身上的间接税制，是名目繁多的苛捐杂税。边区在统一累进税实行以前，已将这种不合理的税收制度完全废除了，在统一累进税实行后，更将营业、印花、烟酒等税与田赋一律取消，而代之以按照实际财产收入多寡、依等累进的统一的直接的税收制度"。[③] 统一累进税是抗日根据地为适应抗战需要所实行的一项税收政策，其特点是统一、累进、直接。所谓统一，一是统一税种，即把所有资产收入应纳的税，如田赋、营业税、印花税、所得税等统一起来征收，其他的税除人口税和契税外一律停征；二是统一征税机关，即把各级政府的征收权完全统一于边区。这是健全预决算制度的重要的方法。所谓累进，即与比例不同，如有财产 10 元的征税 1 元，20 元的则要征税 2 元以上。这样就体现了"有钱出钱，钱多多出，钱少少出"的累进原则。

在抗日根据地的财政制度相继走上轨道之后，华北各根据地也在时

---

① 杨尚昆：《在黎城会议上的报告（节录）》，《抗日战争时期晋冀鲁豫边区财政经济史料选编》第一辑，第 99 页。

② 裴丽生：《一九四一年财政经济工作》，《太岳革命根据地财经史料选编》（上），第 94 页。

③ 《统一累进税与统一战线》，《晋察冀日报》1941 年 5 月 20 日，第 1 版。

机相当成熟之际实行了统一累进税。"我们建立统一的累进税制来代替田赋制，敌后的田赋应准备在一九四一年取消，至迟也不得超过一九四二年。"① 在这一原则之下，1941年晋察冀边区实行统一累进税，1942年对实行过程中发现的问题进行了修正。1943年，太岳区的岳北根据区试行统一累进税。同一年，陕甘宁在部分地区试行农业统一累进税。

累进税有两种累进法，一种是按地亩累进，另一种是按实际产量累进。华北根据地公粮的累进税在执行过程中主要是按实际产量累进的。这种累进有利有弊，毛泽东分析指出："在平均负担上来说是合理的，但对促进农业投资是有妨碍的。因为同样的土地，收成多，要多出，收成少，可少出，甚至不出，这样就会降低农民在土地上投资的积极性。如按地亩征收，这点便可纠正，中、富农的积极性更会提高，对于贫农也无妨害。"经过比较，他得出结论："公粮公草要有限度，同时要改善征税标准，方能促进农业生产。"②

对于这一问题的解决，陕甘宁边区采用了常年产量的征收方法。常年产量是三至五年的平均产量，公粮征收按照常年产量征收，而不再按照实际产量征收，这样，农民在土地上的投资所提高的产量，就能大部分为农民所得，从而激励农民提高产量。"我们的第八项农业政策是实行农业累进税。过去的农业税是采取救国公粮形势，虽然也是按累进原则征收的，但是每年征收总数多不一，每年每家征粮数目自然也就多少不一。一九四一年发生摊派现象。一九四二年虽改取评议制较为公平，但不公平的现象还是有的。主要缺点是税率不确定，损害农民的生产积极性"，为此，毛泽东提议"政府于一九四三年进行人民土地的调查与登记，依此制定一种简明的农业累进税则。依一定土地量按质分等计算

---

① 彭德怀：《抗日根据地的财政经济政策——中共北方局高级干部会上报告提纲之一部》（1940年9月25—27日），《太岳革命根据地财经史料选编》（上），第67页。

② 《经济问题与财政问题——一九四二年十二月陕甘宁边区高干会上的报告》，《毛泽东选集》，东北书店1948年版，第758页。

税率，使农民能够按照自己耕地的量与质计算交税数目。农民有了这个计算，就可计算他全年全家收支的比例，就可放手进行生产，而增加生产积极性，保证粮食的增产；政府征税时也就不发生不公平的问题了"。① 在毛泽东提出这一问题并建议用通常产量这一方法加以解决之后，晋察冀边区、晋冀鲁豫边区、晋绥边区和山东根据地在抗战中后期先后采用了常年产量的做法。常年产量在各根据地有不同称谓，陕甘宁边区叫"常年产量"，晋绥边区叫"通常产量"，晋冀鲁豫边区叫"常年应产量"，晋察冀边区叫"登记产量"，山东根据地叫"中中亩""标准亩"。②

需要指出的是，虽然统一累进税在华北大部分根据地实行，但各根据地鉴于战争环境，并没有全面推广，还有相当部分实行合理负担，甚至在游击区和敌占区仍旧实行田赋。因此，华北抗日根据地累进税制的推行是相当复杂的过程。譬如，1943 年，晋冀鲁豫边区太岳区在岳北根据区试行统累税，同时在岳南中条山根据区实行合理负担，而在游击区薄弱区实行游击区负担办法。除中条山地区外基本取消田赋。征收田赋地区前半年征田赋，后半年执行合理负担，取消田赋县份，合理负担在夏收秋收前各征一半。③ 总之，在战争环境下，田赋、合理负担和统一累进税在不同区域是并行不悖的，可见累进税制的推行是相当灵活的，也因此，依托于田赋、合理负担和统一累进税的救国公粮的征收是复杂的。

抗战时期，累进税制的推行有两个主要目标：一是解决军队和政府人员的给养，支持抗战；二是以累进税平衡农村各阶层负担，建立和巩

---

① 《经济问题与财政问题——一九四二年十二月陕甘宁边区高干会上的报告》，《毛泽东选集》，东北书店 1948 年版，第 777 页。
② 山东根据地 1941 年将土地分成上、中、下三等，每等又分为上、中、下三级，中等中级每亩定产 150 斤，叫"标准亩"，实际上就是计算常年产量的单位。
③ 裴丽生：《在专员会议上关于财政经济工作报告提纲》（1943 年），《太岳革命根据地财经史料选编》（上），第 113 页。

固统一战线，以团结各个阶层，共同抗战。这两个目标，从华北各根据地来看都在相当程度上实现了。抗战初期，陕甘宁边区就实行累进征收的救国公粮，解决了军队和政府的粮食供给。随后晋察冀边区、晋冀鲁豫边区、晋绥边区以及山东根据地都开始征收救国公粮，基本上解决了各自的粮食供给。从累进税的角度来看，1937年直至1941年，救国公粮的免征点一般较高，累进速度一般较快，因此负担主要由地主、富农和一部分富裕中农承担，贫农和雇农一般不负担。1942年之后，免征点降低，负担面扩大，此前不负担的贫农和雇农开始负担，中农负担有所加重，地主和富农的负担有所降低。"统一累进税是完全符合统一战线精神的"，"既能确实做到有钱出钱，钱多多出，钱少少出，同时，又可避免将赋税完全集中于少数富有者身上，而使一切抗日人民都在公平合理的税制下，尽到纳税的义务"。[1] 累进税使华北根据地在筹集充足的粮款的同时，也团结了各阶层人民，为抗战胜利打下了坚实的基础，成为一场波澜壮阔的"静悄悄的革命"。[2]

---

[1] 《统一累进税与统一战线》，《晋察冀日报》1941年5月20日，第1版。

[2] 〔美〕弗里曼、毕克伟、赛尔登：《中国乡村，社会主义国家》，第122页。

附　录

一　陕甘宁边区征收救国公粮双联单

征收救国公粮登记册存根	
姓名	张　三
成份	贫　农
籍贯	区　乡　村
全家几人	五人
全家收获量	10 担（3000 斤）
每人平均收获量	2 担（600 斤）
每人应纳公粮	4 升（12 斤）
全家应纳公粮	2 斗（60 斤）
斗量	十八桶斗每斗三十斤
填表月日	月　　日

征收救国公粮登记册	
姓名	张　三
成份	贫　农
籍贯	区　乡　村
全家几人	五人
全家收获量	10 担（3000 斤）
每人平均收获量	2 担（600 斤）
每人应纳公粮	4 升（12 斤）
全家应纳公粮	2 斗（60 斤）
斗量	十八桶斗每斗三十斤
填表月日	月　　日

（此双联单登记后，发张三一张，区征收委员会留有存根，张三执此单据来缴粮后，即在存根和缴粮证上盖"已缴"之章，此后执单存在区政府，存根交县政府）

边区政府财政厅

征收救国公粮
收 据 存 根

字第　号

县　区　乡　应缴救国公粮干谷子　担　斗　升

实收　粮　石　斗　升　此据

（国币　元　角　分）

桶斗每斗　斤扣算

县　区征收救国公粮委员会主任

盖章

民国二十六年　月　日

边区政府财政厅

征收救国公粮
收 据

县　区　乡　应缴救国公粮干谷子　担　斗　升

实收　粮　石　斗　升　此据

（国币　元　角　分）

桶斗每斗　斤扣算

县　区征收救国公粮委员会主任

盖章

民国二十六年　月　日

二　陕甘宁边区救国公粮收据及存根

边区政府财政厅 征收救国公粮收据	缴粮人	姓名	张三	成份		缴粮证号数	字	号
		住址			县　　区　　乡			
	应缴数	谷子二斗						
	实收数	麦子八升						
	右之粮食系	桶斗每斗斤已照实收栏数量如数收清此据						
		县　　区处收国公粮委员会主任						
		仓库员						
	中华民国	年　月　日		字第　号				

征收救国公粮收据存根	缴粮人	姓名	张三	成份		缴粮证号数	字	号
		住址		县	区	乡		
	应缴数	谷子二斗						
	实收数	麦子八升						
	右之粮食系	桶斗每斗斤已照实收栏数量如数收清此据						
		县　　区处收国公粮委员会主任						
		仓　库　员						
	中华民国		年　　月　　日		字第　　　号			

（注：表格左侧竖排文字为"边区政府财政厅"）

填法：一、每张收据存根及骑缝，均应编同一号；二、缴粮人的姓名、成份、住址，均照缴粮证填写；三、缴粮证号数栏，应填缴粮证上所编之字号，以便查对；四、"应缴数"栏真应缴之谷子数量；五、"实收数"栏填实收之各种粮食（如谷子、糜子、麦子、包谷、荞麦）及其数量（如应缴谷子二斗实收麦子八升或荞麦三斗）。

三　山东根据地公平负担比例分数调查表
（1940 年 11 月）

户主姓名					
土地	亩数		总值	地租	
				数量	
				年入	
房屋	所数		总值	房租	
木林	面积		总值	年入	
养蓄	/	/	总值	年入	
工商业	所数		总值	年入	
人力	生产人数		/	年入	
存款	/	/	总额	年入息	
存粮	数量		总值	年入息	
总计	/	/	资产共值	年出息	
负债	/	/	总额	年出息	
/	/	/	除净债值	除净出入	
人口	共计		每口平均资产	每口平均收入	

四 山东根据地"合理负担累进分数表"（1940年11月）

收入数	应得分数	收入数	应得分数	收入数	应得分数	收入数	应得分数	收入数	应得分数	收入数	应得分数
30	0.6	165	4.7	300	12.8	435	29.6	640	84.6	910	223.6
35	0.7	170	4.9	305	13.3	440	30.5	650	88.2	920	230.9
40	0.8	175	5.1	310	13.8	445	31.3	660	91.8	930	233.8
45	0.9	180	5.3	315	14.2	450	32.1	670	95.4	940	246.6
50	1.0	185	5.5	320	14.7	455	33.2	680	98.9	950	254.5
55	1.1	190	5.8	325	15.2	460	34.2	690	102.5	960	264.4
60	1.3	195	6.0	330	15.7	465	35.3	700	106.1	970	270.3
65	1.4	200	6.2	335	16.2	470	36.3	710	110.8	980	278.2
70	1.5	205	6.5	340	16.6	475	37.4	720	115.9	990	286.0
75	1.7	210	6.8	345	17.1	480	38.5	730	120.1	1000	294.9
80	1.8	215	7.1	350	17.6	485	39.5	740	124.7		
85	1.9	220	7.4	355	18.2	490	40.6	750	129.4		
90	2.0	225	7.7	360	18.9	495	41.6	760	134.1		
95	2.2	230	7.9	365	19.5	500	42.7	770	138.7		
100	2.3	235	8.2	370	20.1	510	45.5	780	143.4		
105	2.5	240	8.5	375	20.7	520	48.2	790	148.0		
110	2.6	245	8.8	380	21.4	530	51.0	800	152.1		
115	2.8	250	9.1	385	22.0	540	53.7	810	158.8		
120	3.0	255	9.5	390	22.6	550	56.5	820	164.8		
125	3.2	260	9.8	395	23.3	560	59.3	830	170.9		
130	3.3	265	10.2	400	23.9	570	62.1	840	176.9		
135	3.5	270	10.6	405	24.7	580	64.8	850	183.0		
140	3.7	275	11.0	410	25.5	590	67.5	860	189.1		
145	3.8	280	11.3	415	26.4	600	70.3	870	195.1		
150	4.0	285	11.7	420	27.2	610	73.9	880	201.2		
155	4.2	290	12.1	425	28.0	620	77.5	890	207.7		
160	4.4	295	12.4	430	28.8	630	81.0	900	215.1		

附则：（一）每人每年平均收入不满三十元者免征。（二）在三十元以上者，每五元作一厘，五十元作一分。（三）从五十元到五百元，以五十元为一级，从五百元到一千元，以一百元为一级。每级以一三为累进率计算分数。（四）为计算方便起见，以五十元为一级者，每五元计出一级，以一百元为一级者，每十元计出一级，汇列如上表。（五）三十元至五百元之间，零数不足三元者不计，在三元以上不足八元者，一律按五元计，八元以上者，一律按十元计算。（六）五百元至一千元之间，零数不足六元者不计，六元以上者，一律按十元计。（七）每人每年平均收入在一千元以上者，超过一千元之部，每百元一律按八十分计，不足十元之零数，一律不计。（八）每人应征之数量最高不得超过本人收入百分之三十五。

资料来源：《山东革命历史档案资料选编》第六辑，第100—121页。

主要参考文献

一 报纸

《大众报》

《大众日报》

《解放日报》

《晋察冀日报》

《抗敌报》

《抗战日报》

《太岳日报》

《新华日报》

《新华日报》（华北版）

《新中华报》

二 资料汇编、文集、回忆录等

〔波兰〕爱泼斯坦：《人民之战》，刘涟等译，上海科学技术文献出版社 2015 年版。

〔新西兰〕勃脱兰：《华北前线》，伍叔民译，上海科学技术文献出版社 2015 年版。

〔美〕卜凯：《中国农家经济》，张履鸾译，商务印书馆1936年版。

财政部税务总局编《中国革命根据地工商税收史长编——华北革命根据地部分》，中国财政经济出版社1989年版。

《邓小平文选》第一至三卷，人民出版社1994年版。

〔美〕福尔曼：《中国解放区见闻》，朱进译，上海科学技术文献出版社2015年版。

〔美〕G.斯坦因：《红色中国的挑战》，李凤鸣译，上海科学技术文献出版社2015年版。

甘肃省社会科学院历史研究室编《陕甘宁革命根据地史料选辑》，甘肃人民出版社1983年版。

河北省税务局、山西省财政厅税务局、河北省档案馆、山西省档案馆编《华北革命根据地工商税收史料选编》，河北人民出版社1987年版。

河南省财政厅、河南省档案馆合编《晋冀鲁豫抗日根据地财经史料选编（河南部分）》（一至四编），档案出版社1985年版。

冀南革命根据地史编审委员会编印《冀南党史资料》第二辑，1982年版。

冀中一日写作运动委员会编《冀中一日》，河北人民出版社2011年版。

晋冀鲁豫边区财政经济史编辑组，山西、河北、山东、河南省档案馆编《抗日战争时期晋冀鲁豫边区财政经济史资料选编》第一、二辑，中国财政经济出版社1990年版。

晋绥边区财政经济史编写组、山西省档案馆编《晋绥边区财政经济史资料选编》总论编、财政编、农业编，山西人民出版社1986年版。

〔英〕林迈可：《抗战中的中共》，杨重光、郝平译，李效黎校，解放军文艺出版社2013年版。

《吕正操回忆录》，解放军出版社2007年版。

《毛泽东选集》，东北书店1948年版。

《毛泽东选集》第一至四卷，人民出版社 1996 年版。

南汉宸：《陕甘宁边区的财经工作》，1947 年版。

《聂荣臻回忆录》，解放军出版社 2007 年版。

山东省财政科学研究所、山东省档案馆编印《山东革命根据地财政史料选编》第一至六辑，1985 年版。

山东省粮食局粮食志编纂办公室编印《山东革命根据地粮食史料选编》第一至三辑，1985 年版。

山东省税务局税史编写组编印《山东革命根据地工商税收史料选编》第一至六辑，1985 年版。

陕甘宁边区财政经济史编写组、陕西省档案馆编《抗日战争时期陕甘宁边区财政经济史料摘编》第一至七编，陕西人民出版社 1981 年版。

陕甘宁革命根据地工商税收史编写组、陕西省档案馆编《陕甘宁革命根据地工商税收史料选编》，陕西人民出版社 1986 年版。

陕西省档案馆、陕西省社会科学院合编《陕甘宁边区政府文件选编》第一至八辑，档案出版社 1986—1988 年版。

太行革命根据地史总编委会编《太行革命根据地史料丛书之七：群众运动》，山西人民出版社 1989 年版。

太行革命根据地史总编委会编《太行革命根据地史料丛书之三：地方武装斗争》，山西人民出版社 1990 年版。

太行革命根据地史总编委会编《太行革命根据地史料丛书之四：政权建设》，山西人民出版社 1990 年版。

太行革命根据地史总编委会编《太行革命根据地史料丛书之五：土地问题》，山西人民出版社 1987 年版。

太行革命根据地史总编委会编《太行革命根据地史料丛书之一：大事记述》，山西人民出版社 1991 年版。

魏宏运主编《抗日战争时期晋察冀边区财政经济史资料选编》第一至四编，南开大学出版社 1984 年版。

西北财经办事处编印《抗战以来的陕甘宁边区财政概况》，1948年版。

西北行政委员会财政局编印《陕甘宁边区农业税资料汇编》，1954年版。

许涤新：《中国经济的道路》，生活书店1946年版。

延安农村工作调查团：《米脂县杨家沟调查》，三联书店1957年版。

张闻天：《神府县兴县农村调查》，人民出版社1986年版。

政协河北省委员会编《晋冀鲁豫抗日根据地史料汇编》，河北人民出版社2015年版。

中共河北省委党史研究室编《冀南历史文献选编》，中共党史出版社1994年版。

中共河北省委党史研究室编《冀中地道战》，中共党史出版社1994年版。

中共河北省委党史研究室编《冀中历史文献选编》（上）（中），中共党史出版社1994年版。

中共山西省委党史研究室、山西省档案馆、太岳革命根据地财经史料编委会编《太岳革命根据地财经史料选编》（上、下），山西经济出版社1991年版。

中共中央党校党史教研室编印《中国近代经济史资料选编》，1985年版。

中国社会科学院近代史研究所《近代史资料》编译室主编《陕甘宁边区参议会文献汇辑》，知识产权出版社2013年版。

中央档案馆、江西省档案馆编印《江西革命历史文件汇集》，1992年版。

中央档案馆、陕西省档案馆编《中共中央西北局文件汇集》甲编1—6，乙编。

中央档案馆、中国第二历史档案馆、吉林省社会科学院合编《日本帝国主义侵华档案资料选编·华北经济掠夺》，中华书局 2004 年版。

中央档案馆编《中共中央文件选集》第一至八册，中共中央党校出版社 1986—1991 年版。

周政新：《冀中区抗日战争时期后三年财政工作的回顾》，冀中人民抗日斗争资料研究会办公室编印《冀中人民抗日斗争资料》第 10 期，1984 年版。

三　著作

柴树藩、于光远、彭平：《绥德、米脂土地问题初步研究》，人民出版社 1979 年版。

陈国庆：《胶东抗日根据地减租减息研究》，合肥工业大学出版社 2013 年版。

陈廷煊：《抗日根据地经济史》，社会科学文献出版社 2007 年版。

陈廷煊：《中国新民主主义农业经济史》，中国社会科学出版社 2012 年版。

陈耀煌：《统合与分化：河北地区的共产革命（1921—1949）》，台北，中研院近代史研究所 2012 年版。

从翰香主编《近代冀鲁豫乡村》，中国社会科学出版社 1995 年版。

崔国华：《国民政府财政金融政策》，台北，台湾商务印书馆 2004 年版。

〔美〕杜赞奇：《文化、权力与国家——1900—1942 年的华北农村》，王福明译，江苏人民出版社 1996 年版。

〔美〕费正清、费维恺：《剑桥中华民国史（1912—1949）》下卷，刘敬坤等译，中国社会科学出版社 1994 年版。

冯田夫、李炜光：《中国财政通史·革命根据地卷》，中国财政经济出版社 2006 年版。

〔美〕弗里曼、毕克伟、赛尔登：《中国乡村，社会主义国家》，陶鹤山译，社会科学文献出版社 2002 年版。

黄道炫：《张力与限界：中央苏区的革命（1933—1934）》，社会科学文献出版社2011年版。

黄正林：《陕甘宁边区社会经济史》，人民出版社2006年版。

军事科学院游击战研究组选编《光辉的游击战——土地革命战争、抗日战争、解放战争时期游击战例选编》，军事科学出版社1985年版。

〔美〕李怀印：《华北村治——晚清和民国时期的国家与乡村》，王士皓、岁有生译，中华书局2008年版。

林美莉：《西洋税制在近代中国的发展》，台北，中研院近代史研究所2005年版。

〔美〕马克·赛尔登：《革命中的中国：延安道路》，魏晓明、冯崇义译，社会科学文献出版社2002年版。

马克思、恩格斯：《马克思恩格斯选集》，人民出版社1972年版。

〔美〕马若孟：《中国农民经济》，史建云译，江苏人民出版社1999年版。

南开大学历史系、中国现代教研室编《中外学者论抗日根据地》，档案出版社1993年版。

南开大学历史系编《中国抗日根据地史国际学术讨论会论文集》，档案出版社1984年版。

齐武：《晋冀鲁豫边区史》，当代中国出版社1995年版。

齐武编著《一个革命根据地的成长：抗日战争和解放战争时期的晋冀鲁豫边区概况》，人民出版社1957年版。

日本防卫厅战史室编《华北治安战》（上、下），天津市政协编译组译，天津人民出版社1982年版。

魏宏运主编《晋察冀抗日根据地财政经济史稿》，档案出版社1990年版。

吴东才主编《晋冀豫根据地》，兵器工业出版社1990年版。

星光、张扬主编《抗日战争时期陕甘宁边区财政经济史稿》，西北大学出版社1988年版。

薛暮桥:《抗日战争时期和解放战争时期山东解放区的经济工作》,山东人民出版社 1984 年版。

薛暮桥:《山东解放区的经济工作》,人民出版社 1979 年版。

张宏卿:《农民性格与中共的乡村动员模式——以中央苏区为中心的考察》,中国社会科学出版社 2012 年版。

张思:《近代华北村落共同体的变迁——农耕结合习惯的历史人类学考察》,商务印书馆 2005 年版。

赵秀山主编《抗日战争时期晋冀鲁豫边区财政经济史》,中国财政经济出版社 1995 年版。

中共山西省委党史研究室、中共内蒙古自治区党委党史资料征研委办公室、晋绥革命根据地史料征编指导组办公室编《晋绥革命根据地大事记》,山西人民出版社 1989 年版。

中共山西省委党史研究室:《晋察冀革命根据地晋东北大事记(1937.7—1949.9)》,山西出版集团、山西人民出版社 1991 年版。

中华人民共和国财政部《中国农民负担史》编辑委员会编著《中国农民负担史》第三卷,中国财政经济出版社 1990 年版。

Chao, Kang, *Man and Land in Chinese History: An Economic Analysis*, Stanford University, 1986.

Elvin, Mark, *The Pattern of the Chinese Past*, Stanford University Press, 1973.

Johnson, Chalmers A., *Peasant Nationalism and Communist Power*, Stanford University Press, 1962.

Perkins, Dwight H. and Yusuf Shahid, *Rural Development in China*, The Johns Hopkins University Press, 1984.

Walker, Kenneth R., *Food Grain Procurement and Consumption in China*, Cambridge University Press, 1984.

四 论文

陈耀煌：《统筹与自给之间：中共陕甘宁边区的财政经济与金融、贸易体系》，《中央研究院近代史研究所集刊》第72期，2011年6月。

黄道炫：《抗战初期中共武装在华北的进入与发展——兼谈抗战初期的中共财政》，《近代史研究》2014年第3期。

黄正林、文月琴：《抗战时期陕甘宁边区的农业税》，《抗日战争研究》2005年第2期。

黄正林：《地权、佃权、民众动员与减租运动——以陕甘宁边区减租减息运动为中心》，《抗日战争研究》2010年第2期。

黄正林：《抗日战争时期陕甘宁边区的财政来源》，《固原师专学报》1998年第2期。

黄正林：《抗战时期陕甘宁边区粮食问题研究》，《抗日战争研究》2015年第1期。

巨文辉：《晋察冀边区实施的统一累进税述略》，《中共党史研究》1996年第2期。

李成瑞：《抗日战争时期几个人民革命根据地的农业税收制度与农民负担》，《经济研究》1956年第2期。

李建国：《试析抗战时期陕甘宁边区民众的负担及边区政府减轻民众负担的措施》，《抗日战争研究》2010年第2期。

李蕉：《征粮、哗变与民主建政：抗战初期陕甘宁边区治理方式的变革》，《党史研究与教学》2014年第5期。

唐致卿：《山东抗日根据地合理负担政策述论》，《齐鲁学刊》2000年第5期。

汪玉凯：《陕甘宁边区实行减租减息政策的历史考察》，《党史研究》1983年第3期。

王明前：《陕甘宁抗日根据地正规化与科学化税收制度的建立》，《中国社会经济史研究》2013年第2期。

魏宏运:《论华北抗日根据地的合理负担政策》,《历史教学》1985年第 11 期。

吴永:《一九四一年陕甘宁边区"救国公粮"征缴及其引发的社会问题论析》,《中共党史研究》2010 年第 9 期。

肖一平、郭德宏:《抗日战争时期的减租减息》,《近代史研究》1981 年第 4 期。

徐建国:《抗战时期晋冀鲁豫边区减轻农民负担历史考察》,《阴山学刊》2004 年第 5 期。

阎庆生、黄正林:《抗战时期陕甘宁边区的农村经济研究》,《近代史研究》2001 年第 3 期。

张希坡:《陕甘宁边区征粮法规及有关史实考辨》,《法律科学》1993 年第 5 期。

章蓬、齐矿铸:《陕甘宁边区农业税收的特点与作用》,《人文杂志》1998 年第 4 期。

郑立柱:《晋察冀边区农民负担问题研究》,《抗日战争研究》2005 年第 2 期。

Tang, Anthony M., "China's Agricultural Legacy," *Economic Development and Culture Change*, Vol. 28, No. 1, October 1979, pp. 1-22.

图书在版编目（CIP）数据

华北抗日根据地救国公粮研究 / 周祖文著. --北京：
社会科学文献出版社，2023.5
ISBN 978-7-5228-1693-7

Ⅰ.①华…　Ⅱ.①周…　Ⅲ.①抗日根据地-粮食-征
收-研究-华北地区　Ⅳ.①F329.06

中国国家版本馆 CIP 数据核字（2023）第 096297 号

华北抗日根据地救国公粮研究

著　　者 / 周祖文

出 版 人 / 王利民
责任编辑 / 邵璐璐
责任印制 / 王京美

出　　版 / 社会科学文献出版社·历史学分社（010）59367256
　　　　　　地址：北京市北三环中路甲 29 号院华龙大厦　邮编：100029
　　　　　　网址：www.ssap.com.cn
发　　行 / 社会科学文献出版社（010）59367028
印　　装 / 三河市尚艺印装有限公司

规　　格 / 开　本：787mm×1092mm　1/16
　　　　　　印　张：18.25　字　数：260 千字
版　　次 / 2023 年 5 月第 1 版　2023 年 5 月第 1 次印刷
书　　号 / ISBN 978-7-5228-1693-7
定　　价 / 98.00 元

读者服务电话：4008918866